奥田靖雄著作集

4

言語学編(3)

むぎ書房

奥田靖雄著作集4

言語学編（3）

凡　例

1．『奥田靖雄著作集』は，言語学編，文学教育編，国語教育編からなる。

2．言語学編は全3巻からなる。『日本語文法・連語論（資料編)』（言語学研究会編1983年，むぎ書房)，『ことばの研究・序説』（奥田靖雄1985年，同）所収の論文は，本著作集にはおさめられていない。

3．本巻，『奥田靖雄著作集4　言語学編(3)』には，1951年から1964年までに発表された，言語学にかかわる9本の論文を発表年の順におさめた。

4．公刊された論文については，それらを底本とした。ただし，『読み方教育の理論』（奥田靖雄・国分一太郎編1974年，むぎ書房)，『国語科の基礎』（奥田靖雄1970年，同）に再録された論文については，それらを底本とした。

5．あきらかな誤植は訂正したが，編集委員会の検討を要した箇所については，本文に＊印をつけ，巻末の補注で説明をくわえた。

『奥田靖雄著作集4　言語学編(3)』　もくじ

23	言語過程説について(1)	5
24	日本における言語学の展望と反省—主観主義的立場をめぐって—	11
25	単語について—文法にはいるために—	27
26	日本語の文法的クミタテ	33
27	文章の書き方	67
28	ことばの組みたて	97
29	言語と思想	120
30	言語と言語活動—国語教育の構想—	132
31	言語学と国語教育	154

補注	215
掲載論文初出一覧	220
あとがき	222
索引	224

4

言語学編(1)(2)巻のもくじ

『奥田靖雄著作集2　言語学編(1)』

序文

1　おしはかり

2　文のこと―文のさまざま(1)―

3　まちのぞみ文（上）―文のさまざま(2)―

4　条件づけを表現するつきそい・あわせ文―その体系性をめぐって―

5　文の意味的なタイプ―その対象的な内容とモーダルな意味とのからみあい―

6　述語の意味的なタイプ

7　時間の表現

8　説明（その1）―のだ，のである，のです―

9　説明（その2）―わけだ―

10　説明（その3）―はずだ―

11　説明（その4）―話しあいのなかでの「のだ」―

12　文のこと―その分類をめぐって―

13　deixis のこと

補注

掲載論文初出一覧

『奥田靖雄著作集3　言語学編(2)』

14　動詞論

15　動詞の終止形

16　動詞の終止形―テンス―

17　動詞論―終止形のムード―

18　動詞―その一般的な特徴づけ―

19　現実・可能・必然（上）

20　現実・可能・必然（中）―「していい」と「してもいい」―

21　現実・可能・必然（下）―しなければならない―

22　現実・可能・必然（その4）―すればいい，するといい，したらいい―

補注

掲載論文初出一覧

言語過程説について（１）

　文学９月号に掲載されている論文《言語の社会性について》において，時枝氏は大久保氏の批判に答えて，《私は，国語学原論以下の私の著述の根底をなす言語理論を根本的に改める必要を感ずるところまでは到達しなかった》とのべている。事実，時枝氏はこの論文に於て，いわゆる言語過程説をいくらかでも修正したとは思われない。《……時々刻々に我々の対人関係を左右する主体的な言語表現において言語の社会性をみようとするのである》という彼のコトバが，このことを物語っている。従って国語学原論においてのべられている言語過程説に対する批判は，以前と同様に，我国の言語学界にとっては或る重要な意義をもっている。私の見解によれば，真の意味における言語の社会性は，言語過程説によるとすれば，説明されるものではない。もしもそのことが可能であるとすれば，たかだか言語が思想を伝達するという機能的な立場からである。勿論この機能からみて，言語は社会的である。しかし，同じく機能的な立場からみて，言語は主観的な，個人的な主体的行為でもある。例えば，ひとりごとで《ああ寒い》といった場合，対人関係が予想されているわけではない。一般的に，社会性は，必らずしも，共同社会的な活動という形式においてあらわれない。言語が社会的であるのは，それが《主体的立場の所産》ではなく，人間の社会生活の産物であるからである。私は，言語過程説の批判を通じて，このことを証明しなければならない。

　時枝言語学の理論的構成の骨組をなしている言語過程説は，《言語をもっぱら言語主体がその心的内容を外部に表現する過程と，その形式において把握しようとするもの》である。この場合，言語とは《思想内容を音声或いは文字を媒介として表現しようとする主体的活動それ自体》である。言語的な主体的活動は継起的段階として過程的にあらわれるので，時枝氏はこの理論を言語過程説と称する。

　問題は二つに要約される；１）思想と言語との過程的関係：２）主体的活動としての言語。しかし，時枝氏は思想と言語との関係を過程的に観察すればこそ，言語を主体的活動として規定するのである。従って，思想と言語との関係を過程的にみる時枝氏の見解に対する批判は，この仕事における第一義的なものである。

如何なる言語学者たりとも，思想と言語との関係を否定しはしないのであるから，これらが如何なる仕方で関係するかということが，さしあたって重大な問題である。時枝氏によれば，思想・心的内容は言語にとってはその存在条件の一つ —— 素材であって，言語の外にあり，言語の内部的構成要素とみなすことはできない。彼のコトバを借りるとすれば，《事物にしろ，概念にしろ，それは就いて語られる素材であって，言語を構成する内的要素とみることは出来ない》*のである。さらに彼は《言語はあだかも思想を導く水道管のようなものであって，まったく無内容のものと考えられるであろう》*と語り，つづけて《しかしそこにこそ言語過程説の成立の根拠があるのであり，言語の本質もこのような形式自体にあると考えなくてはならない》と述べている。換言すれば，言語過程説によれば，思想は形式なくして存在し，形式としての言語は無内容のものである。思想と言語とは，継起的過程において関係をとりむすぶ。というよりもむしろ，言語それ自体にとっては第三者である思想を外に表現しようとする現象そのものが言語である。いずれにしても，言語過程説は，思想が言語とは別個に，主体的言語活動が開始する前に，かたちづくられているという前提の上に立つ。

すなわち，時枝氏においては過程的立場からみて，思想なき言語は考えられないとしても，言語なき思想は考えられる。それは過程的に言語以前であるからである。

このことを思惟する立場からみるとすれば，思想は思惟する結果生まれるのであるから，人間はコトバなしに考えることができるということが，あらかじめ予定されている。

エンゲルスは，《言語の手だすけなければ思惟できないものは，抽象的な本来の思惟が何を意味するかを知らないものである》というデューリング氏のコトバに対して，《してみれば，もっとも抽象的な，もっとも本来の思惟をなすものは動物である。なぜならば，動物の思惟は言語のさしでがましいおせっかいによってにごされることがないからである》と答えている。

彼のコトバは教訓的である。というのは，時枝氏は人間を動物の状態に引きもどすことによって，言語論を立てているからである。

言語なしに思惟することは，可能であるだろうか？　もしも，あなたがこのことに疑いをはさむとすれば，具体的な実験として，数詞なくして数概念を考えることが出来るか，数詞のたすけをかりずして計算することができるか試みてみるがよい。

例えば，５＋５＝１０，において，発声行為は省略されることも出来る。しかし，数詞《５》の概念は，《ゴ》という発声またはその聴覚映像なくしてはあり得ない。

概念としての《５》は個々の対象の数量のうち以外には，どこにも存在しないのであるから，個々の対象のさまざまなすがたからぬけ出た時，抽象として数量概念《５》はもはや感性的な，実在物ではない。

われわれは，概念《５》を，何か物的なものとして，手にふれることはできない。それを表象することもできない。それは，概念のうちには対象の一般的な，本質的な性格のみが抽象されて持ちこまれているということによる。

認識活動において，人間は感覚から出発し，思惟において非感性的概念を作る。ひとたび確定した概念は，たえず新しい感性的経験によって新鮮な息ぶきが与えられ，感性と縁を切ることはないとしても，概念それ自体が非感性的なものであるという事情はいささかも変わらない。そこで，われわれは非感性的なものを如何にして認識するかという問題が生ずる。

かくして，概念それ自体としての《５》は，それが感性的な実在でない故に，われわれにとっては認識されないし，また存在の仕方を知らないのである。それにもかかわらず概念《５》は存在している。われわれはそれを用いて計算している。この矛盾は，言語の存在によって解決する以外に道はない。すなわち，われわれにとって数概念《５》が存在するのは，非感性的なものに感性的な音声《ゴ》を付与し，それを感性的実在として登場せしめるからである。総じて，感性がとらえることの出来ないものを理性がとらえるという人間的特権は，人間が，非感性的なものを感性的なものにおき変えて認識することにある。

数詞の例を，概念《馬》に移したとしても事態は変わらない。思考物としての概念《馬》は，主観的経験から一歩も出ることのない表象《馬》とは本質的に異なる。表象《馬》は，常に主観的条件に左右されて，安定することはない。かくして，コトバとしての音声《ゴ》は，数概念《５》の存在形式であり，内容としての数概念《５》は，コトバとしての音声《ゴ》によってささえられているのである。一方なくして他方はありえない。したがって，数詞なくして数概念を考えたり，計算することはできるはずがないのであり，一般的に言うとすれば，概念は思惟の要素であるから，言語なしに思惟できるとは想像もできないのである。時枝氏の言語過程説は想像もできない想像の上に立った言語論である。

8

さて，以上の説明によって，言語は思惟にとっては存在形式であり，思惟は音という感性的素材につつまれてのみ存在することが明白になった。思惟に対する言語の感性的性格を，はじめて理解したのは，おそらく人としては言語学者フンボルトであろう。しかし，マルクスはこのことを唯物論的立場から理解している。彼は《思惟自体の要素，すなわち，思想の生命発露の要素としての言語は感性的自然である》と規定している（経済学・哲学草稿）。また，《ドイツ・イデオロギー》において，《精神は，元来物質に憑かれているというのろわれた運命をになっており，この場合に，物質は運動する空気層という形，音という形，要するに言語の形をとってあらわれる》とのべている。最近の言語学者として，思惟と言語との関係を正しく理解した人はサピアである。それ故に，彼は実証主義的な近代言語学がなし得る最高の成果をもたらした。

スターリンは，クラシェーニンニコーヴァ宛の回答に於て，彼のみが良くなし得る確信をもってこの問題に，次のごとく答えている。《考えは，それがコトバのうちに話される前に，人間の頭の中に生ずると人は言う。

考えは，言語の材料なしに，言語の膜なしに，いわば，はだかのかたちで生ずると人は言う。しかし，このことはまったく正しくない。人間の頭の中で発生するどんな考えも，言語の材料，つまり言語上の用語または語句にもとづかずしては，発生することも，存在することもできない。………思想の現実性は言語のうちにある。ただ観念論者のみが，言語の《自然材》とむすびつかない思惟について，言語なしの思惟について語ることができる》。

認識活動において，人間は感性的経験にもとづき，個物の本質的な一般的特性を抽象し，概念を形成するが，実は概念は名が与えられない限り，すなわち音的な，記号的な，それ故に言語的な表現が与えられない限り，自己の存在は確立されない。音声による記号表示をともなわない概念は，もしあるとすれば，不安定な表象にすぎない。感性的な知覚は既に表象において一般化されるが，対象の本質的反映としての一般化は概念においてである。従って，概念は表象のうちに起源をもっている。しかし，表象から概念への移行は，単なる量的変化としてではなく，質の変化である。というのは，感性的認識は客観的世界を直接に反映した主観であるから，表象は自己の主観性からのがれることはできない。それに対して，概念は，表象によって把握されない非感性的なものとして，主観性から離脱することによって成立する。

つまり，表象が諸表象のうちにとけ込んで，一つの非感性的表象を作り上げた時，概念は生まれる。従って，概念の本質は，主観の客観化である。客観化された諸主観である。

そこで，この精神上の現象は，純粋に精神上のできごととして理解できなくなる。何故ならば，諸主観によって主観の客観化が行われるとすれば，この過程は，主観が自己の唇を通じて外化され，それが他の主観の耳をうち，それがまた他の唇を通じて外化され，自己の耳に復帰した時，完成されるからである。かくして，表象は言語において概念に飛躍するのであり，この飛躍は諸主観が関係をむすぶ社会において遂行されるのである。言語過程説が，言語の社会性を解決し得ないのは，まさしくこの点にある。

しかし，概念はその直接的な母胎を一個人の表象のうちに持ち，理性は感性に下ってのみ，自己の存在が維持され，つよめられるとすれば，一個人の主観性が言語にもちこまれるということは，言語のもつ本質的性格とみなさなければならない。この事情は，対象に対する主体的把握の相異として，言語表現のうちに現象する。言語は理性と感性との両分野において働くものである。人間は言語のうちに意志や情緒をおりこむ。このことから，言語は主体的活動であるという理由[*]は成立しない。社会的な創造物が主観の表現に使用されたとしても，社会的なものは社会的である。それどころか，理性は反対に自己の母胎である感性に働きかけ，本来の主観そのものを客観化するのであるから，すなわち，主観のうちに客観をもちこむのであるから，人間的感性も社会的に育成されたものとみなければならない。

人間は思惟の成果をさげて，意識的活動として，感性的経験に出発し，思惟そのものを展開するが，この時感性そのものも，人間的なものに移行せしめる。人間的感性は，動物的感性とことなる社会的なものとして登場する。それゆえに，言語活動それ自体が，社会的に育成された人間的感性にもとづく主体的活動である。従って，生命あるものが，すべて主体的行為者であるとすれば，言語の本質規定において，それが主体的活動であるという見方は本質的に間違っている。《個人は，主観的にいかに諸関係を超越していると考えても，社会的には畢竟その創出物に外ならない》というマルクスのコトバは，言語活動に関しても妥当性をもっている。

しかし，言語は，感性を主体的活動として把握し，理性を社会的活動として把握してのみ，その可能性と必然性とにおいて理解される。すなわち，主観の客観化は，主

体的活動を自然のうちに対象化（主体の客体化）することによってのみ可能性を得る。それはまた，共同社会においてのみ必然性を得る。それゆえに，社会的な生産活動，労働こそ，真に言語を生みだす起動力である。私はこのことを第二の問題と関係して語ることにする。

　さて，言語は感性的表象が非感性的概念に移る契機において，感性的な支柱として発見されるとすれば，言語学の全理論体系が，ここから出発しなければならないことは疑いえない。概念は，実際の意義を判断と推理とのうちにもつのであるから，言語はつねに文法的様相をともなう。従って，言語学は語イ論と文法とに分割される。さらに，表象に対する音声の付与が言語の生誕であるとすれば，この二つの分野で働く言語上の手つづきは音声的なものであり，音韻論的手つづきこそ，言語発展の最初の段階とみなさねばならず，それゆえに，論理的体系としての言語学は音韻論をもって，最初の環とみなさねばならない。

日本における言語学の展望と反省
——主観主義的立場をめぐって——

　まえがき　日本では，多くの言語学者・国語学者が，何らかのかたちで，主観主義の
　　立場にたっている。そして，その主観主義は，多くの場合，ソシュール学に理論的
　　なささえをもとめている。だから，ソシュール学の正体を見きわめておくことは，
　　言語学に興味をもつ人にとっては，何よりも一番大切なことである。

　1　ソシュール学の基礎概念　ソシュール学の基本文献は，ソシュール Ferdinand de
Saussure（1857 － 1913 年）の死後，かれの弟子たちによって整理・出版された講義の
ノートである。この書物 Cours de linguistique générale の初版は，スイスで 1916 年に出
版された。その日本語版は，1928 年（昭和 3 年）に小林英夫氏によって訳され，「言語
学原論」（岩波書店）として出版されている。

　まず，私はソシュールのこの書物ととりくんで，ソシュール学の基礎概念を明らかに
しよう。日本人によって書かれたあれやこれやの入門書，例えば小林英夫氏の「言語学
通論」（三省堂）などをとりあげるよりも，こうした方が問題の核心に直接ふれること
ができる。

　言語学者の間では，すでに常識になっていることであるが，ソシュール学の第一の特
徴は，人間の言語活動をパロール parole とラング langue とに分けたことである。小林
氏の訳語によれば，パロールとは「言」であり，ラングとは「言語」である。ソシュー
ル学に縁のうすい方は，パロールとは私たちの話しコトバであり，ラングとは話しコト
バをくりかえすことによって頭の中に記憶された反映的言語であると理解されて間違い
ない。そして，この心理的実在としての反映された言語こそ，ソシュール学における本
来の言語学の対象なのである。

　リンゴ学者に向って，リンゴという実物ではなく，リンゴの表象を研究せよと言えば，
笑われるのであるが，言語学においては，どうしてこんなことがおきるのであろうか。
そこで，ソシュールは言語活動をどんな風に理解しているか，まずこの点を知ることが
大切である。かれによれば，言語活動とは次のような過程である。

（1）話し手の頭の中で，概念とそれに対応する聴覚映像とがむすびつく——心理的。

（2）発声器官は，頭の命令に従って，聴覚映像を発声する——生理的。

（3）音波が聞き手の耳につたわる——物理的。

（4）耳から頭に聴覚映像がつたえられる——生理的。

（5）聞き手の頭の中で，聴覚映像とそれに対応する概念とがむすびつく——心理的。

このように言語活動を見る仕方は，まず概念と音声とをきりはなし，純粋概念，あるいは無言概念が，音声のたすけなくして，個人の頭の中でかたち作られているということを前提にしている。さらに，それは音声を純粋に生理・物理的現象として見ている。

フンボルトは《語は概念を思想界の個になす》と語っている（「比較言語研究」1820年，これの訳文は泉井久之助氏の「言語学論攷」におさめられている）。すなわち，表象は語において概念に高まる。従って，音声と概念とは切りはなすことはできない。一般的に，マルクスやエンゲルスも含めて，当時の古典的思想家は，音声なしの概念，言語なしの思想（まるはだかの思想）などを考えもしなかった。この点について，スターリンは，**同志クラシェーニンニコーヴァあての答え**において，《ただ観念論者のみが，言語の**自然材**とむすびつかない思考について，言語なしの思考について語ることができる》とのべ，古典家の考えの正しさを保証している。

ところが，ソシュールの考えによれば，概念と音声，あるいはその映像とは，言語活動の流れの中で，くっついたり，はなれたりする。ソシュールは，はじめから間違っている。また，出発点において間違っていればこそ，言語の実在を頭の中にもとめる。なぜならば，ソシュールにしても，音声なしの言語は考えられないし，意味（概念）のない言語も考えられないのであるから，このような言語活動においては，言語たる資格をそなえているもの，概念と音声との結合は，ただ頭の中にのみ存在するわけである。

　補註　言語学に関する論文で，哲学上の問題にふれることに対して，読者の中には不満をもつ人もいるだろうが，現代言語学のダ落のねもとは，この点に集約されると言ってよいほど，それは重大な問題である。つまり，言語の音声と意味とを機械的にきりはなすとき，言語は記号になるということである。ソシュールは言語を記号と見なした。ここから，ソシュールは記号の恣意性という勝手な理論をあみだし，言語発展の法則を見いだそうとする態度を否定した。

　ところが記号学の本場は，どちらかといえば，アメリカである。アメリカ式の記号学では，意味はもはや言語の中には認められず，対象と言語との関係はたたききられている。従って，

言語は一きれの音声＝純粋記号にかわり，言語の意味は音声に応ずる**反応**にすぎない。こうした記号学にのっているのが，ブルンフィールド Leonard Bloomfield によって代表される現代言語学である（かれの代表作は 1933 年に出版された「**言語 Language**」であり，この書物は，今日のアメリカ言語学界では聖書的存在になっている）。この言語学は，俗流唯物論的という点で，観念論言語学ソシュール学とことなり，こうした性格は，植民地におけるコトバを手軽にまとめるということで，アメリカ帝国主義の植民地政策にふさわしい。このことが最も露骨にあらわれているのは，最近日本にもちこまれている B.Bloch と G.L.Trager とによって書かれた "Outline of linguistic analysis"（1943 年発行）である。

　この現代アメリカ言語学を，終戦後，すばやくとり入れたのは，服部四郎氏ならびに柴田武氏であった。かれらの見解は，形態論と関係しては，日本語をローマ字書きする場合における**わかちがき論**としてあらわれ，それは単語を，単語を形成する要素（形態）のうちに解消する極端な形式主義であり，ローマ字論者に悪い影響を与えている。しかし，服部氏は，音韻論においては，ソシュール学的な主観主義者である。服部氏が自分の主観主義的立場を言葉の上ではっきり示したものとして，「**言語研究**」第 19・20 号における論文「**メンタリズムかメカニズムか？**」がある。なお，この論文は，アメリカの現代言語学の底なしのダ落を物語るものとしても，興味深いものである。

　さらに，アメリカの記号学は意味論としてあらわれ，この関係の書物も日本に紹介されている。例えば，オグデンとリチャーズの「**意味の意味**」（石橋幸太郎訳），ハヤカワの「**思考と行動における言語**」（大久保忠利訳）。これらの書物は，どちらかといえば，真理とか正義とかいう言葉は仮構であるということで，日本人の思想をアメリカ帝国主義の前で武装解除するに役立っている。

　とくにハヤカワ流の言語技術は，言語の文法ならびに単語の基礎構造の理解から必然的に生まれてきたものではなく，単に経験的な言語使用の場面から生まれたものであるから，言語マ術を見やぶるためというもっともらしい口実は，実際には《どうして相手をまるめこむか》という言語マ術を教えているにすぎない。こうした技術主義的態度では，言語の現状さえ維持できないだろうし，まして，新しい状勢に応じて，言語を創造的に発展させるということは，できるはずがない。それは，言語の法則，従って言語発展の法則を無視する技術主義の最大の欠点である。こうしたことは，アメリカ式の技術主義の立場にたつ終戦後の国語教育がどうした結果をもたらしたか（基礎学力の低下），なぜ《生活綴り方》という一風かわった国語教育の仕方が再登場しなければならなかったか，ということに注意を向ければ，ひとりで*明らかになる。

スターリンが言語の文法構造ならびにその単語の基本的たくわえは，言語の基礎，すなわち言語の本質的特性をなしていると語ったとき，ソヴェトの教育者は，言語教育の基本的方向を，文法構造と基本単語の理解に向けた。言語の基礎を教えることなくして，言語教育はありえない。言語技術は，言語の基礎的構造の理解の上にのみ，たつことができる。

　従ってハヤカワ式の言語技術は，国民的言語の創造をさまたげるという意味で，他方では，独立とか平和とかいう抽象語に対する不信をつのることによって，日本語の研究と教育とにおける植民地化を意味している。それは，国民的言語の創造的努力の放棄を意味している。

　さて，ソシュールによれば，このような言語活動は混質的であるから，言語学の対象にはならない。たしかに，言語活動の中で概念と音声とがくっついたり，はなれたりしては，言語活動は全体として統一的にとらえるわけにはいかない。そこで，ソシュールは言語活動をパロールとラングとに分ける。

　すなわち，ソシュールは，まず，言語活動のうちから生理・物理的な諸活動をとりのぞき，残った心理的活動を遂行的な部分（前記の図式（1））と受容的な部分（図式の（5））とに分け，後者のみをラングとよび，その他の諸活動（図式の（1）から（4）まで）をパロールとよぶ。従って，言語活動からパロールをひきさった部分が，ラングなのである。そして，ソシュールは，ラングとは個人的なパロールを使用することによって，頭の中にたくわえられた印象であって，それは万人に共通の社会的所産である，と言う。

　パロール，すなわち私たちの話しコトバが個人的であるというソシュールの考えは，かれが純粋概念を作りだしたとき，すでに用意されている。事実は，私たちの話しコトバは，非言語的要素をのぞけば，どの点から見ても社会的なものである。というのは，何よりもまず，概念の形成が社会的なものであるからである。ところが，ソシュールによれば，言語が社会的であるのは，話しコトバをかさねて聞くうちに一種の平均運動が生じ，同一の聴覚映像に同一の概念がむすびつくようになる結果であって，それが言語活動のうちのラングにおいて行われるのである。従って，ラングは**聞きコトバ**であるとも言える。

　さらに，ソシュールはこのようなラングの上に腰をすえたとき，はじめて言語学は成立する，と主張する。聞くことに重みをおくということで，ソシュールはヘルマン・パオルのあとつぎである。商品の価値を消費，使用価値にもとめる経済学が金利生活者の

ものであるとすれば，こうした聞きコトバの言語学が金利生活者の言語学であることは，想像するに困難ではない。この点については，小林英夫氏の論文「経済学と言語学」（「思想の科学」第2巻1号）を参考されたい。

　言語学の対象をもとめて行くソシュールの手順については，これ以上，ふれる必要はない。ここで大切なことは，手順そのものの間違いを追いかけるよりも，むしろ，なぜソシュールはこのようなラングを言語学の対象にもとめるか，ということを明らかにすることである。そうであれば，私たちは一応ラングの実在を認めてよい。というのは，私たちはコトバを記憶しているし，声を出さずにコトバを頭の中にうかべることもできるからであって，ソシュールがラングなるものを発見するだけの客観的な根拠はあるわけである。

　さて図式が示しているように，ラングは聴覚映像と概念との結合であって，それは頭の中にひそんでいる心理的実在である。ところが，ここで一つの疑問が生ずる。それは，形式としては聴覚映像であるラングは，研究者によって，どうしてとらえられるか，ということである。表象である聴覚映像は，音声の個人の頭脳への直接的な反映であるから，何らかのかたちで客観化されない限り，固定しないし，つかまえるわけにはいかない。いわば，ラングのようなものを言語学の対象にえらぶとしても，それは対象把握ということでは，言語学は成立しないのである。

　もしも，聴覚映像が話しコトバのうちに具体化されるというならば，話しコトバ自身を対象にすればよい。そうであれば，ラングの学は話しコトバの学のうちに解消し，ラングを設定するまでのソシュールの努力は無駄になる。だから，ソシュールは，私たちの話しコトバは無限に個別的であり，千差万別であるという理由で，話しコトバをラングのとらえることのできる形態として見ることをこばむのである。いわば，ソシュールは言語の現象形態（話しコトバ）のうちに本質的なものを見ることをこばむのである。

　ところが，このような疑問に対して，ソシュールは《ラングは聴覚映像の貯蓄であり，文字はこれらの映像の手をもってふれることのできる形態である》と答えている。従って，かれによれば，ラングの学とは，実質的には文字，あるいは文字によって書かれたコトバの学であるということになる。しかし，ソシュールのこの言葉は，たしかに，飛躍である。

　なぜならば，私たちがコトバを紙の上に書くとき，現実のコトバは私たちの頭の中を通過しなければならないが，そのとき私たちは，何よりもまず，文字とむすびつく音声，

あるいは音声表象のたすけをかりて，映像を含めて，感覚的にとらえられたコトバを文字の方向に整理しなければならないからである。ということは，聴覚映像は文字を媒介して音声意識のうちにも客観化されるということでもある。そこで，ソシュールは，感性的な聴覚映像と理性的な，すでに文字によって媒介されている音声意識との相違を無視して，ラングをとらえるためのにげ道を，ことわりなしに準備していることが明らかになる。

　すなわち，ソシュールは《あるものがどの程度に実在するかを知るためには，それが主体の意識にとってどの程度に存在するかを探究しなければならないだろう》と語り，ラングの学が実は主体的意識の学であることを告白している。従って，ソシュール学にとって重要なことは，言語主体が言語をどういう風に意識（理解）しているか，ということである。これは，言語というものを言語主体の主観にゆだねるという意味で，主観主義である。

　ソシュールは，言語学の対象を設定するまでは，合理的にわりきって進むのであるが，いざ研究になれば，まったく主観的な言語意識にたよる。このことは，ラングを発見するまでのかれの手順というものが，実際には，かれの主観主義的な態度を合理づけようとする試み以上ではないことを物語っている。

　しかも，主体的な言語意識は，文字とむすびつき，書きコトバの学習のうちに形成されるとすれば，結局，ソシュール学のラングの学の対象は，ソシュールが語るように，文字，あるいは書きコトバであるということになる。そうであれば，言語学上の主観主義というものは，主体の言語意識をとうして，現行の文字制度，書きコトバを確認することでもある。だから，ソシュール学は，書きコトバの現状維持を望む人たちに，もっともらしい口実を与える。

　　　補註　それでは，言語学のほんとうの対象は何か。誤解をさけるために，私の見解を語らなければならない。言語は，人間の認識活動の中で，社会という条件のもとに，思考の存在形式として作りだされるものであるが，ひとたび作りだされた言語は，さらに新しい認識活動の対象になる。いわば，人間は言語活動を中心にして，二重の認識活動を行なっているとも言える。しかし，私たちの言語学は，これらを厳密に区別しなければならない。というのは，言語学も言語に対する認識なのであるから，何よりもまず，言語学の対象は，認識活動の中で作りだされる発生的言語，フンボルトの表現をかりれば，はたらきとしての言語でなければならないの

である。言語に対する認識は，それが言語活動の成立のための必要な条件であるとしても，それが反映である限り，言語学の一義的な対象にはならない。こうしてみれば，ソシュール学は言語に対する認識の学（言語学）ではなく，人間が言語活動の中で言語を認識した（聞いた）ものに対する認識（言語心理学）である。これは，まさしく対象のすりかえだ。

　この対象のすりかえから，言語の歴史をきりすてて，まず言語主体の意識をとりくまなければならないという共時論的（静態的）態度が生まれてくる。

　私たちの言語学の対象は，簡単にいえば，私たちの話しコトバである。こうすることによって，言語学は客観的な立場から言語に近づくことができる。しかも，私たちの話しコトバは国民的な存在であるとすれば，私たちの言語学の対象は国民のコトバであるということになる。そうであれば，ソシュール学は国民の現実のコトバからはねあがった非国民的言語学であると言えよう。と同時に，私たちはソシュールの静態言語学を拒絶しなければならなくなる。なぜならば，国民によって使われる現実のコトバは，常に発展してやまないものであるからである。

2　橋本進吉の音韻論

一つの言語を研究する際に，ソシュール学的方法が具体化されるのは，まず音韻論においてである。話しコトバの研究に音声の分析が必要であるように，ラングの研究には聴覚映像の分析が必要である。だから，ソシュール学は，今世紀の 30 年代にトゥルベツコイを中心とするプラーグ学派の音韻論のうちに花をさかせた。このプラーグ学派の音韻論を，いくらかかたちをかえて，日本にとり入れたのが有坂秀世氏である。かれは昭和 15 年に「音韻論」（三省堂）を書いた。言語意識を通じて音韻なるものを追求するというソシュール学的音韻論が，実は文字を通じた言語音声をとりあつかうものであることは，すでに大西雅雄氏によっても指摘されている（「音声学論考」篠崎書林）。

　　補註　音韻を音声表象であるとなすプラーグ学派の音韻論に対して，最初の批判をくわえたのは，カール・ビューラーやトゥウァデルであった。アメリカの音韻論者トゥウァデルの見解は，服部四郎氏の「音韻論と正書法」（研究社）のうちにくわしく紹介されている。しかし，トゥウァデルの音韻論は，ソシュール学の必然的な発展である。だから，アメリカの音韻論の主流は，ブルンフィールドの流れをくむ人によって代表されている。

　　そのうちでも，47 年に出版されたパイク K. L. Pike の「音韻論 Phonemics」は体系的であり，最近柴田武氏によって利用されている。私たちが注意しなければならないことは，アメリカの

音韻論がいかに客観的な立場をとるにしても，音声現象を静態的に観察する限り，音韻論的結論は主観主義者のそれとかわらないということである。つまり，過渡的な音声現象がある場合，構造的圧力 Structural pressure あるいは調和 Symmetry といった言葉で，文字音声の方向に整理されるのである。服部氏の音韻論も，こうした傾向をもっている。

さて，橋本氏がソシュールの信奉者であることは，昭和10年に書かれた「国語研究法」（かれの著作集第1冊）において，現代国語の研究は言語表象の研究であると語っていることによって明らかである。そして，かれは，おそらく有坂氏の影響のもとに，昭和15年には，ソシュール学的音韻論をくりひろげている。

橋本氏の音韻論が文字論，あるいは文字意識論であることは，かれがマッチのツを1音節として算えていることによっても明らかである。しかし，ツは1字であるから1音節であると言っては，お話しにならない。そこで，文字制度に忠実に音節を定めるために，ソシュール学的音韻論が必要なのである。

つまり，マッチのマッは音声的には1音節をなしているが，音韻的には，主観的な言語意識においては2音節をなしていると説明すれば，問題は解決するのである。

それはともかく，橋本氏は，はねる音やつまる音は例外として，日本語の音節構造は古来から今日にいたるまで開音節的であるとなし，絶対化した。これは，あたかも万世一系の天皇制を発見したのにひとしい。このような橋本氏の見解は，昭和17年に書かれた「国語の音節構造と母音の特性」，昭和19年に書かれた「国語の音節構造の特質について」（以上かれの著作集第4冊）にのべられている。

ところが，日本語が絶対的に開音節的であるのは，書きコトバ，あるいはそれを所有する人の意識においてである。国民の現実の話しコトバにおいては，ある種の単語は閉音節を持っているし，また開音節から閉音節への移行の傾向は，はっきりとあらわれている。橋本氏が考えているように，日本語の音節構造が開音節的であるとすれば，現行の開音節単位の仮名文字制度をあらためる必要は，すくなくとも音声の研究からは生まれない。それ故に，橋本氏の音韻論が，ときの帝国主義者の反動的国語政策に理論的な足がかりを与えたことは疑いない。また，国語史研究においても，こうした絶対主義的音韻論は自殺行為である。しかし，橋本氏の見解は，国語音韻史の実証的研究の結果であるとも言えるし，そういう風に見える。

けれども，橋本氏の音節論は，かならずしも実証的研究の結果とは言えない。それは，

まぎれもなくソシュール学的主観主義にもとづいている。このことがはっきり示されているのは，昭和15年と昭和17年とに書かれたかれの表音符号論においてである。橋本氏は，標準語としての当時の書きコトバを国民におしつけるために，表音符号の必要性をとくのであるが，これは反面では歴史的仮名づかいの保護が目的とされる。かれは「表音的仮名づかいは仮名づかいにあらず」（かれの著作集第3冊）と主張し，歴史的仮名づかいに表意性を与えようとする。音声が意味をもっているのであるから，ことさらに文字に意味をもたせることが無駄であることは，すでに証明されたことである。

　さて，橋本氏の表音符号を定める仕方が，ソシュール的なのである。すなわち，橋本氏は≪日本語の音単位として音節をとるべきであるとしたのは，われわれの言語意識にもとづくもので，主観主義の立場からである≫と言って，言語意識に忠実に符号を定めなければならないと主張している（かれの著作集第4冊における「国語の表音符号と仮名づかい」）。この言葉は，日本語が開音節的であるのは，日本人の言語意識においてであるということを意味している。橋本氏の考えを具体的に説明すれば，マッチという言葉は実際には2音節で発音されるが，言語意識においては3音節であるから，3つの符号によって表記されなければならないのである。ソシュール学にとって重要なことは，音声的事実よりも音声意識であることは，すでに知った。

　そこで，問題は，ふたたび言語意識（ここでは音声意識）にかえる。ところが，この音声意識は文字と密接にむすびついていて，文字からはなれて考えられない。日本人が音節単位にしか音声を意識しえないことが，このことを証明する。また，文字のたすけなくして，単純な反復から音声は意識のうちにとらえられるとは，論理的にも考えられない。意識はもともと思考にもとづいているのであるから，表象が概念に高まるのに音声という物質が必要であるように，音声が意識的にとらえられるには，それがどうした形式であらわれようと，何か物質的なささえを前提にしなければならない。こうした事情は，おそらく，文字の歴史が証明してくれるだろう。

　以上のことは，単音の場合には，はっきりした妥当性をもっている。しかし，音節の場合は，いくらか状態がちがっている。かりに，文字のたすけなくして，音節が意識にのぼるとしても，ひとたび音節文字があらわれるや，音節意識は文字のうちに固定する。そして，現実のコトバの音節構造が移りかわったとしても，音節意識はかわらない。換言すれば，日本語の文字制度が開音節的であるために，閉音節が生まれたとしても，それを意識することは日本人にはできず，日本人はあたらしく生まれた閉音節を，昔どう

りに開音節として意識する。いずれにしても，ここで大切なことは，音節意識は，現実の音声の反映にはちがいないが，それは現実の音声が進歩的であるのに対して保守的である，ということである。

そこで，私の言いたいことは，マッチという単語が三つの単位からなっていると思う日本人の主観的な意識というものは，日本語の文字制度によって決定されているということである。ということは，日本人は実際にはマッチを2音節に発音するが，音声意識においては3音節に分解しない限り，現行の文字制度を自分のものにすることができないということでもある。そうであれば，音声意識にもとづくという橋本氏の言葉は，現行の文字制度にもとづくと言いかえられたとしても，本質的な相異は見いだされない。

私たちにとって重要なことは，現実の音声に忠実な文字制度をもつことである。それだから，また現実の音声に忠実な音声意識をもつことでもある。主観的な音声意識に忠実に符号を定める橋本氏の考えは，既存の文字制度に忠実であれと言っているにすぎないのである。かれの音韻論は，現行の文字制度の再確認なのである。

こういったのが，日本語に応用されたソシュール学的音韻論である。復活音韻論とも言うべきか，その反動的性格については語るにおよばないだろう。

　　補注　以上で，橋本氏の音韻論の紹介をおえるが，橋本氏の場合は最も幼稚なもので，それが戦争中の産物であることから，極度に保守的である。もちろん，私はかれのこうした性格を利用して，ソシュール学の保守的性格をうきぼりにするように努めたのであるが，しかし今日のソシュール学的音韻論は，アメリカの俗流唯物論音韻論と同棲して，客観主義的立場をとる風をよそい，たくみにその保守性をかくしている。その代表的なものが，「**音韻論と正書法**」における服部氏の見解である。服部氏は，モーラという仮名文字音声を前提にして，日本語の音韻構造を解釈的に作りあげる。

　　たしかに，終戦後，コトバの民主化の波にのって，ソシュール学派の人たちはローマ字論をとなえた。しかし，これらの人は，ローマ字の必要をタイプに便利とか，目の衛生によいとか，こういった立場から説明し，その必然性を日本語の音韻論的，形態論的構造から証明しはしなかった。いわば，印刷屋や医者の立場からのローマ字論であった。従って，ソシュール学徒のローマ字論は，うすっぺらな近代主義にすぎない。また，ソシュール学が歴史を無視することから，かれらのローマ字論は現実離れしている。このことは，訓令式をすなおに承認しない服部氏のローマ字正書法が証明する。こうしたはねあがりが，近い将来に，吉田の再軍備政策が

進むにつれて，服部氏をしてウルトラ・ファシスト＝漢字ヨウゴ論者に出世させるだろう。

3　時枝言語学　すでに説明したように，橋本氏の音韻論は主観主義によってつらぬかれているが，しかし一般的には，かれの国語学は素朴な実証主義を保存している。もちろん，この橋本氏の実証主義は極端な形式主義としてあらわれ，ソシュール学と矛盾するものではない。橋本氏の見解の二つの面のうち，ソシュール学に直接つながる主観主義的な面をつよく前におしだしたのが，時枝誠記氏の言語過程説である。かれはこの理論を昭和16年に出版された「**国語学原論**」（岩波書店）のうちにくりひろげている。

まず，時枝氏は言語を主体的な活動それ自体であると定義づける。この主体的な言語活動は，実はソシュールの言語活動と同一のものである。しかし，時枝氏はソシュールがなしたように，この言語活動からラングのようなものをとりだすことに極度に反対する。この点で，ソシュール学と時枝言語学とは，するどく対立するかのようである。

ところが，時枝言語学は，表面的な対象の設定において，ソシュール学とまるっきり反対でありながら，実際にはこれらの言語学は，主体的な言語意識が問題であるという点では，まったく同一である。というのは，時枝氏は言語を主体的活動それ自体として定義しておきながら，言語の法則を主体的活動それ自体のうちにはもとめず，主体的な言語意識のうちにもとめるからである。すなわち，時枝氏によれば，主体的な言語活動は主体的意識のあらわれであり，あらゆる言語現象はこの主体的意識によって決定される。例えば，ンは主体的意識においてンであるから，ンである――といった具合に。しかし，この限りでは，時枝氏の見解は橋本氏のそれとかわらないが，時枝氏はこの主体的意識による解釈を言語のあらゆる分野にひろげ，そして，最後には，文語は主体的意識において高い価値をもつ，国民の話しコトバ（方言）は主体的意識において低い価値をもつ，とまで言いはじめた。これは専制君主の言葉である。時枝氏の学説の中では，あらゆる言語現象が絶対化され，神秘化されている。私たちは，かれの学説のうちに，せまりつつある帝国主義日本の危機を感じないわけにはいかない。あの時代のくるいざきという感じを与える。

　　　補注　しかし，それだけに，終戦後は，時枝言語学は最も弱いものであった。かれの見解に
　　　対する批判は，いちどきにあらわれた。とくに，「**文学**」における時枝氏と大久保忠利氏との論
　　　争は，注目をひいた。しかし，この論争は，スターリン言語学に対する時枝氏の非難とむすび

つき（「**中央公論**」昭和25年10月号所載の時枝氏の論文），他方では大久保氏がスターリンの見解を支持しつつ，ソシュール学の基礎概念を守るといった風になされたために，スターリン言語学がソシュール学と何か近い関係にあるかのような印象がばらまかれた。

それとは別に，三浦つとむ氏は「**弁証法・いかに学ぶべきか**」ならびに「**文学**」19巻2号において，時枝言語学こそ真にマルクス主義言語学であると宣言し，スターリン言語学を亜流としてしりぞけた。まったくの混乱であったが，かれらがもし国民の生きたコトバにとりくんでいたら，こうした抽象理論における論争はおこらなかっただろうということで，私たちに一つの教訓を残してくれた。

だが，今となってみれば，むしろ時枝氏の主体的言語意識とソシュールのラングとは，実質的にはどうちがうかということが問題である。ソシュール学のラングは，対象把握においては必然的に主体的言語意識に近づくとすれば，それらの相異は言葉の上にすぎない。そうだとすれば，時枝言語学は，日本帝国主義の危機におけるソシュール学である。そして時枝氏が主観主義を完全におしとうしたという意味では，時枝言語学は純粋ソシュール学であるとも言える。

というのは，橋本氏がなしえなかった文法学上の主観主義を，時枝氏は，無自覚的な潜在的言語意識という言葉で，みごとに解決したからである。具体的にいえば，《咲かない》における《咲か》が一語をなしているのは，潜在的言語意識においてである。従って，時枝氏によれば，文法学とは潜在意識の追求なのである。これは，ソシュール学的音韻論が**発音**しているつもりのものを追求するにひとしい。このような時枝氏の見解は，昭和25年に発行された「**日本文法 口語篇**」（岩波全書）にわかりやすく書かれている。

　　補注　もともとソシュール学は音韻論においてのみ咲くことのできる言語学とも言える。な
　　ぜならば，意識的事実としての音声は，文字とむすびついて国民の中に普及しているが，文法
　　的事実は国民の意識の中に完全にはもちこまれていないからである。従って，ソシュールは，
　　文法学とは静態言語学であり，意識的事実としての言語を記述することであると言うが，実際
　　には文法構造を国民の意識のうちにもとめるのは困難なわざであるとして，それは単語の分析
　　にたよらなければならないと言っている。ここにいたっては，ソシュール学の静態言語学は，
　　機械主義という点で，アメリカの記述言語学とことならなくなる。いわば，主体の言語意識を

追求することには，一定の限界があるわけである。ところが，この限界をのりこえたのが，時枝言語学である。時枝氏は，文法的事実が国民の主体的意識のうちに存在しないことから，主観主義的立場を完成するために，潜在的意識という奇妙な用語を発見した。これは言葉の上でのことは別として時枝氏がソシュール学に忠実であった証拠である。ソシュール学は，こうした時枝氏の唯我独尊的な主観主義を内につつんでいるのである。従って，ソシュール学の立場からの時枝批判は，時枝言語学の行きすぎに対する警告にすぎない。

　この書物では，時枝氏は新仮名づかいに反対して，主体的意識に忠実に旧仮名づかいを使っている。それは，文法体系なるものが，先験的に時枝氏の頭の中に潜在していて，新仮名づかいはそれに違反するからである。新仮名づかいは，四段活用を五段活用に移す。これは，時枝氏にとっては我慢できない。

　ここで，ふたたび主体的な言語意識とは何か，という問題がおきる。時枝氏の場合では主体的な（潜在的）言語意識とは，金利生活者が国文学を解釈し，鑑賞するために必要である国文法のかれの頭への反映である。そうであれば，《咲か》が一語をなしているといった無茶な言葉が生まれる。

　ところで，時枝言語学においては，単語とは一体何であろうか。かれによれば，**質的統一体**である。そして，質的統一体とは，主体的意識において認定された一つの全体概念である。わかりやすく言えば，それは，自分が単語であると思ったものが単語であるといった勝手な理論なのである。これは，単語そのものの実在性を否定するにひとしい。

　橋本文法は，息のきれ目の単位（文節）から単語をひきだす。国語学では，単語の規定でさえ解決されていないのである。この国では，ブルジョア言語学が残してくれたものは，ほんのわずかである。

　それは別として，アメリカの俗流言語学が存在する限り，時枝言語学は，観念論言語学として，その存在理由を失わないだろう。また，復古趣味的な漢字制限廃止が時枝理論にのっているとすれば，ますますその生存権は保証されるわけだ。

4　反省として　さて，以上で，ソシュール学の基礎概念，そしてその日本語への応用を見た。そこから，私たちは，ソシュール学は帝国主義時代の産物であり，反動化した資本家階級に奉仕する反国民的言語学であることを知る。そこで，こうした言語学を克服するには，どうした方法がとられるべきであるかという問題がさしだされる。

24

この点に関しては，問題はすでに明らかであると言えよう。ソシュール学が言語学の対象を国民の話しコトバから観念的な言語意識に移しかえたとすれば，私たちはこの移しかえをとりのぞき，言語学を国民の話しコトバの上にのせることが大切なのである。すなわち，私たちが研究室での研究をすてて，国民の中に入り，国民の生きたコトバを研究するとき，はじめてソシュール学は克服されるのであって，そのときは，また私たちの言語学がうちたてられるときでもある。

　　補註　私がここで，もともと言語学とはどういった科学であるかということについて明らかにしておくことは，無駄ではないだろう。封建君主の支配，あるいは外国の帝国主義の侵略と闘うために，国民が一つに団結しなければならないとき，何よりもまず，国民の各々は自覚した国民にならなければならない。そのためには，国民の各々は，方言の差異はあれ，共通のコトバを使っていることを確認することが大切である。また，国民の統一をつよめるためには，言語の地方分散性を克服して，一つのコトバをもたなければならない。そのためには，まず共通語を確認し，その普及のために共通語と方言との関係を，言語のあらゆる分野で明らかにしなければならない。また，そのとき問題になる国民的言語は，あたらしく発展する国民文化の内容をうけ入れるのにふさわしい，みがきあげられたものでなければならない。

　このような国民的な要求にもとずいて，これらの諸問題を解決するために生まれたのが，近代言語学である。それは出発から国民的科学であった。従って，また，言語学は歴史＝比較言語学であり，それは言語発展の法則を追求する科学であった。こうした近代言語学が，すばらしく美事に成長したのは，グリムやボップによって代表されるドイツ古典言語学においてであった。

　日本にも，たしかに，このような**歴史比較言語学**が成立する地盤はあった。しかし，それは明治の初期から中期にかけてのことであり，つかの間のことであった。この時間*における上田万年の活動は，国民統一にみちびくための言語学をうちたてようとする真剣な努力であった。

　しかし，明治の後半では，日本は自からの独立をかちとると同時に，自からが軍事的帝国主義者として朝鮮，満洲の侵略にのりだしている。こうした事情は，もはや国民統一のための歴史＝比較言語学を不必要になし，芽ばえたばかりの歴史＝比較的方法をくさらせてしまった。より正確にいえば，歴史＝比較言語学は日本の北方侵略に奉仕する言語学として邪道におちこんだ。この邪道の最近の代表者が服部四郎氏である。かれは琉球方言を日本語の体系からはずすことによって，主人公を日本の帝国主義者からアメリカの帝国主義者にのりかえた（「**民族学**

研究」第 13 巻 2 号におけるかれの論文）。

　日本の帝国主義者にとって必要なのは，天皇崇拝思想，排外思想をあおり，国民を帝国主義的侵略戦争にかりたてる言語学であった。そうであれば，国語学は歴史＝比較的方法の上にたつことをやめて，もっぱら保守的方向に書きコトバ，とくに古典のみを研究し，国民の生きたコトバを頭から無視してかかったのである。明治以来，国語学は何ら進歩せず，今になっても日本語文法が確立していないのも，こうした事情によるのである。

　例を文法学一つにとっても，徳川時代の文献学からの発展としての山田文法を一応の頂点として見れば，橋本文法，時枝文法は何らそれを発展させず，むしろ反対にダ落させている。音韻論と直接むすびつく国字問題の面では，上田万年から橋本，時枝氏への移行は，ただ，国語学のダ落を示すのみである。こうしたダ落の歴史の中で，ソシュール学は理論的弁護人として日本にもちこまれている。そうであれば，ソシュール学の否定こそ，実は私たちの言語学の出発点だと言える。他方では，それは，ソシュール学が否定した歴史＝比較的方法を，国民の生きたコトバの上で復活させることでもある。また，そうしない限り，日本言語学は永久に成立しないだろう。なぜならば，言語の構造は，橋本氏が考えるように，息のきれ目にもないし，時枝氏が考えるように，主体的意識のうちにもないからで，それは言語の内部に存在し，その発見は，まったく歴史＝比較的方法にたよらなければならないからである。従って，歴史を無視して組みたてられた記述文法，あるいは静態文法は，勝手気ままな解釈文法であることは間違いない。このことは，エンゲルスの教えをうけるまでもなく（「反デューリング論」），国文法が最もよい見本を示してくれる。

　今日，日本人は，歴史上かって存在しない重大な危機にさらされている。この情勢は，日本人を統一するために，あらたに日本語の高い段階における統一を要求している。例えば，書きコトバにおいて，国民文法と関係して，新しい文体の創造の問題がもちあがっている。国民の中で働らく実践的民主主義者によって，新しい文体がうちたてられることは疑いない。それは，解放という国民的課題が，よそからのかりものの文化ではなく国民の上に根ざしている文化を要求しているからである。こうしたことが，正しく国民のコトバを理解したとき，完成されるとすれば，私たちの言語学のつとめが何であるかということは，おのずから明らかである。

　私たちは，国民解放の手段としての国民的言語＝日本語を研究することによって，解放闘争の隊列の中にくわわらなければならない。また，そうしない限り，真の意味の言

語学は生まれてこない。というのは，≪言語とその発展の法則は，……その言語の創造者であり，保持者である民族の歴史と密接な関係のなかで，言語の研究がなされたときにのみ理解される≫のであるから（スターリンの「マルクス主義と言語学の諸問題」）。こうすることによって，国民と運命をともにする言語の発展の生きた法則にふれることができるのである。ここから，言語学者は，日本語のあるべきすがたについて，一定の方向づけを与えることができるだろう。

単語について
——文法にはいるために——

まえがき　日本人は，かきことばのなかで単語と単語とのあいだを，あけてかかない。つまり，わかちがきをやらないで，べたがきする。だから，日本人は，一般に，単語について，まずしい感じとりしか，もちあわせていない。このありさまが，国語学のなかに，もちこまれて，こんらんをまきおこしている。

　こんらんのもっともおおきなものは，日本語の文法が，いまになっても，できあがっていない，ということである。このことは，国語教育のなかで，文法をおしえることをさまたげている。そのために，国語教育は，経験的なおしえかたから，一歩もぬけだすことができない。

　わたしが，このようにいえば，いや，日本語の文法はある，という人もいるだろう。たしかに，日本語の文法はある。だが，この文法が国語教育にとっても，わたしたちが文章をかくときにも，やくだたないしろものであることは，実験ずみである。いまの日本語文法がやくだたないということの理由として，それは，日本語の文法的くみたてを，ただしく，うつしだしていない。そして，こうしたことは，まず，単語とむすびついて，あらわれる。

　単語は，ことばの基本的な要素である。ことばの他の諸要素（音インとか形態）は，すべて，単語のなかだちをとおして，とりだされる。すなわち，単語がそこにあるというまえおきにたって，はじめて，かわりかたとかならびかたとかがめのまえにうかびあがる。いわば，文法は，単語のかわりかたとならびかたとのきまりなのであるから，わたしたちは，文法をくみたてるにあたって，まず単語をみつけだしておかねばならない。

　では，単語とはなにか。わたしは，このといにたいして，ひとつのこころみとして，こたえをあたえてみたい。そのまえに，ことばとはなにか，という問題について，単語論をすすめるにあたって必要なだけ，かたっておこう。

ことばについて　人間ははなし，考えるが，ことなったふたつのおこないをなしているわけではない。人間は，はなしのなかで考え，考えのなかではなしている。わた

したちは，つねひごろ，はなしと考えとをきりはなし，考えられたもの（思想）をつたえる道具として，はなしをみている。だが，はなしのまえに考えがあるわけではない。したがって，はなす活動と考える活動とは，あやおりをなしていて，ひとつのまとまりをつくっている。このあやおりを，わたしたちは，ことばとなづける。

ことばのなかでは，はなしと考えとは，一方なしでは他方はない，というつながりをもっている。いいかえれば，意味（考え）のない音声（はなし）はないのである。おなじように，音声をともなわない意味はない。

だが，はなしと考えとのふたつの面を，ことばのうえのあやとしてあつかい，それらをことば一般のはたらきにとけこませてはいけない。考えは，はなしではないし，はなしは考えではない。アメリカ人は，リンゴをまえにおいて，《アプル》といい，日本人はそれを《リンゴ》という。このばあい，考えはおなじでも，はなしはちがう。

このようなはなしと考えとのちがいは，ことばの発展のなかで，はっきりあらわれる。つまり，考えは，はなしのしばりをうけながらも，自分で発展する。おなじ単語が，いろいろなものを，さししめすということは，こうしたことによっておきる。たとえば，《ながい》という単語は，もともとひろがりをしめすためにつかわれていたが，人間がときをしったとき，この単語は，ときをしめすためにもつかわれる。また，はんたいに，はなしは，考えのしばりをうけながらも，自分で発展する。おなじ意味のことを，ことなる音声がしめすということは，こうしたことによっておきる。たとえば，《かいている》と《かいてる》とは，おなじ意味をもったふたつの音声である。

しかし，ことばは，自分自身で発展する考えとはなしとの単純なくわえではない。考えとはなしとのつながりは，なかみとそとがわとのつながりのようなものである。なかみがおおきくなるとともに，そとがわははちきれそうになる。そこで，そとがわも，しかたなしに，おおきくなる。

ことばも，こうしたものである。すなわち，考えが発展するとともに，はなしは，発展した考えをうけいれきれなくなる。そこで，はなしも，しかたなしに，発展する。つまり，わたしたちの考えが，おおきくなることによって，ことばのなかに，考えとはなしとのなかたがいがおきる。このなかたがいの解決がことばを発展させるものである。たとえば，わたしたちの考えが《うお》のいろいろな種類を区別したとき，《うお》というはなしだけでは，考えをうまくいいあらわすことができないので，《たちうお》とか《とびうお》とかいう単語をつくりだした。みじかくいえば，ゆた

かな考えは、ゆたかないいあらわしをもとめる。これが、ことばを発展させるそこぢからである。

たえず発展することばは、つねに、考えとはなしとのたたかいのなかにある。むつかしくいえば、ことばは、意味と音声とのなかたがい（矛盾）によって、たえずうごいている。だから、ことばは、うごくものとして、歴史主義的な立場からながめられないかぎり研究者によってとらえられない。

単語について　すでにあきらかにされたように、ことばは、はなしと考えとからなりたっている。いずれがかけても、ことばは、きえてなくなる。ところが、ことばが、こうしたものであるのは、ただ文章においてである。したがって、ことばは文章であり、文章のそとには、ことばはない。どんなにちいさな音声であっても、それが意味をもっているかぎり、ことばであって、文章である。たとえば、わたしが、これはリンゴである、という意味で、《リンゴ。》といったとする。これはりっぱな文章であって、ことばとしての全体をそなえている。

だが、かならずしも、《リンゴ》という音声は、これはリンゴです、という判断のすがたをとって、あらわれない。あるときは、《リンゴ？》であるし、《リンゴ！》である。ただし、ゼロの《リンゴ》は、ことばとしては、ありえない。つまり、どんな調子をもともなわない、はだかの《リンゴ》は、どこにもないのである。

けれども、わたしたちは、経験をかさねているうちに、《リンゴ。》、《リンゴ？》、《リンゴ！》という現実のことばから、ゼロの《リンゴ》をしぼりだし、さらに、《リンゴ》なしの調子《。，？，！》をしぼりだす。つまり、現実のことばは、資料としての《リンゴ》とかたちとしての調子《。，？，！》とにわけられる。

資料である鉄は、つねに、汽車か汽船か、あるいはくぎかかなづちか、ひとつのかたちをもっている。それとおなじように、ことばも、資料とかたちとをもっているわけである。文章のなかで、資料にあたる部分が単語であって、かたちにあたる部分が文法である。いずれも、あたまのなかでのしぼりだしにすぎない。そういうものは、けっして、じかにはあらわれない。じかにあらわれるのは、単語と文法とからなりたつ文章だけである。

だから、単語が文法的かたちをきりすてていると、ことばのうえでいえるとしても、実際には、それは文法的かたちを完全にきりすてることができない。なぜならば、単語が文法的かたちを完全にきりすてたとすれば、単語はことばであることをやめるか

ら。つまり意味をうしなう。事実として、わたしたちは文章から単語をとりだすとき、単純な文章へのおきかえをやっているにすぎない。つまり、《リンゴ。、リンゴ?、リンゴ!》のうちから単語をえらびだすとき、わたしたちは、《リンゴ。》という文章のかたち（もっとも単純な判断のかたち）を単語となづけている。

したがって、ことばの要素としての単語を他の諸要素から区別するしるしとして、それが意味をもつ、ということを考えにいれれば、単語は、なによりもまず、文章である、というさだまりをさけるわけにはいかない。

くりかえしていえば、単語が文章でならねばならないのは、*文章のそとでは、どんな音声も意味をもたないからである。文章だけが現実のことばとして、意味をもっている。したがって、単語が意味をもつ単位であると考えられるならば、単語は、まず、文章にならねばならない。それだから、単語は、文章であるための文法的かたちを、どんなときでもそなえている。

だが、文章と単語とが、つねに、かさなりあっているならば、どちらかの用語はいらない。たとえば、《リンゴ。》を文章の基本的なかたちとしてとりあげ、《リンゴ?、リンゴ!》を、かわりの文章としてあつかえば、単語という用語はいらなくなる。

ところが、文章は、かならずしも、ひとつの単語から、なりたっているわけではない。ふつうは、文章は、ふたつ、あるいはそれ以上の単語のあつまりである。このとき、単語は、文章をくみたてる要素として、あらわれる。いわば文章が、くみたてをもっているということは、文章が一そう単純な文章からなりたっているということであり、この単純な文章が、複雑な文章にたいして、単語としての資格をいいはる。

したがって、単語は、二語文の世界で、はじめて、文章からはなれることばの単位である。ここから、単語は、文章をくみたてるための、もっともちいさな文章である、というさだまりがうまれでる。いいかえれば、単語とは、もっともちいさなはなしであり、考えである。わたしは、この点で、もっとも常識的な結論をあたえる。

だが、このような単語についての一般的なさだまりは、あらゆるばあいに、機械的にあてはまらない。なぜならば、単語のうちのあるものは、わたりのうちにあるからである。つまり、ある単語は、単語でないもの（単語のくみたて要素）にうつりつつあるようなありさまのなかにある。

たとえば、《とも》という単語は、いまの日本語では、それだけで、はなしのなか

単語について　31

にあらわれない。このことばは《ともだち》という単語におきかえられた。だから，はなしのうえでは，《とも》は，もはや単語ではない。ところが，《まなびのとも》とか《とものかい》とかいうようなことばのなかで，《とも》は，単語としてのいのちを，かろうじてたもっている。ここでは，《とも》は，考えの単位として，はたらいている。したがって，このようなわたりのすがたをとっていることばが，単語であるか，単語でないか，一方的にきめてかかってはいけない。

　まったく，はんたいのばあいとして，《かいている》のようなたとえがある。《かいている》の《いる》は，りっぱな単語である。だから，《かいている》は，ふたつの単語からなりたっている。ところが，《かいている》は，意味のうえでは，ひとつのまとまった単位をなしていて，これをふたつにきりはなすことはできない。つまり，はなしとしては，ふたつの単語からなりたっているが，考えとしては，ひとつの単語なのである。このようなばあいも，一方的にかたづけてはいけない。

　いままでのべたことを，かいつまんでいえば，単語をみつけだすばあいも，ことばのなかでは，はなしと考えとのゆきちがいがおきる，というまえおきをみとめたうえで，一般的なさだまりをあてはめねばならない。

　文法的かたちについて　さて，単語が，文章のなかで，それのくみたて要素として，あらわれると，単語は，文章のなかではたすやくわりにしたがって，特別の文法的かたちをそなえる。

　文章がふたつの単語からなりたっているならば，ふたつの単語は，それぞれ，ことなるはたらきをさせねばならない。たとえば，《リンゴはくだもの》という文章のなかで，第一の単語は主語として，第二の単語は述語として，単語はそれぞれことなるやくわりをはたしている。

　このことなるはたらきを，音声のうえに，はっきりやきつけるために，文法的かたちが必要になる。この文法的かたちが，音イン論的てつづきによるか，文章論的てつづきによるか，形態論的てつづきによるか，このことは，ここでは問題にならない。いずれをえらぶかということは，それぞれのことばの歴史にかかっている。

　そこで，文章全体のかたちからはなれて単語には単語の文法的かたちが，うまれてくる。たとえば，《リンゴ》という単語は，それが文章のなかではたすやくわりにしたがって，《リンゴは》，《リンゴの》，《リンゴに》というようなぐあいに，ことなる文法的かたちをともなう。このばあい，格助詞が文法的かたちになっている。

格助詞は形態（モルフェーム）のひとつである。形態をもって文法的かたちをしめす
しかたは，形態論的てつづきといわれる。それにたいして，文章論的てつづきによれ
ば，単語の文法的かたちは，単語が文章のなかにおかれるばしょによってきめられる。

　さて，いまの日本語文法が，おおきくまちがっているのは，動詞論である。さきに
のべたように，日本語文法は，単語をただしくとらえていないが，このことは，動詞
論において，とくにひどい。

　いまの日本語文法は，《かかない》という単語をふたつにわけて，《かか》を単語
としてあつかう。また，《かこう》という単語を《かこ》と《う》とにわけて，それ
らを一人まえの単語にしたてあげる。こうして，人工的につくりあげられた単語は，
それ自身，どんな意味ももたない。だから，《かか》とか《かこ》とかいう単語が，
《かく》という動詞のどんなかたちであるか，たしかめるわけにはいかない。ここか
ら，でたらめな動詞論がうまれてくる。

　あやまった単語論のうえにたつならば，文法は，文法的かたちにそって，動詞のか
わりかたちを分類することができない。意味をもたない単語のなかから文法的かたち
をとりだすことは，できるはずがないからである。だから，日本語文法は，意味のな
いかわりかたち（人工的単語）を，五十音図にあわせてならべたてる。そこには，そ
うでならねばならないすじみちは，どこにもみあたらない。いまの日本語文法が形式
文法といわれるのは，このためである。

　《かく》という動詞が，現実のことばのなかにあらわれるとき，《かく》か，《か
かない》か，《かこう》か《かくまい》か，かならず，ひとつ，あるいはふたつの文
法的かたちをともなわねばならない。つまり，はだかの動作をしめす動詞は，ことば
のなかには，どこにもない。はんたいに，動作をしめすことなしに，動作のありかた
だけをしめす単語（日本語文法の助動詞），つまり資料なしの，まじりけない文法的
かたちも，ことばとしては，ありえない。このような文法学のうえでの初歩的な知識
さえ，いまの日本語文法はしらない。わたしたちが，文法教育を小学校の国語教育に
もちこもうとこころざすならば，まず，いまの日本語文法をすてて，あたらしい日本
語文法をつくりあげねばならない。

日本語の文法的クミタテ

ことわり

　きょねんの 11・12 月に，二度にわたって，児童言語研究会（事ム所は東京都武蔵野市吉祥寺 1720 番地・小坂恵児方）で小学校の文法教育についてしゃべりました。みなさんのまえにさしだすこの文法ツクリの試みは，そのときの原稿に手をいれたものです。さしあたって，小学校の文法教育としては，文章論をまんなかにおいて，それに形態論をつけたす，といった具合でおしえた方がよいと，わたしは考えているので，項目をそのようにならべてみました。まとまった文法書をつくるばあい，このようなシカタはよくないでしょう。形態論と文章論とをわけて記述しなければなりません。おなじように，二度目のまとまった（体系的な）文法教育のばあいでは，形態論からはいって，文章論にすすむというテツヅキをふむべきです。もともと，現場の先生にやくにたつようにと考えてかいたものですから，先生がたのえんりょのない批判をおねがいします。現場にやくだたないものをつくっても，しようがないのですから。

　自分のかいたものに責任をおわないというわけではないのですが，わたし自身国語学者でも言語学者でもありません。こういうことは，この試みが歴史文法によってうらづけられていないというヨワサになってあらわれています。ですが，記述文法というものが，なぜ歴史文法にもとづいてつくられなければならないか，わたしはここでしめしたつもりです。日本語の文法の論理的なクミタテは，かならず日本語の文法の歴史的な発展のミチスジをおわなければならないのですが，そういうことの必要をわたしはここでしめしたつもりです。それで，ヌケオトシをおぎなう仕事をのぞいては，この試みのアヤマリをさししめすものは，ほかならない，歴史文法です。学問的にみれば，わたしの試みは日本語の文法的クミタテをあらっぽくえがいたものにすぎません。が，こんなワケで日本語の歴史的研究にたずさわっている方の批判をおねがいします。

　ですが，静態的な研究，あるいは記述主義のただしさをいいはって，ゆずらない人にたいしては，そういう人よりも，わたしの方がはるかに言語学的であるといいたい，このように思っています。それはべつとして，ただいま，国民の読み書きを指導する，

すぐれた文法書をつくることが，言語学者や国語学者にあたえられたツトメになっています。このツトメを忠実にはたすことが，言語学者，国語学者にとって，国の運命をきりひらくたたかいにくわわる道です。こういう仕事は，ひとりでできるものではありません。言語学や国語学のあらゆる分野の知識をかりださなければなりません。だから，言語学者，国語学者はチカラをあわさなければならないのです。だれがほんとうの言語学者であるか，国語学者であるか，こういうことは国民がきめてくれます。

もくじ

第1章　まえがき

第2章　ヒトエ文のクミタテ

　第1節　モトになる文

　第2節　ひろげられた文

　第3節　おなじ種類の部分をもっている文

第3章　アワセ文のクミタテ

　第1節　アワセ文のツクリ

　第2節　ツキソイ文の種類

第1章　まえがき

（1）文と単語　まとまった考えをいいあらわすコトバは，文といわれます。まとまった考えとは，モノゴトについて，なにか判断したり，つもりになったり，いいつけたりするオコナイです。たとえば，わたしがつぎのようなコトバをしゃべったとします。

　　さむい。

　　あつい。

　気温について，わたしが判断して，それをいいあらわしたのですから，このコトバは文です。また，つぎのようにしゃべったとします。

　　ゆきが**ふった**。

　　あめが**ふった**。

　やはり，このコトバも，まとまった考えをいいあらわしているのですから，文になっています。ところで，まえの例とあとの例とをくらべてみますと，あとの例がふた

日本語の文法的クミタテ　35

つの部分からなりたっていることが，わかります。このように，おおくのばあい，文はいくつかの部分からなりたっています。文の部分になるコトバは，単語といわれます。まえの例では，文が部分からなりたっていないので，単語がすなわち文としてあらわれているのです。単語とは，それ自身でイミをもっている，一番ちいさなコトバです。

　考えのガワからみれば，単語は概念です。わたしたちは概念をあやつって，判断したり，ネガイをたてたりするのですが，こういうことが，コトバのうえにやきつけられて，文は，ひとつの単語によって，あるいはいくつかの単語のクミアワセによって，つくられるのです。

（2）品詞（単語の品わけ）　だが，単語のなかには，概念をなさないので，文の部分になれないものがあります。このような単語は文の部分になる単語につきそって，それのイミにイロをつけます。また，文の部分になる単語をつないだり，むすびつけたりします。あるいは，文と文とをつないだりします。

　　　かれ**だけ**が本をよんでいる。

　　　かれは本をよんだ**が**，花子はよまない。

　この文のなかの「だけ」，「が」は，文からひきだされると，イミをうしないます。まえにしゃべった単語，あるいは文につきそって，はじめてイミをもちます。それで，このような単語は，つきそう単語といわれます。それにたいして，文の部分になることができる単語は，ひとりだちする単語といわれます。ひとりだちする単語もつきそう単語も，イミとヤクメとにしたがって，品詞にわけられます。日本語にはつぎの品詞があります。

　　　ひとりだちする単語
　　　1　名詞（ナマエ）
　　　2　動詞（ウゴキ）
　　　3　形容詞（スガタ）
　　　4　副詞（キメ）
　　　5　代名詞（カワリ）
　　　つきそう単語
　　　6　後置詞（アトオキ）
　　　7　接続詞（ツナギ）

36

  8 繋詞（ムスビ）

  9 助詞（タスケ）

 とくべつの単語

  10 感動詞（サケビ）

 感動詞は，オドロキやイタサなどの体験，心モチのヨシアシなどの感情を，じかに
いいあらわします。それで，感動詞は，単語のなかで，とくべつの種類をなしていま
す。

 これらの単語で文がつづられるのですが，それには，さだまったキマリがあります。
このキマリが文法です。

（３）**単語のカワリ方** 単語が文のなかにおかれるとき，それは，文のなかではたす
ヤクメにしたがって，自分のカタチをかえます。

  ゆきがふった。

 この文のなかの「ゆきが」という単語は，「ゆき」というモトのカタチに，格をしめ
すウシロヅケ（接尾辞）がくっつけられて，できています。

  わたしは**ゆきを**みた。

 この文では，モトのカタチ「ゆき」は，ウシロヅケ「を」がくっつけられて，「ゆ
きを」というカタチになっています。つぎのみっつの文をくらべてみてください。

  ゆきが**ふる**。

  ゆきが**ふった**。

  ゆきよ**ふれ**。

 「ふる」というカタチは，シッポ（語尾）をまげて，「ふった」，「ふれ」というカタ
チでもあらわれます。このように，ひとりだちする単語は，かならず，文のなかには
いるとき，ひとつのカタチをとります。カタチは単語と単語とをむすびつけたり，単
語のイミにトキやキモチ（文法的イミ）をそえたりします。ヤクメがちがえば，ひと
つの単語はちがったカタチをとるのですから，単語がひとつのカタチをとることは，
「単語がかわる」といわれます。単語のカワリ方には，

 （イ）クッツキ（モトのカタチにウシロヅケをくっつけて，カタチをつくるシカタ）
と，

 （ロ）マガリ（シッポをまげて，カタチをつくるシカタ）とがあります。単語のカ
ワリ方にはキマリがあって，このキマリの研究が形態論といわれます。

日本語の文法的クミタテ　37

（4）**単語のナラビ方**　いくつかの単語でくみたてられている文では，単語のナラビ方が問題になります。

　　　　わたしは彼がすきだ

　この文のなかの単語のナラビをかえて，つぎのようにはなしたとします。

　　　　かれが私はすきだ。

　これでは，だれがだれをすいているのか，わからなくなります。べつの例をひきます。

　　　　わたしが舟をつくった。

　　　　わたしがつくった舟を……

　　　　舟をつくったわたしが……

　おなじカタチのみっつの単語をみとおりにならべてみたのですが，このなかで完全な文になれるのは，はじめの文だけです。なぜそうなるかといえば，日本語には日本語にふさわしい単語のナラビ方があって，単語がはたすヤクメは，それのカタチだけではなく，おかれるトコロによってもきめられるからです。単語のナラビ方に，たいせつな文法的イミがあるのです。

　いいかえれば，文にはきまったハタラキをする部分があって，その部分には単語がなるのですが，そのためには，単語はひとつのカタチをとるだけではなく，きまったトコロにおちつかなければならないのです。これを単語のナラビ方といいます。ナラビ方にもキマリがあって，それの研究は文章論といわれます。

　もうあきらかになったことですが，文法とは単語のカワリ方とナラビ方とのキマリです。これをしらべる学問が文法学で，それは形態論と文章論とにわかれています。

　第2章　ヒトエ文のクミタテ

　第1節　モトになる文

（5）**モトになる文**　完全な文には，かならず，のべる部分とのべられる部分とがあります。まとまった考えは，モノゴトにつきまとっているなにかをきめつけることですから，きめつける部分ときめつけられる部分とにわけられますが，このような事情が文にうつしだされているのです。

　　　　つきがで**た**。（動詞＝述語文）

　　　　はなはうつく**しい**。（形容詞＝述語文）

いぬは**けだものだ。**（名詞＝述語文）

それぞれ，このみっつの文は，ふたつの部分からなりたっています。このふたつの部分をくらべてみますと，部分のハタラキがはっきりします。うえの部分（つきが，はなは，いぬは）は，したの部分（でる，うつくしい，けだものだ）によってのべられています。あべこべに，したの部分は，うえの部分についてのべています。

のべられる部分は主語（ヌシ・コトバ）といわれます。なぜなら，のべられる部分は，のべる部分によってしめされるタチのモチヌシだからです。のべる部分は述語（ノベ・コトバ）といわれます。主語と述語とのツナガリは，述語によってしめされるものが主語によってしめされるモノゴトのうちにひそんでいる，というヨリドコロをもっています。だから，まとまった考えをいいあらわす文とは，モノゴトがそなえている持ちまえのタチをひきずりだして，それをきめつける（のべたてる）オコナイであると，いえます。

主語と述語とは，一番たいせつな文の部分です。そして，これらによってくみたてられている文は，「モトになる文」といわれます。なぜなら，完全な文では，かならず，主語と述語とはなくてはならないし，主語と述語だけでなりたっている文は，完全な文としては，一番みじかいものだからです。

（6）**主語**　文のなかで，主語になる単語は，おもに名詞です。名詞はモノゴトをしめします。文法では，「これはなにか（あれはだれか）」というトイにこたえるものは，すべてモノゴトです。

　　　（イ）モノのナマエ　みず，りんご

　　　（ロ）コトのナマエ　おおみず，戦争

　　　（ハ）ウゴキのナマエ　あそび，勉強

　　　（ニ）スガタのナマエ　うつくしさ，よさ

名詞は，文のなかで主語になるとき，第一あるいは第二ヌシ格のカタチをとります。

（7）**述語**　文のなかで述語になる単語は，動詞と形容詞と名詞です。

　1　**動詞**

動詞はモノゴトのウゴキやアリサマをしめします。

　　　（イ）ウゴキ　はなす，よむ，かく

　　　（ロ）アリサマ　ある，いる

　2　**形容詞**

すべてモノゴトは，自分自身につきまとっているイロ，アジ，カタチ，心モチなどのうえで，いろんなスガタをもっています。このスガタをしめすコトバが，形容詞です。

(イ) イロ　あかい，あおい

(ロ) アジ　あまい，からい

(ハ) カタチ　まるい，ながい

(ニ) 心モチ　うれしい，かなしい

3　名詞

名詞が述語になるときには，モトのカタチのあとに，繋詞（ムスビ）「だ」がおかれます。あるいは，「シドコロ・テダテ格の名詞」のあとに，動詞「ある」がおかれます。

(8) 動詞のカワリ方（いいきるカタチ）　モノゴトのウゴキ・アリサマがハナシ手のどんなキモチでつかまえられるか，これによって述語になる動詞は，自分のカタチをかえます。キモチとは，述語でしめされるタチにたいするハナシ手の態度です。だから，キモチは文のなかではなされたものと現実とのツナガリをうつしだしているのです。動詞のばあいでは，それはウゴキ・アリサマにたいするハナシ手のミトメ度あい，ネガイ・ノゾミ，ツモリなどをいいあらわして，ハナシ手の動詞＝概念のモチ方をしめします。

また，ウゴキやアリサマがいつあったか，というトキにしたがって，動詞は自分のカタチをかえます。

動詞のカワリ方には，つよいカワリ方とよわいカワリ方とがあります。

	つよいカワリ方	よわいカワリ方
(イ) いいたてるキモチ		
	つくる	みる（スギサラズ）
	つくった	みた（スギサリ）
(ロ) おしはかるキモチ		
	つくるだろう	みるだろう
	つくっただろう	みただろう
(ハ) つもり・さそうキモチ		
	つくろう	みよう

40

（ニ）いいつけるキモチ

　　　つくれ　　　　　　　　　みろ（みよ）

　これらのカタチは，いいきるカタチといわれます。なぜなら，これらのカタチは，文の一番おしまいにおかれて，ムスビのハタラキをしているからです。なお，「くる」と「する」とは，とくべつのカワリ方をします。

（9）形容詞のカワリ方（いいきるカタチ）　　述語になる形容詞も，キモチとトキとにしたがって，カタチをかえます。だが，形容詞には，つもり・さそうキモチといいつけるキモチとがかけています。また，形容詞には，カワリ方のちがうふた種類があります。

　　　　　　第一の形容詞　　　　第二の形容詞

（イ）いいたてるキモチ

　　　　あかい　　　　　　きれいだ

　　　　あかかった　　　　きれいだった

（ロ）おしはかるキモチ

　　　　あかいだろう　　　　きれいだろう

　　　　あかかっただろう　　きれいだっただろう

　なお，繋詞「だ」は，第二の形容詞のシッポ「だ」とおなじカワリ方をします。

（10）動詞のウチケシのカタチ　　述語は，それのしめすタチがヌシのうちにあるか，ないか，ということにしたがって，みとめるカタチとうちけすカタチとにわかれます。

　つよいカワリ方をする動詞では，モトのカタチ（いいたてるキモチのスギサラズのカタチ）のおしまいのカナが，おなじ行のア段のカナにおきかえられて，それに形容詞「ない」がくっつけられて，ウチケシのカタチはつくられます。

　　　　はなす　→　はなさない

　　　　おわる　→　おわらない

　モトのカタチが「う」でおわる動詞では，「う」は「わ」にとりかえられて，それに「ない」がくっつけられて，ウチケシのカタチはできます。

　　　　いう　→　いわない

　　　　かう　→　かわない

　さらに，よわいカワリ方をする動詞では，モトのカタチのおしまいのカナ「る」がとられて，そのかわりに「ない」がくっつけられて，ウチケシのカタチはつくられま

す。動詞のウチケシのカタチは，つぎのようにかわります。

（イ）いいたてるキモチ

かかない　　　　　　みない

かかなかった　　　　みなかった

（ロ）おしはかるキモチ

かかないだろう　　　みないだろう

かかなかっただろう　みなかっただろう

（ハ）つもり・さそうキモチ

かくまい　　　　　　みまい

（ニ）いいつけるキモチ

かくな　　　　　　　みるな

第2節　ひろげられた文

(11) ひろげられた文　おおくのばあい，モトになる文では，考えはうまくつたえられません。そのとき，主語や述語のイミを一そうはっきりさせるために，かざるコトバがこれらにつけたされます。そこで，モトになる文はひろげられた文になります。ひろげられた文では，主語と述語とのほかに，ひろげる部分（主語と述語とのイミを一そうはっきりさせる部分）があって，これをカザリ（修飾語）といいます。なお，カザリは，主語と述語のほかに，カザリをもかざります。

カザリとカザラレ（被修飾語）とのあいだには，イミとカタチとのうえでツナガリがなければなりません。どんなツナガリをもっているか，ということで，カザリはつぎのみっつの種類にわけられます。

（イ）オギナイ・コトバ（対象語）

（ロ）トリマキ・コトバ（情況語）

（ハ）キメツケ・コトバ（規定語）

オギナイ・コトバは，おもに動詞をかざります。そして，このコトバは，ヌシ（主体）のそとにあって，なんらかのかたちで，それのウゴキにくわわるモノゴトをしめします。

トリマキ・コトバも，おもに動詞をかざります。このコトバは，ウゴキをとりまいているモノゴトをしめします。つまり，どんなトリマキ（情況）のもとでウゴキがあ

42

らわれるか，これをしめすのです。トリマキとは，ウゴキにはくわわらないで，それのマワリにたっているモノゴトのことです。だから，トリマキ・コトバは，ウゴキがあらわれるトコロ（場所），トキ（時間），オコリ（原因），メアテ（目的）などをしめします。

キメツケ・コトバは，カザラレによってしめされるモノゴトやウゴキ・アリサマのスガタ（タチ）をきめつけます。

オギナイ・コトバには，おもに名詞がなります。

トリマキ・コトバには，おもに名詞がなります。

キメツケ・コトバには，おもに形容詞，副詞，名詞がなります。

(12) オギナイ・コトバ　このコトバは，動詞をおぎなうか，名詞をおぎなうか，形容詞をおぎなうか，という立ちばからこわけされます。

1　動詞オギナイ

動詞オギナイ（動詞をおぎなうコトバ）は，ウゴキとのツナガリ方によって，ふた種類にわけられます。

（イ）直接的な動詞オギナイ

動詞でしめされるウゴキがじかにふりかかってくるモノゴトは，これによってしめされます。

　　　　太郎は**さかな**をとった。

この文では，「さかな」は，太郎のとるウゴキをうけています。太郎のウゴキは，じかに「さかな」につたえられています。

（ロ）間接的な動詞オギナイ

動詞によってしめされるウゴキに間接的にくわわるモノゴト，これをこのコトバはしめします。

　　　　太郎は**あみ**でさかなをとった。

この文では，「あみ」は，太郎のさかなをとるウゴキのテダテになって，とるウゴキにくわわっています。

　　　　太郎は**花子**にさかなをあたえた。

このばあいでは，「花子」は太郎のあたえるウゴキのウケ手なのですが，花子とウゴキとのあいだには「さかな」があります。だから，あたえるウゴキにとっては，「花子」は間接的なオギナイになります。

直接的な動詞オギナイになる名詞がウケテ格のカタチをとるのにたいして，間接的な動詞オギナイになる名詞は，ナカマ格，アイテ格，テダテ格のカタチをとります（格の名まえについては（17）をみてください）。

2　名詞オギナイ

動詞がえだわかれして，名詞になったとき，動詞オギナイは名詞オギナイ（名詞をおぎなうコトバ）になります。

電話ではなす。

この文の「はなす」を名詞にかえると，つぎのようになります。

電話でのはなし

このように，動詞オギナイは名詞オギナイにうつりますが，このばあいでも，動詞がもとめる格はたもたれています。だが，直接的な動詞オギナイが名詞オギナイになるときには，もとの格支配はきえてなくなります。そして，名詞をおぎなう名詞は，モチヌシ格のカタチをとります。

しろをせめおとす　→　**しろの**せめおとし

3　形容詞オギナイ

オギナイ・コトバは形容詞をもかざることができます。このばあい，スガタがかかわるモノゴトをしめします。

太郎は**花子より**おおきい。

太郎は**ともだちに**しんせつだ。

名古屋は**東京より**も**京都に**ちかい。

太郎のめかたは**花子と**おなじだ。

また，つぎのようなばあいにも，形容詞オギナイがみられます。

太郎は**うたが**上手だ。

太郎は**なしが**きらいだ。

太郎は**りんごが**すきだ。

太郎は**本が**ほしい。

太郎は**へびが**こわい。

太郎は**映画が**みたい。

このように，ヌシの心モチ，あるいは能力をしめす形容詞は，オギナイ・コトバとして，第二ヌシ格の名詞をもつことができます。このようなオギナイ・コトバは，主

格オギナイといわれます。

　　　ヘビはこわい。

　このばあいでは，「こわい」が「へび」の持ちまえのタチとしてのべられているの
ですから，主語と述語とのツナガリはできています。

（13）トリマキ・コトバ　このコトバは，トリマキ方のちがいによって，こわけされ
ます。

　1　トコロのトリマキ

　ウゴキがすすむトコロ（シドコロ），ウゴキがはじまるトコロ（デドコロ），ウゴキ
のおわるトコロ（ユクサキ）などをしめします。

　　　太郎は**うみで**およいだ。

　　　太郎は**学校へ**いった。

　　　太郎は**東京から**かえってきた。

　　　太郎は**京都まで**いった。

　　　太郎は**みちを**あるいた。

　2　トキのトリマキ

　ウゴキがすすむトキ，ウゴキがはじまるトキ，ウゴキがおわるトキなどをしめしま
す。

　　　太郎は**あさ**うみでおよいだ。

　　　太郎は**十時に**ごはんをたべた。

　　　太郎は**あさから**映画をみている。

　　　太郎は**ひるまで**ねている。

　　　太郎は**なつを**うみですごした。

　3　オコリのトリマキ

　ウゴキがあらわれる原因になったモノゴトをしめします。

　　　太郎は**病気で**しんだ。

　　　こんないきさつから太郎は学校へいくようになった。

　4　メアテのトリマキ

　ウゴキが目的にするモノゴトをしめします。

　　　太郎は**あそびに**学校へいった。

　　　太郎は**かねもうけのために**本をうった。

日本語の文法的クミタテ　45

かざられる動詞がえだわかれして，名詞にうつると，動詞をとりまくコトバも，名詞をとりまくコトバにうつります。

　　　学校からかえる　→　**学校から**のかえり

　　　東京で勉強する　→　**東京で**の勉強

　　　十時にあつまる　→　**十時の**あつまり

　　　あさあそぶ　→　**あさ**のあそび

また，トリマキ・コトバは形容詞をかざることもできます。

　　　あの人は**むかし**きれいだった。

　ふつう，カザリはカザラレのすぐまえにおかれますが，主語と述語とのあいだに，たくさんカザリがあるばあい，トリマキ・コトバを主語のまえにおくことができます（とくにトキをしめすトリマキ・コトバ）。

　　　むかしあの人はきれいだった。

　　　あさ太郎はうみで魚をとる。

(14)　キメツケ・コトバ　キメツケ・コトバは，名詞をきめつけるか，動詞をきめつけるか，形容詞をきめつけるか，ということによって，こわけされます。

　1　名詞キメツケ

　形容詞が名詞のまえにおかれると，名詞キメツケ（名詞をきめつけるコトバ）になります。第二の形容詞では，いいたてるキモチのスギサラズのカタチだけが，述語になる形容詞のカタチとちがっています。

　　　はなは**うつくしい**　→　**うつくしい**はな

　　　はなは**きれいだ**　→　**きれいな**はな

また，モチヌシ格の名詞も，名詞キメツケになります。このばあい，キメツケ・コトバは，カザラレの質，量，モチヌシ，ウゴキヌシなどをしめします。

　（イ）質　**木の**はこ

　（ロ）量　**十八人の**むすめ

　（ハ）モチヌシ　**太郎の**あし

　（ニ）ウゴキヌシ　**マルクスの**批判

　2　動詞キメツケ

　動詞キメツケ（動詞をきめつけるコトバ）には形容詞がなりますが，このばあい，形容詞は名詞キメツケになるカタチとことなる，とくべつのカタチをとります。

たのしいあそび　→　たのしくあそぶ

にぎやかなまつり　→　にぎやかにまつる

　動詞キメツケになる形容詞は，「形容詞の副詞的なカタチ」といわれます。また，名詞も動詞キメツケになります。

（イ）ウゴキの質をきめつける名詞

すあしであるく。

おとなになる。

（ロ）ウゴキの量をきめつける名詞

ふたりであるく

菓子を**ひとつ**たべろ

　ここでは，名詞が副詞的につかわれています。ところで，動詞キメツケだけになる単語があります。このような単語は副詞です。

太郎はごはんを**がつがつ**たべた。

太郎は**ふたたび**東京にでかけた。

3　形容詞キメツケ

　形容詞キメツケ（形容詞をきめつけるコトバ）も副詞です。

このはなは**とっても**うつくしい。

とってもうつくしいはながさいた。

4　副詞キメツケ

　副詞は副詞をキメツケます。

（イ）副詞をきめつける副詞

もっとゆっくりあるけ。

（ロ）副詞的なカタチをきめつける副詞

はなが**とっても**うつくしくさいた。

(15)　副詞　副詞はウゴキにつきまとっているスガタをきめます。また，モノゴトやウゴキがもっているスガタの度アイをきめます。

（イ）ウゴキのスガタをきめる副詞

じっとみつめている。

（ロ）スガタの度アイをきめる副詞

これは**はなはだ**残念なはなしだ。

日本語の文法的クミタテ　47

（16）**形容詞のウチケシのカタチ**　第一の形容詞では，まず副詞のカタチがつくられて，それに「ない」がくっつけられて，ウチケシのカタチはできます。

　　　　うつくしい　→　うつくしくない

　　　　かなしい　→　かなしくない

　第二の形容詞では，ミキ（語幹）がシドコロ・テダテ格のカタチをとって，それに「ない」がくっつけられて，ウチケシのカタチはできます。このツクリは述語になる名詞のウチケシのカタチとまったくおなじなのです。

　　　　はなはきれいでない。（形容詞のばあい）

　　　　はなは動物でない（名詞のばあい）

　このようにしてつくられたウチケシのカタチは，形容詞とまったくおなじカワリ方をします。

（17）**名詞のカワリ方**　名詞のカタチは格といわれます。格はウシロヅケによってしめされます。名詞は，この格のチカラでほかの単語とむすびついて，文のなかで定まったヤクメをはたすのです。日本語には，つぎのような格があります。

　　　　1　ハダカ格　　　　　　　　やま

　　　　2　第一ヌシ格　　　　　　　やまは

　　　　3　第二ヌシ格　　　　　　　やまが

　　　　4　ウケテ格　　　　　　　　やまを

　　　　5　ナカマ格　　　　　　　　やまと

　　　　6　アリカ・アイテ格　　　　やまに

　　　　7　シドコロ・テダテ格　　　やまで

　　　　8　ユクサキ格　　　　　　　やまへ

　　　　9　デドコロ格　　　　　　　やまから

　　　10　トドキ格　　　　　　　　やままで

　　　11　クラベ格　　　　　　　　やまより

　　　12　モチヌシ格　　　　　　　やまの

（18）**後置詞（アトオキ）**　名詞とほかの単語とのツナガリは，名詞の格だけでしめされるわけではありません。格だけでは，このムスビツキがはっきりしないとき，あるいはそれがしめされないとき，後置詞がもちいられます。

　　　　太郎は花子の**ために**はたらいた。

太郎は花子の**おかげで**たすかった。

太郎は花子に**ついて**しゃべった。

ここでは，「ために」，「おかげで」，「ついて」が後置詞です。そして，「花子」は後置詞につきそわれて，動詞オギナイ，動詞トリマキとして，はたらいています。後置詞は定まった格を名詞にもとめます。

(19) 他動詞と自動詞　動詞は，イミによって，あるいはほかの単語とのムスビツキによって，他動詞と自動詞とにわかれます。他動詞によってしめされるウゴキは，ほかのモノゴトにはたらきかけます。だから，他動詞は直接的な動詞オギナイ（ウケテ格の名詞）をもつことができます。ほかのモノゴトにはたらきかけないウゴキは，自動詞でしめされます。

他動詞	自動詞
だす	でる
かえる	かわる
ならべる	ならぶ
まわす	まわる

(20) 動詞のタチバ　「だれ」，「なに」をのべられヌシ（主語）にして，ウゴキがつかまえられるか，このようなタチバのちがいにしたがって，動詞はカタチをかえます。たとえば，甲が乙をなぐったとします。このばあい，甲を主語にするか，乙を主語にするかによって，動詞のカタチはちがうのです。こうしたちがいは，動詞のタチバといわれます。一般的には，動詞のタチバとは，主語とウゴキとのツナガリをしめします。

1　ウケミのタチバ

他動詞は，ほかのモノゴトにはたらきかけます。だから，他動詞はハタラキカケのタチバにあるわけです。このばあい，ウゴキのウケ手を主語にしてのべると，動詞はウケミのタチバをとります。

太郎は花子を**たたいた**。

「たたいた」はハタラキカケのタチバです。このようにはいわないで，花子を主語にすえて，つぎのようにいえば，動詞はウケミのタチバになります。

花子は太郎に**たたかれた**。

2　ツカイのタチバ

太郎は，じかに花子をたたかないで，人をつかって花子をたたくとき，つぎのように
いいます。

太郎は次郎に花子を**たたかせた**。

このばあい，太郎は次郎のウゴキをつかったのですから，主語とウゴキとのツナガ
リは，ツカイのタチバになります。

3 できるタチバ

主語とウゴキとのツナガリが可能性としてしめされるとき，動詞は，できるタチバ
をとります。この可能性は，ウゴキヌシのそとにあるモノゴトのタチ（チカラ）とし
て，しめされます。

みずは**のめる**。

つまり，「のめる」というウゴキの可能性は，みずの一般的なタチとして，しめさ
れているのです。だが，できるタチバの動詞は，ウゴキヌシのチカラをいいあらわす
ためにも，つかわれます。

太郎は**花子が**たたける。

太郎は**みずが**のめる。

ハタラキカケのタチバでは，直接的な動詞オギナイはウケテ格にあるのですが，こ
こでは第二ヌシ格の名詞が直接的な動詞オギナイになります。主格オギナイになって
いるのです。

（21）代名詞　名詞，形容詞，副詞のかわりになって，文の部分になることができる
単語は，代名詞です。

第3節　おなじ種類の部分をもっている文

（22）おなじ種類の部分　ヒトエ文のなかに，種類のおなじ部分が，ふたつ以上ある
こともできます。たとえば，ひとつの主語にたいして，ふたつの述語があることもで
きます。また，ひとつの述語にたいして，ふたつの主語があることもできます。こん
な文は，「おなじ種類の部分をもっている文」といわれます。

おなじ種類の部分のあいだには，ツキソイ的な（従属的な）ムスビツキはありませ
ん。

太郎は本を**よんだ**し，えも**みた**。

この文では，述語「よんだ」と「みた」とは，ひとしいネウチで主語「太郎は」と

むすびついています。「よんだ」と「みた」とのあいだには，どちらがどちらをしたがえるというムスビツキはないのです。接続詞「し」によってつながれているにすぎません。

接続詞（ツナギ）には，いろいろあって，それのちがいはツナギ方のちがいをしめします。また，おなじ種類の部分は，述語のばあいでは，接続詞なしに単語のカタチをつかってつながれます。

（23）おなじ種類の部分としての名詞　おなじ種類の部分として，ふたつ以上の名詞がならべられるとき，それらは接続詞のたすけをかりて，つながれます。

　　　　太郎**と**花子（**と**）は学校へいった。

　　　　太郎は筆**と**本（**と**）をかった。

あるばあいには，接続詞がつかわれないで，ハダカ格の名詞がならべられることもあります。

　　　　太郎，**次郎**，**花子**は学校へいった。

　　　　太郎は**筆**，**すみ**，**本**をかった。

いずれもにしても，まえの名詞の格は，一番おしまいの名詞の格にしたがっています。それで，まえの名詞は，おしまいの名詞につきそっているようですが，そうではありません。ふたつ，あるいはみっつの名詞は，主語として，あるいはオギナイ，トリマキとして，ひとしいネウチで述語とむすびついているのです。なお，おなじ種類の部分としての名詞をつなぐ接続詞には，つぎのものがあります。いうまでもなく，接続詞のちがいは，名詞のツナギ方のちがいをしめします。

　　　　太郎**や**花子は学校へいった。

　　　　太郎**なり**花子**なり**（が）くればよい。

　　　　ビール**か**酒（**か**）をもってこい。

　　　　ビール**も**酒**も**もってこい。

　　　　ビール**だけではなく**，酒**も**もってこい。

（24）おなじ種類の述語　ひとつの主語はふたつ，あるいはそれ以上の述語をもつことができます。このばあいも，述語と述語とは接続詞によってつながれます。あるいは，このツナギは述語のカタチによってもつくられます。接続詞のちがい，述語のカタチのちがいで，おなじ種類の述語のツナギ方は，ちがってきます。

　1　アレコレ

日本語の文法的クミタテ　51

（イ）動詞が述語になるばあい

おなじトキにおこる，ひとつの主語のアレコレのウゴキ，これをいいあらわす動詞は，接続詞「し」によってつながれます。

太郎は本をよんだ**し**，えもみた。

太郎は本をかった**し**，字びきもかった。

おなじイミのことが，つぎのようにもいえます。

太郎は本を**よんだり**，えを**みたり**した。

太郎は本を**かったり**，字びきを**かったり**した。

ここでは，動詞はとくべつのカタチをとっています。そして，動詞のトキとキモチとは，ムスビのヤクメをつとめている「する」によってしめされています。また，おなじトキにおこるアレコレのウゴキは，つぎのようにもいえます。

太郎はこのことについてはなしも**し**，かきも**した**。

ここでは，接続詞「し」は，「する」のナカドメ第一のカタチとして，はたらいています。そして，ウゴキは，おなじようにナカドメ第一のカタチでしめされています。

（ロ）名詞と形容詞が述語になるばあい

おなじトキにひとつのモノゴトがもっている，いくつかのタチ，これをいいあらわす述語は，やはり接続詞「し」でつながれます。

この本はおもしろくない**し**，たかい。

花子は太郎のいもうとだ**し**，大学生だ。

2　エラビ

かく**なり**，はなす**なり**しよう。

よむ**か**，きくかせよ。

3　クイチガイ

ふたつの述語が，主語のくいちがったウゴキやタチなどをしめすとき，述語と述語とは接続詞「が」でつながれます。

太郎は本をよんだ**が**，えはみない。

このはなはあかい**が**，つやがない。

花子は太郎のいもうとだ**が**，太郎よりもおおきい。

4　ツヅキ

（イ）動詞が述語になるばあい

52

ふたつのウゴキがつづいておこったとき，はじめのウゴキは，ナカドメ第一のカタ
チでしめされます。

太郎は本を**よみ**，ふろにはいった。

だが，このナカドメ第一のカタチは，ふるくさくなって，ナカドメ第二のカタチと
おきかえられています。

太郎は本を**よんで**，ふろにはいった。

（ロ）述語になる名詞，形容詞がナカドメ第二のカタチをとるばあい

このときには，述語がウゴキをしめさないので，ナカドメのカタチでのツナギは，
ツヅキをしめしません。それで，名詞や形容詞がナカドメのカタチをとると，つぎに
くる述語（いいきるカタチをとっている述語）は，ナカドメのカタチをとっている述
語のイミを一そうはっきりさせます。

花子は太郎の**いもうとで**，大学にかよっている。

このみかんは**あまくて**，おいしい。

(25) おなじ種類のキメツケ・コトバ　おなじ種類の述語になる形容詞がならべられ
るばあいと，おなじです。

おおきい**し**，うまいリンゴ

おおきい**が**，うまくないリンゴ

おおきくて，うまいリンゴ

なお，つぎのようなばあいには，ふたつのキメツケ・コトバは，おなじ種類になり
ません。

わたしの赤いリンゴ

(26) ナカドメ第二のトリマキ的なツカイ方　まえに説明したように，ナカドメ第二
によって，ひとつの主語のふたつのウゴキは，ツヅキとしてしめされます。

太郎はばんごはんを**たべて**，ふろにはいった。

ところで，この文が，「太郎はいつふろにはいったか」というトイのコタエとして，
だされると，ナカドメのカタチの動詞は，トキをしめすトリマキ・コトバにうつりま
す。だから，この文をつぎのようにいいかえることができます。

太郎はばんごはんを**たべたあとで**，ふろにはいった。

また，ナカドメをつかって，つぎのようにいったとします。

太郎は病気に**かかって**，しんだ。

日本語の文法的クミタテ　53

　この文でも，たしかに，太郎のふたつのウゴキは，ツヅキをなしていますが，まえのウゴキ「かかる」があとのウゴキ「しぬ」のオコリになっていて，ナカドメ「かかって」は「しんだ」のオコリをしめすトリマキ・コトバになっています。だから，この文はつぎのようにいいかえられます。

　　　太郎は病気に**かかったので**，しんだ。

　また，つぎの文では，ナカドメのカタチでしめされるウゴキは，あとのウゴキの条件的なマエオキをなしています。

　　　人はまじめに**はたらいて**，はじめて成功できる。

　だから，この文はつぎのようにいいかえることができます。

　　　人はまじめに**はたらけば**，成功できる。

　このように，ナカドメ第二のカタチをとる動詞は，トリマキ・コトバとしてはたらきます。これを「ナカドメ第二のトリマキ的なツカイ方」といいます。

　トキをしめすばあい

　　　太郎はばんごはんをたべて**から**，ふろにはいる。

　ユズリ的なばあい

　　　太郎はいくら勉強して**も**，試験にとおらない。

　条件的なばあい

　　　さけをのんで**は**，からだをわるくする。

（27）ナカドメ第二の副詞的なツカイ方　ナカドメ第二は，おもなウゴキのすぐまえにおこる，たいせつでない（副次的な）ウゴキをしめして，おもなウゴキをかざるキメツケ・コトバとしてはたらきます。

　　　太郎は胸を**はって**，あるいた。

　ここでは，「胸をはって」は，「あるく」のスガタをきめつけるコトバとして，はたらいています。このように，動詞キメツケ的にはたらいているナカドメ第二の動詞は，「副詞的なツカイ方」といわれます。

（28）動詞の副詞的なカタチ　もっぱら，おなじトキにおこる，たいせつでないウゴキをしめすためには，つぎのようにいいます。

　　　太郎は本を**よみながら**，ごはんをたべた。

　動詞のこのカタチ「よみながら」が，動詞の副詞的なカタチです。なお，このカタチは，ユズリ的なトリマキ・コトバとしてもつかわれます。

太郎は**しっていながら**，しゃべらない。

だから，この文はつぎのようにいいかえることができます。

太郎は**しっているのに**，しゃべらない。

太郎は**しっているくせに**，しゃべらない。

（29）**動詞，形容詞のカワリ方（つづけるカタチ）**

1　**動詞**

（イ）ナカドメ第一

かき　　　　　み

（ロ）ナカドメ第二

かいて　　　　みて

（ハ）副詞的なカタチ

かきながら　　みながら

（ニ）アレコレ

かいたり　　　みたり

（ホ）マエオキ第一

かけば　　　　みれば

（ヘ）マエオキ第二

かくなら　　　みるなら

（ト）マエオキ第三

かいたら　　　みたら

（チ）マエオキ第四

かくと　　　　みると

2　**形容詞**

（イ）ナカドメ第一

あたらしく　　　　きれいで（あり）

（ロ）ナカドメ第二

あたらしくて　　　きれいで（あって）

（ハ）アレコレ

あたらしかったり　きれいだったり

（ニ）マエオキ第一

あたらしければ　　きれいであれば

（ホ）マエオキ第二

あたらしいなら　　きれいなら

（ヘ）マエオキ第三

あたらしかったら　きれいだったら

（ト）マエオキ第四

あたらしいと　　　きれいだと

(30) アリサマ動詞　ナカドメ第二のカタチが，ある動詞，とくにアリサマをしめす動詞に副詞的にかかって，くっつくと，アリサマ動詞ができあがります。アリサマ動詞はウゴキのアリサマをしめします。

かいている

かいてある

かいてしまう

かいてもらう

かいてくれる

「いる」，「ある」，「しまう」などは，ここではアリサマをしめすタスケ動詞としてはたらいています。

(31) キモチ動詞　動詞のナカドメ第二はヨシアシをしめす形容詞にくっついて，ハナシ手のキモチをいいあらわす動詞になります。

かいて（も）**よい**　　　（ユルシ的）

かいて（は）**いけない**　（サシトメ的）

また，動詞のマエオキ第一は，「よい」とくっついて，ハナシ手のネガイ・アキラメ的なキモチをいいあらわす動詞になります。

かけば**よい**

なお，ウチケシのカタチのマエオキ第一「かかなければ」に，「なる」のウチケシのカタチ「ならない」がくっつけば，アルベシのキモチをしめす動詞ができあがります。

かかなければ**ならない**

このようなツクリは，動詞でない述語にもあてはまります。

着物はふるく**てもよい**

着物は**あたらしければよい**

着物は**あたらしくなければならない**

第3章　アワセ文のクミタテ

第1節　アワセ文のツクリ

(32) アワセ文　いままで，ヒトエ文について，はなしました。ヒトエ文とは，ひと
つの主語とひとつの述語とからなりたっている文のことです（このばあい，文のなか
におなじ種類の主語，あるいは述語がふたつ以上あっても，またカザリがいくつあっ
ても，やはりヒトエ文です）。たとえば，つぎの文はヒトエ文です。

　　リンゴとナシとミカンとはくだもので，たべられます。

ところで，つぎのようなヒトエ文がみっつあったとします。

　　ひどく雨がふった。

　　おお水がでた。

　　はたけが流された。

このみっつの文は，それぞれまとまった考えをいいあらわしていますが，これらの
考えがおたがいにつよくむすびついているときには，このみっつの文は，つぎのよう
にひとつの文にまとめられます。

　　ひどく雨がふって，おお水がでたので，はたけは流された。

このように，ヒトエ文がいくつかあつまって，できあがった文はアワセ文といわれ
ます。アワセ文はツクリ方によって，つぎの種類にわけられます。

　（イ）アワセ＝カサネ文

　（ロ）アワセ＝ナカドメ文

　（ハ）アワセ＝マエオキ文

　（ニ）アワセ＝単語なみ文

(33) アワセ＝カサネ文　いくつかのヒトエ文が，接続詞のたすけをかりて，かさね
あわせられると，アワセ＝カサネ文ができます。

　（イ）アレコレ

　　はなはさく**し**，とりはなく。

　（ロ）クイチガイ

　　太郎は本をよんでいる**が**，花子は新聞をよんでいる。

日本語の文法的クミタテ　57

アワセ＝カサネ文のなかにはいるヒトエ文は，すべてイイキリ文です。イイキリ文とは，それ自身で完全な文をなしているヒトエ文のことです。（完全な文とは，述語のなかに，ハナシ手のキモチがふくまれているもの，したがって，述語のいいきるカタチでむすばれています。）

アワセ＝カサネ文のなかにはいるイイキリ文のあいだには，シタガイ的なツナガリはありません。ふたつ，あるいはみっつのイイキリ文がならべられているのです。

（34）**アワセ＝ナカドメ文**　アワセ＝ナカドメ文も，ふたつのヒトエ文からなりたっているのですが，ここではヒトエ文のひとつがナカドメ文です。ナカドメ文とは，ナカドメ第二のカタチで述語がおわっている文のことです。アワセ＝ナカドメ文は，つぎのようなばあいにつかわれます。

　（イ）アレコレ

　　　太郎は学校に**いって**，花子は買いものにでかけた。

　　　リンゴは**くだもので**（あって），トマトはやさいだ。

　（ロ）ツヅキ，あるいはウゴキとそれの結果

　　　雨が**やんで**，月がでた。

　　　雨が**ふって**，おお水がでた。

アワセ＝ナカドメ文のなかにはいるナカドメ文とイイキリ文とのあいだには，ふつう，シタガイ的なツナガリはありません。つまり，ナカドメ文はイイキリ文につきそっていないのです。

（35）**アワセ＝マエオキ文**　ヒトエ文のひとつがマエオキ文になっているアワセ文は，アワセ＝マエオキ文といわれます。マエオキ文のなかでは，述語はマエオキのカタチをとっています。そして，マエオキ文は，イイキリ文でいわれることが実現するための条件，あるいは原因をしめします。そうでないばあいには，イイキリ文でいわれることが実現するそのトキをしめします。

　（イ）条件的なばあい

　　　雨が**ふれば**，はたけは流される。

　　　雨が**ふるなら**，はたけは流される。

　　　雨が**ふったら**，はたけは流される。

　　　雨が**ふると**，はたけは流される。

　（ロ）オコリをしめすばあい

太郎が**たたいたら**，花子はなきはじめた。

太郎が花子を**たたくと**，次郎はおこりはじめた。

（ハ）トキをしめすばあい

わたしがごはんを**たべていたら**，太郎がやってきた。

太郎がそとで**あそんでいると**，家にいる花子が急になきはじめた。

マエオキ文はイイキリ文にたいしてトリマキ的に（情況語的に）はたらいています。だから，マエオキ文とイイキリ文とのあいだには，シタガイ的な（従属的な）ツナガリができています。

（36）アワセ＝単語なみ文　ひとりだちする単語とおなじように，ヒトエ文が文の部分になることがあります。つまり，ひとつのヒトエ文が，もうひとつのヒトエ文（イイキリ文）の部分になるのです。このようなアワセ文は，アワセ＝単語なみ文といわれます。

かれらは**わたしたちが基地をとりのけるのに**反対する。

この文では，「わたしたちが基地をとりのける」というヒトエ文は，名詞とおなじように格づけられて，「反対する」をおぎなうコトバとしてはたらいています。「わたしたちが基地をとりのけるのに」という格づけられたヒトエ文が単語なみにはたらいているのは，つぎの文とくらべてみると，あきらかになります。

かれらは**わたしたちの基地のとりのけに**反対する。

単語なみ文は，イイキリ文の部分です。だから，単語なみ文はイイキリ文にたいしてシタガイ的です。単語なみ文は，つぎのようにこわけされます。

（イ）名詞なみ文

（ロ）キメツケなみ文

（ハ）述語なみ文

（37）名詞なみ文　動詞と形容詞とに，名詞の格をつくるウシロヅケ（接尾辞）がくっつけられると，それらは名詞とおなじようにはたらきます。このような動詞，形容詞は「名詞的なカタチ」といわれます。

動詞	第一の形容詞	第二の形容詞
よむのは	うつくしいのは	きれいなのは
よむのが	うつくしいのが	きれいなのが
よむのを	うつくしいのを	きれいなのを

よむのに	うつくしいのに	きれいなのに
よむので	うつくしいので	きれいなので
よむから	うつくしいから	きれいだから
よむので*		

このようにしてつくられた名詞は，動詞とおなじように，カザリとしてオギナイ，トリマキ，キメツケをもつことができます。

　　　太郎は**本をよむの**をおもしろがった。

　この文のように，「本をよむ」ウゴキのヌシが，「おもしろがる」ウゴキのヌシとおなじときには，ことさら，「本をよむ」の主語はいりません。だが，「よむ」ウゴキのヌシが太郎でなくて，花子であるときには，つぎのように主語をさしこまなければならないのです。

　　　太郎は**花子が本をよむの**をおもしろがった。

　このように，「動詞の名詞的なカタチ」はひろげられて，ヒトエ文とおなじネウチをもってきますが，こうしてできた文は，やはり，イイキリ文のなかでは名詞なみにはたらきます。それで，この文のなかの「花子が本をよむのを」は名詞なみ文といわれるのです。

　名詞なみ文は，名詞とおなじように，文のなかで主語，オギナイ・コトバ，トリマキ・コトバとしてはたらきます。ただし，述語としてははたらきません。名詞なみ文をこわけすると，つぎのようになります。

　1　**主語なみ文**

　　太郎が毎日学校にいくのは，花子の気にいらない。

　　庭がきれいなのは，きもちがよい。

　2　**オギナイなみ文**

　　太郎が本をよむのを，花子はじゃました。

　3　**トリマキなみ文**

（イ）トキをしめすばあい

　　花子が学校をでるまで，太郎はまった。

（ロ）オコリをしめすばあい

　　かれが毎夜おおきな声で本をよむので，わたしはねむれない。

　　太郎がみんなたべたから，花子にはたべものがなんにもない。

（ハ）ユズリ的なばあい

　　　雨がやんだのに，かれはカサをさしてあるいている。

（ニ）メアテをしめすばあい

　　　太郎が勉強するために，父は机をかった。

　おしまいの例文であきらかなように，「動詞の名詞的なカタチ」は，後置詞のたすけをかりても，つくられます。

（38）キメツケなみ文　いいきるカタチの動詞を名詞のまえにおけば，形容詞とおなじように，名詞のタチをきめつけるハタラキをもちます。

　　　本を**よんだ**　→　**よんだ**本を……

　このように形容詞的にはたらいている動詞は，「動詞の形容詞的なツカイ方」といわれます。この形容詞的な動詞は，ふつうの動詞とおなじように，カザリをもつことができます。

　　　太郎は**きのうよんだ**本を売ってしまった。

　この文では，よみヌシと売りヌシとがおなじですから，よみヌシをしめす必要はありません。だが，よみヌシが花子であるばあいには，つぎのようにいって，よみヌシをしめさなければなりません。

　　　太郎は**花子がきのうよんだ**本を売ってしまった。

　このように，「よんだ」は「花子がきのうよんだ」にひろげられて，文としてのネウチをそなえます。だが，この文は，あいかわらず，「本を」をかざるキメツケ・コトバとしてはたらいています。それで，このような文はキメツケなみ文といわれます。

　　　わたしがきのうよんだ本は，おもしろくない。

　この文では，キメツケなみ文は「わたしがきのうよんだ」です。「本は」はこのキメツケなみ文によってかざられています。カザラレ（ここでは本）は，カザリ（キメツケなみ文）のなかで，オギナイ・コトバとして，あるいはトリマキ・コトバとして，はたらくことができなければなりません。このことは，つぎのように，ふたつのヒトエ文におきかえてみると，よくわかります。

　　　わたしはきのう**本を**よんだ。この**本は**おもしろくない。

　なお，このキメツケなみ文は，トキ・トコロをしめす単語をかざって，トリマキ的なツキソイ文になります（ツキソイ文のイミについては（40））。

　　　きのうわたしが本をよんでいた**とき**，太郎がやってきた。

日本語の文法的クミタテ　61

さらに，このキメツケなみ文は，名詞「コト」をかざって，名詞なみ文になります。

　　　太郎が本をよむことに，花子は心をつかっている。

（39）述語なみ文　主語と述語とからなりたっている文が全体として述語になって，べつの，あたらしい主語とむすびつくと，アワセ＝述語なみ文ができあがります。たとえば，つぎのような文があるとします。

　　　はなはながい。

この文では，「ながい」は「はな」のスガタをきめつけているのですから，モトになる文をなしています。このばあい，「はながながい」がだれの持ちまえのタチであるか，これをしめせば，つぎのようになります。

　　　ぞうは**はながながい**。

ここでは，主語は「ぞうは」で，述語は「はながながい」です。このような述語が「述語なみ文」といわれます。このことは，つぎのふたつの文をくらべてみますと，もっとはっきりします。

　　　太郎は**腹がくろい**。

　　　太郎は**腹ぐろい**。

このばあい，腹のモチヌシをしめして，つぎのようにもいえます。

　　　太郎の腹はくろい。

また，つぎのように，アリカをしめすこともできます。

　　　太郎には金がない（**太郎は**金がない）。

ここで問題になるのは，主格オギナイはもともと述語なみ文の主語である，ということです。アワセ＝述語なみ文をヒトエ文としてみれば，述語なみ文の主語は主格オギナイになります。

　では，なぜ主格オギナイをとりたてたかといえば（（12）において），主格オギナイと述語とのツナガリは，論理的には主語と述語とのムスビツキをもっていない，という理由によります。

　　　リンゴがほしい。

ここでは，ほしいヨクをもっているモノゴトはリンゴではありません。どこまでも，リンゴはおぎなう対象です。だから，つぎのようにはいいかえることができません。

　　　わたしにはリンゴがほしい。

それにたいして，述語なみ文では，主語と述語とのツナガリは，文法的にも論理的

62

にもみとめられます。

第2節　ツキソイ文の種類

（40）ツキソイ文　これまで，アワセ文のクミタテをツクリのうえからみてきました。アワセ文はいくつかのヒトエ文のあつまりなのですが，これらのヒトエ文のあいだにはどんなツナガリがあるかということで，つぎのような分類ができます。そして，このアワセ文の分類に，（32）でのべたアワセ文の種類が大体においてあてはまります。

　　（イ）つなぎあわせたアワセ文
　　　　（1）アワセ＝カサネ文
　　　　（2）アワセ＝ナカドメ文
　　（ロ）ツキソイ的なツナガリをもっているアワセ文
　　　　（1）アワセ＝マエオキ文
　　　　（2）アワセ＝単語なみ文

　ツキソイ的なツナガリをもっているアワセ文では，ひとつのヒトエ文がもうひとつのヒトエ文につきそっています。つまり，ふたつのヒトエ文がおなじネウチでならんでいるのではなく，ひとつのヒトエ文がもうひとつのヒトエ文のなかで文の部分としてはたらいているのです。つきそっている文のことを，ツキソイ文（副文）といいます。そうでない文はイイキリ文（主文）です。ところが，つなぎあわせたアワセ文では，ふたつのヒトエ文は，ひとしいネウチでならんでいます。ふたつのヒトエ文のあいだには，シタガイ（従属）のツナガリがないのです。

（41）ツキソイ文の種類　ツキソイ文はイイキリ文の部分としてはたらきますから，文の部分の分類とおなじシカタで，分類されます。

　　1　**主語的なツキソイ文**
　　　　かれが本をよむのは，からだによくない。
　　　　かれがすぐれた政治家であることは，有名なはなしだ。
　　2　**述語的なツキソイ文**
　　　　日本は**雪がおおい**。
　　　　かれは**気がついた**。
　　3　**オギナイ的なツキソイ文**
　　　　わたしは**彼が本をよんでいるのを**みた。

太郎が学校にいったか，いかないか，わたしはしらない。

4　トリマキ的なツキソイ文

（イ）トコロ

かれがたおれたところに，はかをたてよう。

（ロ）トキ

かれがしんだとき，母はすすりないた。

かれがしんでから，十年たった。

花子が勉強していたら，太郎があそびにきた。

（ハ）オコリ

太郎が東京にいったので，花子はひとりになった。

太郎が勉強するから，花子も勉強する。

太郎がなまけたおかげで，ぼくが試験にとおった。

（ニ）メアテ

太郎がりっぱな人間になるように，父はあらゆる努力をかさねた。

日本が独立するために，わたしたちは力をあわせなければならない。

（ホ）条件

わたしたちが団結しなければ，日本は独立できない。

（ヘ）ユズリ

雨がふっているのに，カサもささない。

ぼくがいくら注意しても，かれはきかない。

5　キメツケ的なツキソイ文

太郎が勉強していた室は，これだ。

太郎が勉強したように，花子も勉強した。

（42）**ツキソイ文における主語**　ツキソイ文のなかの主語は，すべて第二ヌシ格のカタチをとっています。これは，ツキソイ文における主語が，述語でしめされるタチのヌシをきめつけるというシカタでさしだされたからです。むかしは，第二ヌシ格はいまのモチヌシ格とおなじハタラキをもっていました。いまでも，ツキソイ文の主語は，モチヌシ格をとることもできます。

わたしのよんだ本は，これではない。

ここの「わたしの」は，（14）でのべている「マルクスの批判」における「マルク

スの」とおなじハタラキをなしているのです。つまり，ツキソイ文の主語は，あとか
らつけたされたものなのです。こうしたことから，イイキリ文の主語とツキソイ文の
主語とがおなじときには，ツキソイ文の主語ははぶかれます。

　　　わたしはパンを**たべたので**，腹をこわした。
　　　わたしはパンを**たべて**，腹をこわした。

　こうすることによって，アワセ文はヒトエ文にあともどりします。このことは，日
本語ではツキソイ文が，ヒトエ文の部分として，ひろげられたヒトエ文のなかでつく
りだされたということ，これをものがたっています（とくにアワセ＝単語なみ文など
は，考え方によれば，ヒトエ文のひろげられたものにすぎません）。いまなお，日本
語はツキソイ文をつくりだすミチスジのなかにあります。こういう事情は，日本語を
みだれさせる原因のひとつになっています。

(43) ヒックリカエシ　文をひきたたせるために，ヒックリカエシのテツヅキがとら
れます。

　　　かれがたたいたのは，花子（を）だ
　　　かれをたたいたのは，花子だ。
　　　太郎が学校にいくのは，あそびにだ。
　　　かれが落第したのは，なまけたからだ。

　これらの文では，主語，オギナイ・コトバ，トリマキ・コトバになるべきものが，
文法的な述語になって，述語になるべきものが文法的な主語になっています。このよ
うな文がヒックリカエシといわれます。

(44) 助詞　助詞はひとりだちする単語につきそって，それのイミにいろんなイロを
つけます。はなされた単語にたいするハナシ手の態度をしめすのです。

　１　**トリタテの助詞**

　　　これ**は**かいました。
　　　これは本**では**ない。
　　　ぼくははやく**は**いけない。
　　　これ**まで**かったのか。
　　　これ**も**かった。
　　　これ**だけ**かった。

　２　**ネンオシの助詞**

日本語の文法的クミタテ　65

　　　まて**よ**

　　　ゆく**さ**

　3　**トイの助詞**

　　　あなたはゆく**か**。

(45) 文法的にほかの単語とツナガリをもたない単語　文のなかには，主語，述語，カザリのほかに，これらとツナガリをもたない，それ自身文の部分になることができない単語があります。このような単語には，ヨビカケ，ナゲイレ，感動詞，コタエがあります。

　1　**ヨビカケ**

　　　太郎，はなをとってこい。

　2　**ナゲイレ**

　ナゲイレは，文でのべられた考えにたいするハナシ手の態度をいいあらわすために，文のなかにさしこまれます。ナゲイレには，つぎのものがあります。

　（イ）ヨロコビ・カナシミ

　　　ざんねんながら，わたしはできない。

　　　うれしいことには，花子がむかえにきてくれた。

　（ロ）タシカサ

　　　おそらく，かれはいかないだろう。

　　　まちがいなく，ぼくはいく。

　（ハ）考えのミナモト

　　　わたしの考えによれば，かれはたすからない。

　（ニ）考えの順序

　　　まず第一に，日本は資本主義社会である。

　（ホ）まえの文でのべられた考えとのツナガリ

　　　そして，わたしはふろにはいった。

　　　それだから，わたしは学校にいくのだ。

　ナゲイレには，文がなることもあります。

　3　**感動詞**

　　　ああ，さむい。

　　　おお，すばらしい。

4 コタエ

ハイ，いきました。

イイエ，いきません。

文章の書き方

（1）

まえがき

　わたしのような，言葉のがわから文章をいじりまわすものには，「文章のかき方」という題ではかけない。紙のうえにかいてあるという事情をみないなら，文章は言葉でできている考えなのだから。ひっくりかえしていえば，文章は考えをかたちつくっている言葉なのだ。そうかといって，考えと言葉とはおなじものではない。それらは文章というひとつのもののふたつの側面をなしていて，内容と形式との関係をとりむすんでいる。だから，考えと言葉とをきりはなさないで，しっかりむすびつけて，たかい立場から文章をとりあつかえる人だけが，こうした題でかくことができる。すぐれた作家とか批評家，あるいはつづり方教師のような人が，ひきうけた方がいいわけだ。この人たちの仕事は，そうすることを要求しているのだ。それに，国分一太郎さんのような人が，すぐれた本をかいている。ちかごろ中国語からホンヤクされたものも，この問題にただしくこたえている。[1]

　そうだといっても，にげるわけにはいかない。みんなの文章にそなわっている共通の形式だけをとりあつかう言葉の研究者は，考えという文章の内容をあつかわないのだが，そういうことには約束がある。ある形式はどのような考えをいいあらわしているか，このように問題をたてなかったら，形式はとりあつかいようがない。たとえば，「国民的な科学」という形容詞と名詞とのくみあわせが，文法的にただしいか，まちがっているかということは，このくみあわせがいいあらわしている概念をしらなかったら，いえない。言葉と考えとをきりはなすと，言葉は物理的なオトとみさかいがつかなくなる。言葉をいじるものも，自分の立場から考えにふれているわけだ。それで，「文章のかき方」について，わたしなりの意見をだしてみるのも，むだではないだろう。かたよっているのをみとめたうえで，よんでいただきたい。

　　(1) 国分一太郎さんの『新しい綴方教室』はなんどでもすすめたい本だ。中国語からのホンヤクには，徐北文さんのかいた『文章はどのようにかくか』（駿台社），老舎先生のかいた「文章をかく手びき」などがある。老舎先生のかいたものは，雑誌『文学の友』49号，50号にのっている。

考えと言葉

「わけのわからない文章，よみづらい文章は，どこか文法的にもまちがいがある」と，かりにきめて，わたしたちは文章をいじってみるのだが，実際には，文法的に言葉をなおしてみても，どうにもならない文章にでくわす。言葉にいくら手をくわえても，すじみちのとおった，わかりやすい文章にはならないのだ。[2]こうした場合，言葉ではなく，文章のなかにもりこんである考えに，なにかおおきなあやまりがあると，考えてみたくなる。たとえば，つぎにあげる堀辰雄の文章のよみづらさは，文法の問題としてはあつかえない。

そうして，一めんに生いしげった雑草をふみわけていくうちにこの家のこうした光景は，数年まえ，最後にこれをみた時とそれがすこしも変っていないような気がした。が，それが私の奇妙な錯覚であることを，やがて私のうちによみがえってきたその頃の記憶が明瞭にさせた。今はこんなにも雑草が生いしげって，ほとんど周囲の雑木林と区別がつかないくらいまでになってしまっているこの庭も，その頃は，もっと庭らしく小ぎれいになっていたことを，ようやく私は思い出したのである。そして，今しがたの私の奇妙な錯覚は，その時からすでに経過してしまった数年のあいだ，もしそれがそのままにうっちゃられてあったらば，おそらくはこんな具合にもなっているであろうに……という私の感じの方が，その当時の記憶が私によみがえるよりもさきに，私に到着したからにちがいなかった。(美しい村)

よこに線のあるところに，注意していただきたい。文法的にも論理的にも，この文はまちがっている。「錯覚は……到着したからにちがいない」[*]というつながりはおかしい。「……到着したから……」は，錯覚のおこった原因をしめした言葉なのだ。したがって，この文には，錯覚を規定する述語がない。「錯覚は……到着したから，おこったにちがいない」といいかえるか，あるいは述語を名詞化して，「錯覚のおこったのは……到着したからにちがいない」といいかえなければならない。そうすると，なんとかつじつまのあった文になる。

だが，そうすることによって，この文はよみやすくなるかといえば，そうではない。やはり，文法的にみて，この文のくみたては，不自然にこみいっている。つまり，こんなにこみいった文は，みんなの言葉ではないのだ。そこで，このながったらしい文をこまぎれにして，はぎれのよいいくつかの文におきかえてみよう。だが，それはで

文章の書き方　69

きない。そうすると，堀辰雄の考えのでたらめさがはっきりして，ひきあいにだした
文章をきりすててしまわなければならなくなる。

　「この庭がそのままにうっちゃられていたら，おそらくこんな具合になっているだ
ろうに」という感じとりが，当時の記憶がよみがえるまえに，おこるだろうか？　当
時の記憶をよみがえらせて，現実とくらべてみないで，堀辰雄の感じとりがおこるだ
ろうか？　自分の心のうごきについて，堀辰雄は考えちがいをしている。これこそ，
ほんとうの錯覚だ。この錯覚が，このような不自然な文をつくらせた。なぜなら，言
葉ででっちあげないで，心のうごきを時間的にただしくおっていくなら，かれの考え
はただしく分節されて，結果として，はぎれのよい文がでてくるにちがいないからだ。
そしてこの文は，かれの錯覚をささえている。なぜなら，こうした不自然にこみいっ
た文がなければ，堀辰雄の錯覚はふきとんでしまうから。かれは，現実をうつしだす
道具から錯覚をつくる道具に，言葉のはたらきをかえている。堀辰雄のでたらめな考
えとでたらめな言葉とは，うらはらなのである。もうひとつ，三島由紀夫の文章を例
にとろう。

　　　主人役の某家の夫人が二人を飾りたてたモミの木のかたわらで紹介した。
　　　「こちら佐伯さん」
　　　「こちら原田さん」
　　　「はじめまして」
　　　「どうかよろしく」
　　美子は顔をあげて，はじめて，まじまじとこの類まれな美貌の青年をみつめた。二人の目
　がはためには甘美にであった。しかし，目をあわせた途端に，二対の瞳は暗胆とみひらかれ，
　何か人には知られない怖ろしい荒廃をおたがいの顔に見いだしでもしたかのように，おたが
　いに相手の視線から必死にのがれようとし，この醜悪な予感が彼らの目から彼らの頬へと移
　行し，その頬を夜明けの海のような暗い青みがかった色調でおおい，その唇を死灰の色と味
　わいでみたすのにまかせたまま，しばらくは恐怖に縛られて，たちすくんでいた。美子の
　方がさきに戦慄しながら，かろうじて二歩三歩あとずさりした。
　　二人は同時に声をあげて，この怖ろしい発見を人びとの前にかたりたい衝動にさえかられ
　ていた。今こそ二人は，真に美なるもの，永遠にわかきものが，二人の中から誰かたくみな
　盗賊によって根こそぎに盗みとられているのをしった。(盗賊)

はじめてあった男と女とが，どんな色事師であっても，これだけの心のうごきをやってのけることはできない。ここにかかれてあることは，三島由紀夫のあたまのなかでのできごとであって，現実ではない。言葉をならべてて，でっちあげたものなのだ。だから，三島由紀夫のこの考えは，かれのこの言葉がなかったら，なりたたない。ここでは，言葉はいまいましい男女関係をつくりだす道具になっている。こうしたことが，三島由紀夫の文章をよみづらく，みにくいものにしているのだ。単語のいいかえや文法的な言葉なおしでは，すっきりした文章にはならない。

いまここで，堀辰雄や三島由紀夫の文体をとりあつかうことはできないが，つぎのことだけはことわっておこう。かれらの文体は，漢語とヨーロッパ語の文法で日本語をねじまげているのだが，こうしなければならないわけは，かれらのくるった考えにある。わたしのような，言葉に興味をもっているものは，祖国の言葉のうつくしさをそこねて，きたならしいものにすることに反対なのだが，祖国の現実からみんなの目をそらすようにと，でたらめな考えやよこしまな道徳をふりまく人たちが，このような考えや道徳をいいあらわすために，そうするなら，はらがたつ。もしも，わたしたちの文章がかれらの文体にそまっているなら，さっぱりあらいおとすようにつとめるべきだ。民族の言葉をねじまげているかれらの文体が，わたしたちの文章にとびこんでくると，わたしたちの考えのつたえあいはさまたげられる。[3]『エンピツをにぎる主婦』のまえがきにつぎのようないいまわしがあったが，それはこの人たちの考えをいいあらわすのにはふさわしくないとおもう。

　　　この文集の名前を『エンピツをにぎる主婦』としたのは，いままでものを書くひまも習慣
　　　もなかった労働者の主婦が書きはじめたことに，**働く娘にもつらなる象徴的ないみ**を，わた
　　　したちの仲間が感じたからです。

だが，ここで問題なのは，内容と形式，したがって考えと言葉とのあいだには，くいちがいがないということである。だから，わたしたちは，りっぱな文章をつくるために，まず，考えをととのえておかなければならなくなる。わたし自身の文章についていえば，わかりやすくかくことをたて前にして，なんどもかきなおすのだが，おもうようにかけないのは，わたし自身の考えのよわさに根がある。考えのよわさは，つけやきばでは，どうにもならない。考えのあいまいさをとりのぞく道は，たしかにく

るしい。ながい時間がかかる。だが，この道をさけて，りっぱな文章のかき方を言葉のつかい方にすりかえると，技術主義におちいる。

技術主義の立場では，文章をかくにあたって，考えのたしかさなどは，どうでもいい。したがって，技術主義はカッコウだけをととのえる形式主義であって，文学作品では美文調になってあらわれる。けれども，形式主義は，言葉のがわからも，けっしてりっぱな文章をつくらないだろう。形式主義の立場をとると，考えのまずしさ，でたらめさをうめあわすために，言葉におもみがおかれて，あたりまえのいいまわしではあきたらず，みんなの言葉からそれていく。民族の言葉のきまりをねじまげる権利は，だれでももたないのに，形式主義者は意識的にそれをやる。

　⑵ この場合，わたしたちの文法学がひじょうにひくいために，文法的にとりあつかえないということも，考えておかなければならない。

　⑶ 文章をたくさんよんでいる人の言葉は，ほとんどみんなといってよいほど，感覚派の文体の影響をうけているが，労働者や農民，子どものかいたものには，それがない。まじりけのない日本語がとびだしてくる。

言葉と現実

文章のよしあしは，なによりもまず，かき手の考えのよしあしによってきめられるなら，「考えとはなにか」ということを，はっきりさせておかなければならない。

考えと言葉とのつながりをあきらかにしようとすれば，かならず言葉と現実とのつながりが問題になる。というのは，文章の内容をなしている考えが，現実をうつしだしたものなのだからだ。だから，わたしたちによって考えられたものは，わたしたちの生活であり，わたしたちをとりまく現実なのである。こうした原則は，堀辰雄や三島由紀夫の文章の場合でも，あてはまる。ただ，かれらの考えが現実をゆがめて，うつしだしているにすぎない。

考えというものは，言葉でとらえられた現実であって，言葉の意味の側面をなしている。考えと言葉ときりはなせないわけ，くいちがわないわけは，これではっきりした。言葉なしに考えというものはないのだ。そして，言葉と現実とのあいだに，考えというあいだをはさむのは，言葉には言葉なりの現実のうつしだし方があるからである。そういうものが考えといわれて，あたまのはたらきの特殊な領域をつくっている。そこで，「たいせつでないものをきりすてて，一般的なかたちで，本質的なものをうつしだす」と言葉を規定するなら，しばらく，考えという用語をひっこめてよい。た

72

とえば，堀辰雄のつぎの文をいじる場合など，そうした方がはるかにわかりやすい。

　　炊事の世話をたのんだ村のわかい娘とその弟が，その男の子のらしい小さなソリに私の荷
　　物をのせて，これから冬をそこで私のすごそうという山小屋まで，ひきあげていってくれた。
　　　　　　　　　　　　　　　　　　　　　　　　　　　　　　　　　　　　　　（風たちぬ）

　よこに線のついてあるカザリ・カザラレのくみあわせに注意していただきたい。こ
の部分をすなおによむと，「わかい娘がだれかに炊事の世話をたのんだ」ことになる。
だが，ほんとうは，堀辰雄がわかい娘に炊事の世話をたのんだのだろう。そうすると，
現実はひっくりかえって，言葉にうつしだされている。

　さて，こうしてみると，ただしい考えとは，現実をただしくうつしだしている言葉
であって，これがりっぱな文章であるということになる。二葉亭四迷や小林多喜二の
ような，祖国のすがたをえぐりだした巨匠たちの言葉が，日本の文章の歴史のなかで，
ひときわそびえたっているのは，けっして偶然ではない。日本の現実をただしく作品
でつたえようとすれば，かならず，表現の形式は日本の言葉に忠実になる。なぜなら，
わたしたちの日本の言葉は，わたしたち日本人の生活の反映なのだから。作家が祖国
の現実をゆがめてつたえるなら，作品の言葉もゆがんでいく。文章というものは，現
実を認識するし方のひとつなのだ。

　しかし，わたしのような平凡なものには，文章で現実をただしくうつしだすという
ことは，いろんな意味でむづかしい。というのは，現実にはいろんな要素がからみあ
っていて，わたしたちが考えているほど，すっきりわりきれていないからだ。だから，
文章をかくまえに，いろんな要素をたいせつなものとたいせつでないものとによりわ
けて，現実をしっかりのみこんでおかなければならない。こうしたよりわけをやるに
は，ひとつのものごとの意味をただしくつかまえなければならないのだが，そのため
には，ひとつのものごとが全体のなかではたしている役わりをしらなければならない。
こうした仕事をおこたると，文章は現実をごたごたとうつしだして，わけのわからな
いものになる。

　それで，わたしたちがりっぱな文章をかこうとおもえば，現実をただしく認識しな
ければならないのだが，そのためには，たくさんすぐれた人のおしえをうけて，認識
のし方を身につけなければならなくなる。経験だけではだめだ。

しかし，わたしのような，あたまのおおきすぎるものには，現実をしるという経験の方がはるかにたいせつである。すぐれた人の教えが教条（ドグマ）になって，ものをかけば，それのくりかえしになる。ゆたかな現実は，ひからびたひときれの言葉におきかえられる。つづり方教師のいう概念くだきをやらなければならないのだが，わたし自身が現実をしらないのだから，これは言葉のうえでの問題としてあつかえない。まず，現実にぶつからなければならない。わたしの考えがよわいというのは，こういうことなのだ。言葉は現実ではない。だから，生産にたずさわらない人たちの言葉は，現実からきりはなされて，内容のないひときれの記号になってしまうおそれがあるわけだ。

そして，わるいことには，自分のあたまのなかにある理想とか道徳とかを肉づけようとして，反対に現実をゆがめてしまう。主観主義というあやまりをやるわけだ。こうしたことをすると，文章もゆがんでしまう。わたしたちが現実をつめたくみればみるほど，文章はりっぱなものになる。

ところが，理想や道徳がつらぬいていない文章はねうちがないとわたしの現実主義に反対する人もいるだろう。こうした意見にわたしも賛成である。だが，この場合，理想的なもの，道徳的なものとはなにか，はっきりさせておかなければならない。わたしたちの理想とか道徳とかいうものは，客観的に存在する法則の認識なのだ。だから，理想的なものをよみ手につたえようとするなら，現実を忠実にうつしだして，日本人の社会がどうなっていくか，法則をしめさなければならない。文学作品の場合には，この法則的なものは，典型をとおしてしめされる。

もちろん，理想的なものをひきだすのに十分な現実がしめされているなら，理想的なものをかかなければならない。とくに，科学や政治にふれている文章では。そうしないことは，ひきょうでもあるし，よみ手に不親切だ。わたしたちが見とおしや意志をつくって，つたえるのも，言葉のはたらきなのだ。現実をつたえないで，理想的なものをしゃべると，文章はおしつけがましくなる。現実をつめたくみればみるほど，文章はあたたかくなる。なぜなら，現実はわたしたちに勝利への希望をあたえてくれるからだ。それから，この勝利への希望を文章につづっても，おそくはない。

生活つづり方は，現実主義のつよさをしめしてくれた。たとえば『山びこ学校』の生徒は，かれらなりの理想をもっていたとしても，作品がもっている理想をもっていたわけではない。こんなことがなぜおこるのか？　かき手の言葉が現実を忠実にうつ

していて，そこから，たたかわなければならないという道徳が，法則的なものの認識をとおして，にじみでてくるからである。この種の作品には，労働者のかいたものとしては，『文学の友』別冊第3輯にのっている「近江絹糸となかまたち」がある。労働者の主婦のかいたものとしては，アカハタ1955年1月13日号にのっている「私の生きてきた道」がある。労働者の主婦がかいた「私の生きてきた道」は，日鋼室蘭のストライキのなかでかかれたものである。

これらの作品のかき手は，けっして，わたしがここでのべたような努力をつみかさねたわけではない（すくなくとも意識的な努力を）。だが，作品はりっぱである。なぜだろうか？　日鋼室蘭のストライキ，近江絹糸のストライキ，山びこ学校の生徒たちの生活が祖国のすがたを集中的に表現しているからなのだ。それ自身が典型なのである。

文章が人を教育できるのは，法則的なものが文章のなかにふくまれているからだ。これが人に道徳的なものをあたえる。わたしたちが人を教育することのできる文章をかこうとするなら，法則的なもの，したがって本質的なものを現実からひきだして，これをかかなければならない。これが現実を言葉でただしくえがきだすことなのだ。この場合，法則的なものが，一般化の道をとおしてしめされるか，典型化の道をとおしてしめされるかというちがいによって，文章は科学的なものと芸術的なものとにわかれる。

現実よりも言葉におもみがおかれると，技術主義がでてくる。それだけではない。技術主義は現実の矛盾を言葉のうえでの矛盾にすりかえる。たとえば，技術主義は，ストライキのようなたたかいがおこるのは，言葉のつかい方がわるいからだ，という。言葉と現実とをひっくりかえすわけだ。

この理論は，効果的に現実をごまかすために，よこしまな支配者によって実践にうつされている。戦車を特車といおうと，タンクであるのにはちがいないのに，憲法の目をのがれるためにも，みんなの目をのがれるためにも，そうすることは都合がよい。技術主義の立場にたてば，アメリカ兵がいすわっていても，独立国というレッテルをはれば，独立国になるわけだ。こういう理論は，言葉でただしく現実をいいあらわすと，不利益になる人たちがすんでいる世の中でうまれてくる，よこしまな言語理論なのだ。いま，この理論がいろんなかたちではびこっていて，わたしたちの心にしのびこんでくる。文章をかくとき，たえず，技術主義とたたかわなければならない。いま，

わたしたちにとって，たいせつなことは，ほんとうのことをいうことなのだ。

言葉のつかい方

　これまで，文章をかくときに一番たいせつなことは，現実をただしくいいあらわすことだと，わたしはしゃべってきた。このことはなんべんくりかえしても，さしつかえないと，わたしはおもっている。なぜなら，文章が人をゆりうごかすことのできるのは，言葉ではなくして，言葉でえがきだされた現実なのだから。けれども，これだけで文章のかき方をかたづけては，やはりかたておちになる。ただしい考えをただしくいいあらわす方法をまなばなければならない。こうすると，わたしの考えの正確さは，一そうましてくる。これをおこたると，ただしい考えは，あいまいなものになってしまう。形式をかるくみる人には，形式こそいのちとりであると，いいたい。例をあげて，説明しよう。

　3年まえに，民主主義科学者協会は「国民的な科学の創造と普及」というスローガンをかかげた。国民みんなの文化と生活とをたかめるために，日本という地盤のうえで科学をうちたてて，それを国民みんなのものにしなければならないと，わたしたちのような社会科学者はこのスローガンでしめされるものを理解した。しかも，国民みんなの文化と生活とがアメリカの帝国主義者によってぶちこわされているとき，科学は，当然，アメリカの帝国主義者とたたかうための武器でなければならないと，理解した。だから，わたしたちはこのスローガンを満足してうけとった。

　ところが，自然科学者のあいだから，このスローガンに反対する声がおこってきた。かれらは「国民的な科学」というものはないというのである。なるほど，よく考えてみると，「日本的な地質学」というものはない。日本を対象にした経済学はあっても，「日本的な経済学」というものはない。

　なぜこんなことがおこったかといえば，「国民的な」という形容詞をまちがってつかったからである。日本語では，形容詞はものの質を規定するはたらきしかもっていない。だから，「国民的な」は科学の質の規定になって，「国民的な科学」は日本独特の科学という意味にうけとられるのだ。

　では，なぜこのようなまちがいをおこしたのだろうか？　これは，まちがいなしに，ヨーロッパ語の文法にしたがって形容詞をつかったからなのだ。ヨーロッパ語では，形容詞は，ものの質を規定するほかに，ものとものとの関係も規定する。たとえば，

「大尉の娘」のことを「大尉的な娘」といって、「大尉と娘」との関係は形容詞でしめされる。だから、「国民的な科学」といっても、ヨーロッパ語の文法では、おかしくないのだ。けれども、考えをただしい日本語でいいあらわすという立場からみれば、「国民的な科学」というくみあわせはまちがっている。討論のあげく、「国民のための科学」というふうにあらためて、ケリがついた。

外国をしっているインテリが、外国語の文法をじかに日本語のなかにもちこんでも、一時的に混乱がおこるだけで、日本語はゆたかにならない。

わたしたちが外国人とおなじことを考えていても、この考えをいいあらわす形式は、はっきりちがっている。おなじ論理は、日本語と外国語とでは、ちがったふうにかたちつくられる。わたしたちは日本人であって、さしあたって考えを日本の言葉でいいあらわさなければならない。日本の言葉のつかい方を十分にしっていて、考えをただしくいいあらわさなければならない。

では、どうしたら、ただしい言葉づかいができるか？　それは、まず、みんながつかっている言葉で文章をかくことである。さきに現実にたいして忠実であることが必要であるとのべたが、このことは言葉にもあてはまる。あれやこれやのいいまわしがただしいか、まちがっているかということは、そのいいまわしがみんなの言葉であるか、というモノサシではかってみるほか、きめようがない。

言葉は社会的なものである。だから、みんなのつかっている言葉は、一番正確であって、わかりやすい。それに、いきいきしている。反対に、みんながつかわない死んだ言葉は、現実からきりはなされているので、意味がぼけていて、わかりにくい。

しかし、文章の言葉も、それ自身の歴史をもっている。そして、進歩的な人たちのかいたものについていえば、その歴史のそこをながれているものは、国民みんなの言葉をどう文章のなかにもちこむか、というたたかいなのであった。だから、わたしたちは、進歩的な人たちのかいた文章の言葉にまなばなければならない。そして、わたしたちにとって、たいせつなことは、先輩がのこしていった文章に、あたらしくみんなの言葉をもちこむことである。

みんなの言葉でかこうとするとき、わたしたちが一番気をつけなければならないことは、論理主義というまちがった考えである。論理主義は、日本語では論理がただしくいいあらわせないといって、ヨーロッパ語の文法で日本語をかく。たとえば、つぎにあげる林房雄や堀辰雄の文章は、論理主義のあらわれである。

「そりゃあ，僕はねえさん**を**好きですよ」（息子の縁談）

「一週間ばかり前から雪がふりつづいていて，けさやっと**それが**やんだのだそうだ。」（風た
ちぬ）⁽⁴⁾

日本人みんなは「僕はねえさんが好きですよ」といっても，林房雄のようにはいわ
ない。つまり，日本人はこうした形式で「ねえさんを愛している」という論理を表現
しているわけなのだ。それなのに，どうして林房雄は「ねえさんを好きですよ」とか
いたのだろうか，おそらく，ヨーロッパ語は日本語よりもすぐれているという考えが，
林房雄のあたまのなかにあって，ヨーロッパ語の文法の立場から日本語をみているの
で，日本語がゆがんでみえて，こんな言葉がでてきたのだろう。あるいは，こうした
ことをやったのは，林房雄の親切であるかもしれない。だが，りっぱな日本語がある
のだから，そうする必要はない。

たいへんなことだが，おおかれすくなかれ，日本のインテリは，日本語は論理をた
だしく表現できないという，でたらめな思想におかされている。もしこういう思想が
ただしいなら，ヨーロッパ人にくらべて，日本人はすこしあたまがたらないというこ
とになる。だが，ほんとうは，こういう思想をもっている人が，日本人は日本語で論
理をどう表現しているかしらないだけのことなのだ。

もちろん，よこしまな支配者の国語政策，国語教育のおかげで，日本語の発展の可
能性はおしつぶされていて，現実性にうつされていないため，日本語のよわさという
ものはある。だが，わたしたちにたいせつなことは，よこしまな支配者のやったこと
の結果を承認することではない。あらゆる可能性をさがしもとめて，民族の言葉をた
くましく，うつくしいものにそだてあげることなのだ。八千万がこの言葉でいきてい
る。たたかっている。この事実は，日本語をつかうものには，ひとときもわすれられ
てはいけないことなのだ。

文章の言葉は，民族の言葉の一番うつくしいすがたであって，標準的なものである。
文章の言葉には，わたしたちの言葉にたいするわたしたちの理想がふくまれている。
この理想を個人的な，あるいは階級的なこのみにすりかえることに，わたしたちは反
対しなければならない。そのためには，わたしたち自身，日本の言葉の法則をつかん
で，これをまもって，意識的にりっぱな文章をかかなければならなくなる。ここでは
じめて，国語学や国語教育のはたす役わりがはっきりしてきた。国語学は日本の言葉

の法則をあきらかにして民族の言葉をまもり，そだてるたたかいのみちびきにならなければならない。国語教育は日本の言葉の法則を子どもにおしえて，民族の言葉をまもり，そだてるたたかいの舞台にならなければならない。とくにわたしがこのことをとりたてていうのは，いま帝国主義者たちのやっている日本語のぶちこわしが，目にみえて露骨になっているからである。こういうことは，みなさんにラジオのスイッチをひねってもらうだけで，十分のみこんでもらえるだろう。ほっておけば，日本語は植民地文化を表現する力しかもたなくなる。これとどうたたかうかということ，これがわたしたちの文章のかき方を方向づけるだろう。

(4) 「それが」はなくてもよいのではなく，あったら，まちがいなのである。

（２）

まえがき

内容のがわから文章のかき方をふかめていくと，認識論の問題，個別科学の問題にとけこんでいくだろう。あべこべに形式のがわからふかめていくと，国語学の問題になっていく。このことについては，まえの号でのべておいた。ここでは，もっぱら形式の問題，つまり言葉づかいについて，しゃべることにする。わたしがみなさんにすこしでも役にたつのは，こんなことなのだし，わたし自身もそうすることにほこりを感じている。

ひとくちに言葉づかいといっても，つぎのように，ひじょうにひろい範囲にわたっている。

(1) ただしい発音をおぼえて，それを正書法（ただしい文字のつかい方）にしたがってかくこと。

(2) ものごとをぴったりいいあてている単語をえらびだすこと。

(3) 単語のつくり方をしっていて，必要な場合に，あたらしい単語をつくること。

(4) 文法にしたがって，単語を文のなかにはめこむこと。

(5) 表現のうえでの効果をねらって，文体をととのえること。

だが，あたえられた紙数で，このようにひろい範囲にわたって，言葉づかいについてしゃべりつくすことはできない。4番目の文法の問題だけにかぎって，説明することにする。

しかも，文法のことも，連体形といわれている動詞のつかい方だけにかぎって，と

りあげる。だから，文法のうちのほんの一部分にわたるだけなのだ。そうするわけは，動詞の連体形のつかい方は，かく人のまちがいやすいところだし，あたえられた紙数で，ひとつのことがかなり完全に説明できるからである。また，そうすることによって，わたしの考えている文法学のあり方やひろさなども理解してもらいたいと，おもっている。学校文法では，名詞（体言）をかざる動詞のことを連体形だといって，すませている。

問題のありか

わたしのしたしい友人が，つぎのような文をかいていた。

> （例1）いまの世のなかに，女工哀史を再現したような，封建的な労働条件にくるしめられた，近江絹糸の婦人労働者たちは，<u>それまでは，口ごたえすらできなかった</u>，<u>うわ役</u>にさからって，六十なん日のはげしいたたかいをしとげている。（蒼樹社「科学をわれらの手で」）

この文のなかで，よこ線_____のあるところはカザリであって，_____のあるところはカザラレである。このカザリ・カザラレのくみあわせをすなおによむと，口ごたえできなかったのは，婦人労働者ではなく，うわ役である。現実がひっくりかえって，文のなかにうつしだされている。もし，かれがつぎのようにかいたら，こんなことはおこらなかっただろう。

> ……婦人労働者は，**自分たちが**<u>口ごたえすらできなかったうわ役</u>にさからって……

この場合では，「口ごたえする」動作のぬし（主体）をはっきりさせてやればよいのだが，つぎの例ではカザリ全体をくみなおさなければならない。

> （例2）こうして，社会の生産力とは，<u>その助けをかりて物質的財貨が生産される生産諸用具</u>のことであり，生産用具を運動させ，一定の生産上の経験と労働の習熟とによって物資的財貨の生産を実現する人間のことである。（大月書店「史的唯物論」第一分冊）

この文のなかのカザリ・カザラレのくみあわせは，ヨーロッパ語の関係代名詞とい

うかたちをしっているものだけが，それをあたまにおもいうかべてみて，はじめてわ
かる。祖国の言葉をよみとるのに，まず外国語をしっておかなければならないという
不合理がおこる。つぎのようにカザリをくみかえると，このような不合理はとりのぞ
かれるだろう。

　　　……物質的財貨を生産する生産諸用具のことであり……

　このようにかくと，カザリ・カザラレのつながりは「生産諸用具が物質的財貨を生
産する」ということになって，考えを正確にいいあらわしていないというなら，つぎ
のようにかきなおすこともできる。

　　　……物質的財貨を生産するときにつかう生産諸用具のことであり……

　堀辰雄や三島由紀夫のように，いいかげんな考えを効果的に表現しようとして，わ
ざとあいまいないいまわしをやるなら，問題はべつだが，まじめな考えをみんなにつ
たえようと，一生ケンメイかいている人たちが，こんなあいまいないいまわしをする
のは，どんなわけなのだろうか？　やはり，かき手がカザリ・カザラレのくみあわせ
のつくり方をしらないのだ，というより仕方がない。もちろんこのことは，日本の文
法学の水準からみて，あたりまえのことである。だから，こうしたあいまいないいま
わしがでてくるのは，国語学者の責任だともいえる。
　カザリ・カザラレのくみあわせのつくり方には，きまりがある。つぎの文をみてい
ただければ，このことはすぐわかる。

　　　(例3)　しかし，そのかべは，私たちの十年一日のような講義や古くさい自然のみかたに満足
　　　できない「ほんとうのものを学ぼう」という要求にもとづいた学生の団結によってうちやぶ
　　　られた。(蒼樹社「科学をわれらの手で」)

　この文のなかでは，「要求」というひとつのカザラレにふたつのカザリがついてい
る。

文章の書き方　81

（1）私たちの十年一日のような講義や古くさい自然のみかたに満足できないという要求。

（2）「ほんとうのものを学ぼう」という要求。

　（2）のカザリ・カザラレには，なんのおかしみもない。ところが（1）のカザリ・カザラレは，だれの目にもおかしく感じるだろう。というよりも，カザリ・カザラレのつながりがどんなものか，さっぱりわからない。こんなことがなぜおこるかといえば，（2）のカザリ・カザラレのくみあわせがきまりにあっているのに，（1）のカザリ・カザラレのくみあわせは，きまりにそむいているからなのである。

　しかも，このきまりは客観的なものである。たとえば，わたしたちが（例1）のカザリ・カザラレのつながりを「うわ役は口ごたえすらできなかった」とよむのは，このなかにそういうふうによませるものがあるからである。つまり，かき手が主観的には「婦人労働者はうわ役に口ごたえすらできなかった」という考えをこのくみあわせでいいあらわしたつもりでも，よみ手は，そのこととは関係なしに，きまりにしたがってよんでいくのである。だから，わたしたちはこのきまりをつかんで，それにしたがって，カザリ・カザラレのくみあわせをつくりさえすれば，あいまいないいまわしはできてこないわけなのだ。

　では，カザリ・カザラレのくみあわせのなかには，どんなきまりがあるか，これからしらべてみよう。

　（おぎない）名詞にたいしてカザリとしてはたらく品詞には，名詞や形容詞や動詞などがあるが，ここでは動詞だけにかぎってしらべてみる。カザリとしてはたらく動詞は，ふつう連体形といわれているが，形態論的には（かたちのうえでは）とくべつかわったものではない。動詞の直説法（のべる気もち）のかたちが文章論的に（動詞と名詞とがくみあわさって）カザリとしてはたらいて，連体形ができあがる。だから，連体形は文章論的なカテゴリーである。これを形態論であつかって，動詞の活用表にいれるのは，まちがっている。

　たしかに，ヨーロッパ語にくらべて，動詞がカザリとしてつかえることは，日本語の特質である（もちろん，ヨーロッパ語にも形容詞のようなはたらきをする動詞（形動詞）はあるのだから，動詞がカザリとしてつかえるということだけではなく，カザリ方のとくべつかわった特質を考えにいれておかなければならない）。こういう特質が日本語にあるので，日本語には関係代名詞がなくてもよい。佐久間鼎さんは，こういう日本語の特質をカザラレのがわから（しかも文法的にはたらいている形式名詞，つまり吸着語だけにかぎって）みて，つぎのようにいっている。

すなわち、ヨーロッパ諸国語で、例の「関係代名詞」がはたしているような、構文上の役わりを、日本語ではこの吸着語がりっぱにはたすのです。もちろん『関係代名詞』といっても名詞的ではなくて、西洋文法流でいっても副詞的なのや形容詞的なのがあるように、吸着語でも名詞的なもの以外のものも、それぞれ役わりを引きうける次第です。なるほど『関係代名詞』をつかうヨーロッパ語の文章をその形式どおりに翻訳しようとすると、日本語としてはなかなかそうはできないのですが、おなじ内容は別様の構文で十分に表現することができます。で、『関係代名詞』のあるなしで表現能力を評価するというような考え方は皮相なものにすぎません。(「現代日本語法の研究」328ページ)

　佐久間さんがこのように日本語をみていることは、祖国の言葉のよわさをなげくものには、よいくすりになるだろう。いくらか具体的に説明しよう。

(例4)　<u>When</u> I go to see any great house, I inquire for the China-closet, and next for the picture gallery.
　<u>どこでも大邸宅をみにまいりますとき</u>などは、まず陶器戸棚を見せてくれるようにたのみまして、それからあとで画廊をみせてもらう始末であります。(研究社「エリヤ随筆集」)

　この訳文のなかの「とき」という単語が、佐久間さんのいう吸着語である。そのほか、吸着語には<u>するもの</u>、<u>すること</u>、<u>するところ</u>、<u>するわけ</u>など、いろいろある(このくみあわせのカザラレが吸着語なのである)。この「とき」は、たしかに、イギリス語のWhenとおなじはたらきをしている。だが、つぎの文では、いくらか事情がちがっている。

(例5)　I never pass it without shaking some forty years from off my shoulders, recurring to the evening <u>when</u> I passed through it to see my first play.
　私はあの傍をとおるときは、いつも40年の才月をふりおとして、うまれてはじめて芝居をみるために、<u>あの入口をくぐった晩</u>のことを思いださずにはいられないのです。

(研究社「エリヤ随筆集」)

　(例5)では、Whenは訳文のなかからすがたをけしている。したがって、原文と訳文とをひっくるめて、(例4)と(例5)とでは、文法的に共通なものがない。ところが、訳文だけをくらべてみると、カザリ・カザラレという共通の文法形式がみられる。あえてちがいをもとめると、「とき」がもうこれ以上にしぼる(抽象する)ことのできない概念であるということである(論理学でカテゴリーといわれているもの)。「とき」という単語のこうした性質が、「とき」を吸着語にするのだが、そうであるためには、「とき」がカザラレであるという前おきが必要である。したがって、「とき」を関係代名詞(正確には関係副詞)とみるよりも、カザラレであるとみる方がはるかにたいせつなのである。そうすることはヨーロッパ語の関係代名詞のつくり方

と日本語のカザリ・カザラレのくみあわせのつくり方とのちがいをしるために，必要である。このちがいは，つぎの文のなかで，はっきりしてくる。

（例6）It seems, these were his tributaries; feeders of his exchequer; gentlemen, his good friends (as he was pleased to express himself), <u>to whom</u> he had occasionally been beholen for a loan.

　　それによると，それらの人びとは，かれの寄進者であったらしいのです。つまり，かれの内帑金の補給者で，<u>かれがときどき借金の恩義にあずかった紳士たち</u>（かれの好んでいった言葉でいえば）かれの親友たちだったのです。（研究社「エリヤ随筆集」）

　　つまり，イギリス語では，カザリのなかでのgentlemenのはたらきは，to whomとして形態論的にかたちづけられているが，日本語では，「紳士たち」のはたらきは，関係代名詞という単語がないので，カザリのなかではかたちづけられていない。いいかえれば「かれがときどき借金の恩義にあずかった紳士たち」というカザリ・カザラレのくみあわせは，「かれはときどき**紳士たち**に借金の恩義にあずかった」という文におきかえられるが，そうなるのは，文章論的なこと（くみあわせの問題）なのであって，形態論的な手つづきをふんでいない。イギリス語がカザリのなかでのgentlemenのはたらきを積極的にしめしているのに，日本語は「そうしかとれない」というぐあいに消極的にしめしている。だからこそ，わたしたちは，カザリ・カザラレのくみあわせでいいあらわされているカテゴリーを，はっきりしっておかなければならないのである。

　　この**おぎない**は，とくに外国語をおしえている人，ホンヤクをする人によんでもらいたいとおもって，かいた。わたしは，祖国の言葉をくいものにして，外国語をまなんだり，ホンヤクしたりすることに反対なのである。

カザリ・カザラレのくみあわせ

　文法学でカテゴリーというものは，現実に存在しているものごとのつながりを言葉でうつしだしたもの，したがって文法的な意味なのである。「カザリ・カザラレのくみあわせ」という文法形式で，どんなカテゴリーがいいあらわされているか，これがこれからわたしの説明することである。

　　一般的には，カザリ・カザラレのくみあわせのなかで，カザリはカザラレの動作・状態を規定していると，いえる。カザリとしての動詞は，このようにはたらいているかぎり，カザリとしてはたらく形容詞にちかい（「うつくしい人」と「はたらいている人」とをくらべてみよ）。だから，もっぱら状態を規定するものになったカザリとしての動詞は，品詞わけでは，むしろ形容詞といえるようになっている。

84

（例7）「しかし，君も<u>そんな真面目くさった</u>面をしていて……」（其面影）

（例8）「<u>いきた</u>世界だ……」（其面影）

「いきてある→いきたる→いきた」という歴史的なうつりかわりを考えてみるなら，「真面目くさった」「いきた」は，動詞の過去形とはいえない。

　しかし，実際には，カザリ・カザラレのくみあわせのカテゴリーは，「動作・状態を規定する」というぐあいには定義できない。むしろ，こういう定義は，ひとつの場合をしめしているにすぎない。こまかくわけられて，このような定義そのものがぐらついてくる。これから，このカテゴリーをこわけしてみよう。

（一）ものごとをかざる場合

　カザリがものごと（カザラレ）の動作・状態をしめす場合は，カザリ・カザラレのくみあわせの中心をなしている。しかし，この場合，かならずしも，カザラレでしめされるものごとは，カザリでしめされる動作・状態のぬし（主体）ではない。ここに，ヨーロッパ語の形動詞とのちがいがある。日本語では，動詞がものごとをかざる場合，つぎの4つのカテゴリーがなりたつ。

（1）カザラレがカザリでしめされる動作・状態のぬし（主体）である場合　したがって，カザラレはカザリにたいしては主語である。

（例9）「5円ぐらいあがって，<u>あんな山のなかへ猿の御相手をしにいく唐変木</u>はまずないからね。」（坊ちゃん）──→「唐変木はあんな山のなかへ猿の御相手をしにいく」

（例10）「君は<u>すぐ喧嘩をふきかける男</u>だ。」（坊ちゃん）──→「**男は**すぐ喧嘩をふきかける」

（例11）「<u>さかりのついた犬</u>じゃあるまいし……」（浮雲）──→「**犬は**さかりがついた」

（例12）「<u>見どころのある奴</u>じゃ」（浮雲）──→「**奴は**見どころがある」

（2）カザラレがカザリでしめされる動作の直接の対象である場合　直接の対象というのは，動作のはたらきかけをうけるものごとである。

（例13）「<u>いつか頂戴した写真</u>を今夜だけおかえししましょうか」（浮雲）──→「いつか**写真**

を頂戴した」

（例14）「いいかい，慾というものはね，人間を蒸溜して，とったエキスだよ」（其面影）——→「**エキスをとった**」

（3）カザラレがカザリでしめされる動作の手段である場合　カザリでしめされる動作が，カザラレを手段にしておこなわれる。

（例15）亭主は牛肉をつつんだ新聞紙をものめずらしそうにひろげて，よんだ。（千曲川のスケッチ）——→「**新聞で牛肉をつつんだ**」

（例16）風力をはかる機械の側で……（千曲川のスケッチ）——→「**機械で風力をはかる**」

（例17）亭主はたべおわった茶わんに湯をそそぎ……（千曲川のスケッチ）——→「**茶わんでたべおわった**」

（4）カザラレがカザリでしめされる動作のむかっていく対象である場合

（例18）私のおしえている生徒は，小諸町の青年ばかりではない。（千曲川のスケッチ）——→「**私は生徒におしえている**」

（例19）この王子の逢着する人生の疑問が，いかにも簡素にあらわしている。（千曲川のスケッチ）——→「**この王子は人生の疑問に逢着する**」

（例20）かれがのった電車はすいていたが……（暗夜行路）——→「**かれは電車にのった**」

　さて，このように，動詞がものごとをかざる場合には，よっつのカテゴリーがいいあらわされている。それで，この種のカザリ・カザラレのくみあわせをつくったとき，どんなカテゴリーをふくんでいるか，みわけてみて，つぎの点に注意しなければならない。

　カザラレが動作・状態のぬしである（1）の場合には，くみあわせのつながりが，あいまいになるようなことはない。というのは，（1）の場合は，一番ふつうのもの，基本的なものであって，わたしたちはカザリ・カザラレのくみあわせを，まず（1）のカテゴリーとしてうけとろうとするし，このくみあわせで（1）のカテゴリーだけをいいあらわそうとするからである。こうしたかたむきは，具体的な動作・状態が主

体ぬきでは意識できないという人間心理のくみたてとむすびついて，ものごとの属性を規定するというかたちでうまれてきたカザリ・カザラレのくみあわせの歴史をつらぬいている。

そこで，できるだけ，カザリ・カザラレのくみあわせを，（1）のカテゴリーをいいあらわすものとしてつくることが，文をわかりやすくするひけつになる。たとえば，大久保忠利さんはつぎのように（3）のカテゴリーをいいあらわすくみあわせをつくっているが，（1）にあらためることによって，ぐっとわかりやすくなる。

（例21）もし，考えは十分だけれど，言葉での言いあらわしが不十分だというなら，<u>その言いあらわされた言葉</u>をよみ，きいた人は，さらにききかえすことにより，また書き手・はなし手がそれに説明をくわえることによっておぎない，一そう『完全な言いあらわし』にあらためていくことができる。（コトバの生理と文法論）──「それが**言葉**でいいあらわされた」このくみあわせを「……それを（考えを）いいあらわした**言葉**……」というふうにかきかえる。

カザラレが動作の直接の対象である（2）の場合でも，文全体のなかで，あるいはカザリ（動詞）とカザラレ（名詞）との字びき的な意味のうえから，カザラレがカザリでしめされる動作のぬしになれないなら，あいまいさはおきてこない。けれども，カザラレが動作のぬしにもなることができるなら，カザリのなかに主語をつけたしてやって，カザラレがカザリにたいしては直接の対象であることをはっきりさせなければならない。

たとえば，（例13）と（例14）とのくみあわせは，すこしもあいまいではないが，つぎの例では，カザリ・カザラレのつながりはいくらかあいまいになってくる。これでも，はなしの言葉だからよいのだが，「**お前たちの**いれないものが……」といえば，ぐっとはっきりするだろう。

（例22）「<u>いれないもの</u>がどうして床のなかにはいるのだ」（坊ちゃん）

かんたんにいえば，「なぐられた人」という意味で，「なぐった人」といういいまわしをしないで，「おれがなぐった人」といえばよいのだ。

文章の書き方　87

　ヨーロッパ語になれている人は，（2）のカテゴリーをこのまないで，これを（1）のカテゴリーにうつすため，動詞の立場voiceをウケミにかえる。しかし，実際にはむだがおおく，ウケミの乱用がおきている。

　（例23）<u>私が主人から紹介されたその若い婦人</u>は，牧師の夫人で，主人がしたしい友だちであるという。（千曲川のスケッチ）

　（例24）明秀は母とロビイへでて，<u>卓上にちらかされた</u>英文の<u>観光雑誌</u>を退屈そうにめくっていた。（盗賊）

　これらのカザリ・カザラレのくみあわせは，それぞれつぎのようにかきなおしたら，すっきりするのではないだろうか？

　「……<u>主人が私に紹介した若い婦人</u>は……」

　「……<u>卓上にちらかっている（ちらかしてある）</u>英文の<u>観光雑誌</u>を……」

　カザラレが動作の手段である（3）の場合では，カザリのなかに動作の直接の対象をおぎなってやれば，まぎらわしくない。

　カザラレが動作のむかっていく対象である（4）の場合では，カザリのなかに主語をさしこんでおかなければならない。そうしないと，かならず，（1）のカテゴリーをいいあらわしているものとして，よみとられる。このことは，（例1）のカザリ・カザラレのくみあわせがおしえている。

　しかし，これだけでは，あいまいさはさけられない。たとえば，つぎのようなくみあわせは，ゆっくり考えてみないと，わけのわからないものである。

　（例25）<u>自分が値しない幸福</u>がかれにほほえみを見せてきた気がした。（友情）──→「自分は**幸福に値しない**」

　（例21）のくみあわせも，おなじような意味で，わかりにくい。したがって，考えが具体性をうしなっていく度あいにあわせて，（3）と（4）とをつかわないようにした方が，よいのではないだろうか？　このことはみなさんの判断にまかせるというほ

88

か，いまのところ，わたしははっきりしたことがいえない。

（二）「もの」と「こと」とをかざる場合

（1）「もの」　物とか人とかを一般的に意味する概念は，「もの」という単語でいい
あらわされている。カザリである動詞はこの単語をかざって，カザリ・カザラレのく
みあわせをつくることができる。この場合，カザリ・カザラレのつながりは，（一）
でのべたものとまったくおなじである。

　　　（例26）「男でも<u>よめないもの</u>は，いくらでもある」（浮雲）
　　　（例27）「菜飯は田楽の時よりほか<u>食うもの</u>じゃない」（坊ちゃん）

　（例26）のくみあわせは，動作＝主体のつながりをいいあらわしているが，（例27）
のくみあわせは，動作＝直接の対象のつながりをいいあらわしている。（3）と（4）
との場合は，みつけだせなかったが，

　　　「<u>かくもの</u>（ペンなど）はないか？」
　　　「<u>ゼニをいれるもの</u>（財布など）はないか？」

　などと，わたしたちは，ふつう，こうしたカザリ・カザラレのくみあわせをつかっ
ている。
　ところで，このようなカザリ・カザラレのくみあわせは，全体として述語になって，
カザラレである「もの」は，物とか人とかを意味することをやめる。それとともに，
カザリは，カザリであることをやめて，述語になる。

　　　（例28）「人は<u>見かけによらないもの</u>だなあ」（坊ちゃん）
　　　（例29）「フン，お前の用なら<u>大抵しれたもの</u>だ」（浮雲）

　（例28）と（例29）との場合には，字びきにある「もの」の意味は，完全にはなく
なっていない。したがって，「もの」はカザラレである。だが，つぎの場合では，カ
ザラレとしての「もの」のはたらきはなくなって，はなし手の気もちだけをいいあら

わしている。

(例30)「どこへいっても，とかく頭のあがらないもんですねえ」(其面影)

(例31)「一生お嫁になんぞ行くもんか」(浮雲)

　このようにはたらいている「もの」をやたらにつかうと，きざにきこえるのは，それが表現的であるからである。さらに，この「もの」は「ものを」というふうにかたちづけられて，原因をしめす文をつくる。(例30) と (例31) とをくらべて，「もの」のおき場に注意していただきたい。

(例32)「どうせ，貴方，二千年来の習慣をやぶるんですものを，多少の難苦はのがれっこはありませんね」(浮雲)

(例33)「だって，気分がわるかったんですものを」(浮雲)

(2)「こと」　「こと」は動作一般を意味する名詞であって，「もの」とおなじようにカザラレになる。だが，カザリ・カザラレのつながりは，「もの」の場合とはちがっている。

(例34)「なにもこれが当人の不為になることじゃなしね」(其面影)

(例35)「小夜さんにちっとも関係したことはない」(其面影)

(例36)「私の胸に落ちないことは，いくらでもある」(其面影)

(例37)「また，そんなわからないことをいっているね」(其面影)

　このような場合では，カザラレの「こと」は，カザリにたいして主語としてはたらいている。そのほか，カザラレの「こと」は，カザリにたいして直接の対象であることもできる。だが，この場合には，カザリでしめされる動作が心理的な現象にかぎられている。

(例38)「君のいうことは，みな遁辞だ」(浮雲)

(例39)「すこしはなしたいことがあるのだ……ききたいこともある」(其面影)

90

（例40）「たとえ，どんなつらいとおもうことがあっても，いやだとおもうことがあっても，
がまんしてさ……」（其面影）

（例41）「そんなこと，なにもわたしの知ったことじゃあるまいし」（其面影）

（例42）「ちいと考えることがあるんだから……」（其面影）

（例43）「なにもそうおどろくことはない」（其面影）

もうひとつ，カザリである動詞が，動作一般をしめすものである場合に，「こと」
はカザリにたいして直接の対象になる。

（例44）「だれがでかしたことだい」（浮雲）

（例45）「そりゃあ，人間のすることだもの」（其面影）

さらに，カザラレである「こと」は，動詞を名詞化する特別のはたらきをもってい
る。このはたらきは，（三）でのべる内容と形式とのつながりとして，でてきたもの
である。つまり，カザリがカザラレである「こと」の具体的な内容をうめるのである。

（例46）「あたしのこの家にいることが知れましたか？」（其面影）

（例47）「こういう待遇をうけたことがない」（其面影）

（例48）「なぜといって，君，これから朝から晩まで情婦の側にへばりついていることができ
らあね」（浮雲）

（例49）「僕あ，おやじの死ぬとき，一週間ばかり徹夜して看病したことがあるが……」（坊
ちゃん）

（例50）「土地が土地だから，一級あがって行くことになりました」（坊ちゃん）

「もの」とおなじように，「こと」も，カザリ・カザラレのくみあわせが全体として
述語になったとき，もともとのはたらきをうしなって，表現的な意味をもってくる。

（例51）「オヤ，大変かたづいたこと！」（浮雲）

（例52）「昨日私のいったこと，貴方よく考えてくださって？　まだ決心がつかないこと？」

（其面影）

文章の書き方　91

（例53）「それだもの，だから<u>ウナギ男だという</u>ことさ」（浮雲）

（例54）「ああ，<u>おばがいやな面をする</u>こったろうな」（浮雲）

（三）形式に内容をあたえる場合

　カザリがカザラレでしめされる現象の具体的な内容をあきらかにするというふう
に，カザリ・カザラレのくみあわせをつくることができる。つまり，カザリ・カザラ
レのくみあわせのなかで，内容（カザリ）と形式（カザラレ）との関係がとりむすば
れるのである。

（例55）「そんなことにびくびくしながら，それでいて<u>実業界で一花さかす気か</u>」（其面影）

（例56）「わたし<u>そう</u>無理なことをいっているつもりじゃありません」（其面影）

（例57）「<u>そのいいわけはできない</u>はずだ」（其面影）

（例58）「で，そうしていたら，<u>末はどうなる見こみ</u>があるのか？」（其面影）

（例59）「あれは<u>そういうことで一生をおわる</u>覚悟でしょう」（其面影）

（例60）「<u>小夜さんだって，まさかあんな梅干おやじにほれてしまう</u>気づかいはあるまい」

（其面影）

（例61）「イエ，<u>なにもわるいことをした</u>おぼえはありません」（浮雲）

（例62）私は<u>無心な絵をみる</u>心地がして……（千曲川のスケッチ）

（例63）「しかし，あなたは<u>こんな家に辛抱していなきゃならん</u>義理はない」

（例64）「当人ももう<u>一ペン学校をやりたい</u>希望があるんだそうだから……」（其面影）

（例65）それは……<u>とおく白いやまをのぞむ</u>美しさだ。（千曲川のスケッチ）

（例66）私は<u>未知の人びとにあう</u>たのしみを想像しながら……（千曲川のスケッチ）

（例67）「そんなら，わたしも<u>貴君のといにこたえる</u>必要はありません」（浮雲）

（例68）「君は<u>小夜さんを手ばなす</u>はなしになると，とかく気のすすまないようだが……」

（其面影）

（例69）「<u>女の操を汚される</u>危険があるのですからなあ」（其面影）

（例70）「ただ，<u>おでんカン酒からここまで仕あげてきた</u>苦労をおもうと……」（其面影）

（例71）「<u>三人の家族で下女二人をつかう</u>身分ではない」（其面影）

（例72）「貴女はむしろ<u>側杖をくっている</u>かたむきがあるのだ」（其面影）

（例73）<u>それがとおい灰色の雲なぞを背景にして立つ</u>さまは，なんとなく<u>芒漠とした感じ</u>を

あたえる。（千曲川のスケッチ）

（例74）ひくいソリの構造だから，梶棒をたかくあげると，のった客はいくらか尻餅ついたかたちになる。（千曲川のスケッチ）

（例75）肉屋の亭主は落ち着いた調子で……（千曲川のスケッチ）

（例76）黒い大きな牛のたおれたすがたが，わたしの眼前によこたわっていた。（千曲川のスケッチ）

（例77）新鮮な牛乳をビンヅメにする支度をした。（千曲川のスケッチ）

（例78）地主に対する態度は……（千曲川のスケッチ）

このような内容と形式とのつながりは，「……という……」というかたちでもいいあらわされている。

（例79）「せめて，その半分なりとふやさせようという腹なのだろう？」（其面影）

（例80）「しかし，時さんは，口から火焔をはくというすさまじい勢だ」（其面影）

（例81）「いや，とかく学者という奴は，気のしれないもんだ」（其面影）

つぎのようなくみあわせは，このカテゴリーのなかにはいるのだろうか？

（例82）田の子をいたわる声がした。（千曲川のスケッチ）

（例83）枯葉や草のそよぐ音……（千曲川のスケッチ）

さて，ここではじめて，（例3）のくみあわせのまちがっているわけが，はっきりした。（2）のカザリ・カザラレのくみあわせが，形式に内容をあたえるというつながりをもっているのに，（1）のカザリ・カザラレのくみあわせは，このつながりをもっていないのだ。つぎの例にあるくみあわせも，内容と形式との関係がうまくとれていないのではないだろうか？　「生産・分配」と「法則」との関係をどう理解するかということにかかっているわけなのだが，理解の仕方では，内容と形式との関係ができあがっているともいえるのだろうか？　わたしはわからないので，みなさんの意見をききたいとおもっている。

文章の書き方　93

（例84）経済学は，<u>財貨が人間社会のいろいろちがった発展段階で社会的に生産され分配される法則</u>を研究するものである。（合同出版社「経済学教科書」第一分冊）

（四）場所をかざる場合

　この場合，くみあわせのなかでは，カザラレは動作のおこなわれる場所（あるいは動作の行くさき）をしめす。したがって，カザリでしめされる動作は，カザラレでしめされる場所ですすむのである（あるいはカザラレでしめされる場所にむかってすすむ）。

　　（例85）<u>理学士のすんでいる家</u>のあたりは，荒町の裏手で……（千曲川のスケッチ）
　　（例86）黄ばんだ寒い日光は，柿の枯枝をとおして，<u>籾をつみあげた庭</u>の内をてらしてみせた。（千曲川のスケッチ）
　　（例87）「それじゃ，<u>考える余地</u>がない」（坊ちゃん）
　　（例88）「<u>おれの行く田舎</u>には笹飴はなさそうだ」（坊ちゃん）
　　（例89）「……<u>あの男のでている会社</u>の社長の渋谷という人ね，そら……」（浮雲）
　　（例90）<u>番小屋のたっているところ</u>は，尾の石といって，黒斑山のすぐすそにあたる。（千曲川のスケッチ）
　　（例91）荒涼とした原の中には，<u>ソバなぞをまいたところ</u>もあって……（千曲川のスケッチ）

　しかし，つぎのような例では，もうこうしたカザリ・カザラレのつながりはなくなって，カザラレはもっぱら場所をしめす状況語的な従属文をつくっている。

　　（例92）「だが，もし<u>彼娘のいるまえ</u>で口きたなくでもののしられたら……」（浮雲）
　　（例93）<u>馬がゴトゴトさせて食うかたわら</u>で，亭主は一斗五升の白水が一吸に尽されることを話して，私たちをおどろかした。（千曲川のスケッチ）
　　（例94）<u>私が自分の家から，この一ゼンめし屋までいくあいだ</u>には，大分しった顔にあう。
　　　　　　　　　　　　　　　　　　　　　　　　　　　　　　　　　（千曲川のスケッチ）

　（例90）と（例91）とでは，カザラレの「ところ」は場所を意味していて，単語論的にもはたらいているが，つぎの例では，もともとの意味をうしなって，ただ文法的

94

にはたらいているだけである。

　　（例95）「へー，私は条理のあるところを主張するのでございます」（浮雲）
　　（例96）「そりゃごもっとも，君のいうところは一々御もっともだが，わたしのいう方も少し
　　　　は察してください」（坊ちゃん）

　ここでは，「ところ」は動詞を名詞にするはたらきをなしているが，つぎの例では，
カザラレの「ところ」は，「状況を説明する」という表現的な効果だけをもっている。

　　（例97）「また時があんなにやきもちして狂人のようになってるとこですから……」（浮雲）
　　（例98）「どうせ早かれおそかれ一所にしようと思っているところですもの──」（浮雲）
　　（例99）「いわなきゃならんところだけれど……」（其面影）

（五）時間をかざる場合

　この場合，くみあわせのなかでは，カザラレは動作のおこなわれた時間をしめす。

　　（例100）やがて，降誕祭をいわう時刻も近づいたので……（千曲川のスケッチ）
　　（例101）この日は町の大人から子供までたがいに新しい晴衣を用意して待っていた日だ。
　　　　　　　　　　　　　　　　　　　　　　　　　　　　　　　　（千曲川のスケッチ）
　　（例102）朝くらいうちに山梨をでても，休んで弁当をくっている暇がないという。
　　　　　　　　　　　　　　　　　　　　　　　　　　　　　　　　（千曲川のスケッチ）
　　（例103）上田の町はずれに屠牛場のあることをきいていたが，それをみる機会もなしにすぎ
　　　　た。（千曲川のスケッチ）
　　（例104）「いままで，小夜のいた時分は，家の事は，お母さんは別物として，わたしと小夜
　　　　と福と三人で仕えていたのでしょう？」（其面影）
　　（例105）「おお，まだ小夜さんが田舎にいる頃のことだったかな」（其面影）
　　（例106）「おなじ言うのなら，お勢のいないときだ」（浮雲）

　しかし，つぎの例では，カザラレは，もっぱら，時間をしめす状況語的な従属文を
つくっている。

（例107）「……<u>先方でおいてくださるうち</u>は，つとめていますから……」（其面影）

（例108）「……僕は<u>貴女とこうなるまえ</u>にとっくに姉さんはすててたんだもの」（其面影）

（例109）「<u>お前が渋谷さんへあがったあと</u>で，お前のことで悶着してから……」（其面影）

（例110）<u>愛蔵する鷹の羽の矢がそろって白い的の方へはしるあいだ</u>，学士はすべてをわすれるようにみえた。（千曲川のスケッチ）

カザラレが「とき」や「ころ」のような時間一般を意味する単語である場合では，カザラレは，おおくの場合，従属文をつくるはたらきをしている。

むすび

ここまでかいたら，あたえられた紙数をつかいはたした。それでカザリ・カザラレのくみあわせが原因や条件や程度などをしめして状況語的な従属文をなしている特別の場合については，ふれることができない。たとえば，つぎのような場合。

（例111）「<u>条理をといてもわからない癖</u>に，腹ばかりたてているから，仕様がないの」（浮雲）

（例112）「私はね，まだお前が兄さんを迷わした情話をね，<u>真面目にきいているほど</u>，もうろくはしませんよ」（其面影）

それに，カザリになる動詞の気もち mood にもふれていない。カザリの気もちをつぎのようにするのは，やはりまちがいだろう。

（例113）原田夫人は，むしろ息子の一挙一動に<u>敏感であるだろう藤村夫人</u>の神経質な母性愛をたよりにしていたのであった。（盗賊）

まだ，いくつかの問題がのこっているが，これでやめることにする。文法学のひろさは，ここでのべたことのなん十倍，なん百倍のひろさをもっている。つまり，わたしたちは，ただしい日本語をかくために，あらゆる文法形式にわたって，それのつかい方をあきらかにしなければならないのだ。

この仕事は，とてもむずかしいようにみえるが，それほどでもない。というのは，わたしの仕事ぶりをよくみていただければ，専門家でなくても，だれにでもできるも

のであることがわかる（わたし自身専門家ではないのだ）。おなじ文法形式をあつめて，カードをつくって，それからカテゴリーをしぼりだしたらよいのだ。たとえば，**テニオハ**のつかい方をしろうとおもえば，「**を**」なら「**を**」のつかわれている場合をたくさんあつめて，どういう意味でつかわれているか，しらべてみたらよい。

　わたしは，国語教師の方がおしえるための文法をつくる仕事をはじめてもらいたいと，考えている。というのは，学者がつくった文法書が教育にはじかに役にたたないというだけではなく，文法学はなんのためにあるか，なにをどうしなければならないか，国語教師は問題をはっきりさせて，学者をたすけなければならないからである。この意味で，こどもの文法的なあやまりをあつめることは，たいせつな意味をもっている。

　日本の言葉をうつくしいものにするため，わたしたちはみんな力をあわせなければならない。

　（おぎない） 一般的にいえば，学校文法は，客観的に存在する日本語の文法をただしくうつしだしてはいない。こういうことがなぜおこったか？　そのわけは，わたしの考えでは学校文法が文章をかくという国民みんなの実践からそれていたからである。それで，わたしは，理論の世界から文章のかき方という実践に，文法学をひきずりおろしてみた。わたし自身もふり出しにもどったわけだし，みなさんにもそうしてもらって，日本の言葉について，一しょう*考えていきたいとおもっている。わたし自身の未熟さからくるこの論文のわかりにくさは，みなさんの批判をうけて，わたし自身をきたえていくほか，とりのぞきようがない。きびしい批判をおねがいする。〈東京都千代田区神田神保町二ノ四　民主主義科学者協会〉

　　本稿について御質問をお持ちの方は右の所へお問いあわせ下さい。

ことばの組みたて

はじめに

わたしたちは文で自分の考えをかたちづくります。そして，この文で自分の考えをいいあらわします。ふつう，わたしたちがことばとかはなしとかいっているものは，ひとつの文，あるいはいくつかの文をつらねたもののことです。だから，文というものは，考えをかたちづくって，いいあらわすことばの基本的な単位であるといえます。

このような文には組みたてがあって，ふしができています。つまり，単語という「文を組みたてる材料」があって，文はこれで組みたてられて，できあがっているのです。ですから，文の組みたて，一般にことばの文法的な組みたてといわれるものをあきらかにしようとすれば，いつでも問題は単語をめぐってすすみます。こういうわけで，単語とはなにかということをまえもってあきらかにしておくことは，ことばの文法的な組みたてをしるために，ぜひとも必要なことになるのです。

しかも，どういうものを単語としてみとめるかということは，文法の体系をつくりあげていく方向をきめてかかります。たとえば，ただいまの学校文法は，「かこう」ということばのきれはしを「かこ」と「う」とにきって，それぞれを単語であるとみとめます。「かけば」ということばのきれはしを「かけ」と「ば」とにきって，それぞれを単語であるとみとめます。「かいた」ということばのきれはしを「かい」と「た」とにきって，それぞれを単語であるとみとめます。そして，「かこ」とか「かけ」とか「かい」とかは，「かく」という動詞のかたちをかえたもの（変化形）であるとみなしています。

こういうふうに単語をみとめたばあい，動詞のかわり方の体系づけは，もっぱら音にあわせて，つまり五十音図にあわせて，動詞のかわったかたちをならべたてるよりほか，やりようがありません。なぜなら，「かこ」とか「かけ」とか「かい」とかという単語は，「う」とか「ば」とか「た」とかいう単語といっしょにならなかったら，なんの意味ももっていないからです。そこで，アイウエオという音にたよるほか，ひとつの動詞のかわったかたちを分類するものさしはないのです。こうして，学校文法の動詞の章，いわゆる四段活用なるものができてきたのです。学校文法が形式主義の

98

文法であるといわれるのは，こういうところにわけがあります。

　けれども，学校文法の単語のみとめ方をとらないで，「かこう」や「かけば」や「かいた」などをそのまま単語であるとみとめて，「かく」のかわったかたちであるとみなすなら，文法的な意味と文法的なかたちとにしたがって，動詞のかわり方を体系づけていくことができます。なぜなら，おなじ字びき的な意味をもっている「かく」「かこう」「かけば」「かいた」などは，かたちのうえのちがいにあわせて，ちがった文法的な意味をもっているからです。たとえば，日本語の動詞のかわり方は，気もちmood という文法的なカテゴリーのもとに，つぎのように体系づけることができます。（文法的なカテゴリーというのは，一般化された文法的な意味のことです。たとえば，「かいた」「よんだ」「あそんだ」「みた」という動詞のかたちがもっている文法的な意味を一般化して，動作の「すぎさり」というカテゴリーをたてることができます。）

いいたてる気もち　　　かく（すぎさらず）

　　　　　　　　　　　かいた（すぎさり）

おしはかる気もち　　　かくだろう

　　　　　　　　　　　かいただろう

つもりになる気もち　　かこう

いいつける気もち　　　かけ

　どういうことばのきれはしを単語とみるかということは，ことばの文法的な組みたてをあきらかにするにあたって，さけてとおることのできない問題です。ですから，まず，単語とはなにかということから，説明をはじめましょう。

単語について

　だれでもしっていることですが，単語はなにかものごとをいいあらわして，いちばん小さな意味の単位をなしています。そして，どの民族のことばでも，このようにはたらいている単語をたくさんたくわえて，字びきをこしらえています。ですから，単語のことを字びきの単位，あるいは字びき的な単位であるということができます。

　ところが，この単語はかならず文法によっていろぞめされています。なぜなら，単語はいつでも文のなかにあって，文を組みたてる材料としてはたらいていて，そのときそのときのはたらきにあわせて自分のかたちをかえたり，ほかの単語とむすびついたりしなければならないからです。実際，ひとつひとつの単語は，こうしたあり方の

ことばの組みたて　99

ほかには，存在していないのです。文法によっていろぞめされていない単語，字びき
にでてくる単語は，いきたことばからぬきとったものにすぎません。単語はかたちを
かえる単位であるし，ほかの単語とむすびつく単位なのです。

　したがって，単語は字びき的なものと文法的なものとをかねそなえていて，ものご
とをいいあらわすという字びき的なはたらきをするばかりではなく，文法的な単位と
して文法的にもはたらいているわけなのです。単語は字びき・文法的な単位なのです。

　さて，単語は文のなかで自分のかたちをかえたり，ほかの単語とむすびついたりし
て，文法的にもはたらくわけですが，この文法的なはたらきとは一体どんなことでし
ょうか。

　単語が文法的な単位であって，文法的にもはたらくということは，ことばのいちば
ん大切なはたらきとじかにむすびついています。まず第一に，ことばというものは，
はなし手のあたまのそとにあるいろんなものごと，つまり現実をみとめて，それを音
にやきつけたものですが，こういうことばのはたらきのうちに，単語が文法的にもは
たらかなければならないというわけがあります。第二に，ことばをつかっての現実の
みとめ方は，いわゆる感性的な認識（感覚や知覚や表象）とはちがって，現実を抽象
化・一般化してうつしだすという性質をもっているのですが，このことのうちに単語
が文法的にもはたらかなければならないというわけがあります。

　ことばで現実をみとめるわたしたちの活動は，いろんなものごとをくらべてみて，
ものごとのなかにある属性（もちまえのたち）をひきずりだして，一般化します。た
とえば，あれやこれやのリンゴをくらべてみて，あらゆるリンゴに共通している本質
的な属性をひきずりだし，一般化します（あれやこれやのリンゴをひとつのもの，お
なじものとみなします）。こうして，わたしたちはリンゴという概念をこしらえるわ
けです。また，リンゴやザクロやバラの花びらをくらべてみて，これらのものに共通
している属性「あか色」をひきずりだして，一般化します。こうして，「あかい」と
いう概念をこしらえます。

　このような概念をこしらえるための形式が単語なのです。概念をこしらえるのに，
単語という形式がいるのは，概念が具体的なもの（個別的なもの）を抽象化・一般化
して，うつしだしているからです。

　したがって，現実をうつしだしているものとしてことばをみれば，単語はものごと
（物や現象），それのうごきやありさまやもちまえのたちなどを抽象化・一般化して，

うつしだすものであるといえます。単語にうつしだされている現実のひときれが，単語の字びき的な意味をなしています。

わたしたちが単語でいいあらわされている現実のひときれを概念といわないで字びき的な意味といわなければならないのは，ひとつの単語がいくつかの概念をいいあらわすこともあるし，ひとつの概念がいくつかの単語の組みあわせでいいあらわされることもあるからです。たとえば，「はらがいたむ」というときの「はら」と，「はらがくろい」というときの「はら」とをくらべてみると，おなじ単語がちがった概念をいいあらわしていることが，あきらかになります。たとえば，「火の車」というふたつの単語の組みあわせは，ひとつの概念をいいあらわしています。だが，こうしたことがいえるのは，単語がたんに意味のうえの単位ではないからです。したがって，単語を意味論的に規定するだけでは，単語というものの本質をただしくつかんだことにはなりません。

たしかに，単語はこのような字びき的な意味だけをもっているわけではありません。まえにものべたように，単語はかならず文のなかにあって，文を組みたてる材料として文法的な単位になっています。したがって，文法的な意味も単語はもっているのです。

そうであるわけは，まず第一に，つぎのことのうちにあります。つまり，単語は，ひときれの現実をうつしだすものであるかぎり，ひときれの現実とのかかわりをしめさなければなりません。単語と現実とのかかわりは，はなし手のおかれている条件のうつしとして，はなし手のたちばからきめられるわけですから，みとめる主体とみとめられる客体とのかかわりをとりむすぶことでもあります。

たとえば，ひとつの単語がみっつのちがったイントネーションをもっているばあいをくらべてみると，単語がちがったふうに現実とかかわっていることがわかります。

　　　　リンゴ。　　　（たとえば，これはなにかという問いのこたえとして，ふつうの調子で）

　　　　リンゴ？　　　（たとえば，これはリンゴですかという問いとして，しりあがりの調子で）

　　　　リンゴ！　　　（たとえば，リンゴをもってきてくれという意味をもたせて，こえだかく）

このように，みっつの単語は字びき的な意味ではおなじものであっても，現実との

ことばの組みたて　101

かかわり方では，まったくちがったはたらきをしています。こうしたはたらきのなか
みが，文法的な意味をなしているのです。ここでは，リンゴという単語は，イントネ
ーションによって文法的な意味がいいあらわされながら，ちがったふうに現実とかか
わって，まとまった考えをいいあらわす文としてあらわれています。

　さきに，動詞のかわり方の体系は気もちという文法的なカテゴリーのもとに分類さ
れるといいましたが，この気もちは動詞でいいあらわされるものと現実とのかかわり
方のひとつなのです。

　単語が文法的にもはたらくということの第二のわけは，つぎのようなものです。こ
とばで現実をうつしだすためには，わたしたちは単語と単語とをむすびつけなければ
ならないから，単語はほかの単語とむすびつくはたらきをしなければならないのです。
というのは，単語は現実のひときれを抽象化・一般化して，うつしだしているのです
から，こういうもので具体的なもの，個別的なものをとらえようとすれば，抽象的な
もの，一般的なもので具体的なもの，個別的なものをいいあらわさなければならず，
したがって，抽象的なもの，一般的なもの，つまり単語をむすびあわせなければなら
ないのです。ことばが現実からはなれればはなれるほど，抽象化がすすめばすすむほ
ど，ますますそうする必要がおこります。たとえば，つぎの文では，リンゴというひ
とつの単語は，それぞれ文の部分としてはたらいて，ちがったふうにほかの単語とむ
すびついています。

　　　リンゴの　木に　のぼった。

　　　リンゴを　たべた。

　　　リンゴで　ジャムを　つくった。

　もっとわかりやすい例で説明しましょう。わたしたちは馬のくびや牛のくびや羊の
くびを抽象化・一般化して，くび一般をしめす単語「くび」をこしらえたわけですが，
このことによって，ことばで馬のくびをうつそうとすれば，「うま」という単語と
「くび」という単語とを組みあわせて，「うまのくび」といわなければならないのです。
このために，単語「うま」はほかの単語「くび」とむすびつくはたらきをしなければ
なりません。このような単語のはたらきのなかみが，単語の文法的な意味なのです。

単語はあるときには自分と現実とのかかわりをしめさなければならないし，あるときには自分とほかの単語とのむすびつきをしめさなければなりません。この関係のとりきめ方が単語の文法的な意味をなしています。ですから，単語はいつでも字びき的な意味と文法的な意味とをかねそなえていなければならないのです。

ところで，この単語の文法的な意味は，かならず，文法的なかたちでいいあらわされています。文法的なかたちでいいあらわされていない文法的な意味というものは，ありません。一般的にいえば，ことばでは，意味はすべて音というすがたをとってあらわれてくるのです。さきにあげた例をとれば，「リンゴ」と「うま」という単語は，格をしめすくっつけ（接辞）によって形態論的にかたちづけられて，単語の文法的な意味がいいあらわされています。けれども，形態論的な手つづきの発達していないことば，つまり単語が形態論的にかたちづけられないことばでは，単語はもっぱら文章論的にかたちづけられています。たとえば，英語でつぎのようにはなしたばあい，単語の文法的な意味は，語順といわれる文章論的な手つづきでいいあらわされています。

Dick sold John his bicycle.（ディックはジョンに自分の自転車を売った。）

John sold Dick his bicycle.（ジョンはディックに自分の自転車を売った。）

この文のなかの「ディック」が「ディックは」（主語）であるか，「ディックに」（間接的な補語）であるかということは，まったく「ディック」という単語のおき場所によってきまるわけです。ところが，日本語では，文のなかではたす役めは，「ディック」の「ディック」がどこにおかれようと，そういうことには関係しないで，「ディック**が**」と「ディック**に**」という形態論的な手づきでしめされます。したがって，英語のばあいでは，単語のかたちづけは文章論的であるといえるし，日本語のばあいでは，それが形態論的であるといえます。いずれにしても，「ディック」という単語は，文のなかにあるとき，かたちづけられているわけです。

したがって，単語とは文法的に（文章論的にも形態論的にも，あるいはもっぱら文章論的に）かたちづけられたいちばん小さな意味の単位であると，規定することができます。単語は文法的にかたちづけられて，はじめて意味の単位として，ことばのなかにあることができるのです。品詞というカテゴリーが，こうした字びき・文法的な単位としての単語を分類したものであることは，もうあきらかです。

さて，このように単語というものをきめるなら，学校文法の単語のみとめ方はまちがっていることになります。「かこう」の「かこ」は，それだけでは，文法的な意味

も字びき的な意味ももっていないからです。それに，どこにもない「う」という単語をかってにつくりだして，意志の助動詞などと名づけたところなど，まったく，学校文法はでたらめなものです。「う」は「かこう」の「こ」がながい母音をもっているということをしめした正書法の約束にすぎないのです。わたしたちは「かこう」というかたちそのままを単語であるとみとめなければなりません。なぜなら，このようなかたちのなかに，字びき的な意味と文法的な意味がひとつになって，ふくまれているからです。

文法について

単語とはなにかということをあきらかにしたので，つづいて文法とはなにかということについてのべます。

文法的な意味をきりすてて，字びき的な意味をもっているものとして，文のなかから単語をぬきとってあつめると，字びきができあがります。反対に，単語の字びき的な意味をきりすてて，単語の文法的な意味とそれをいいあらわす文法的なかたちをとりだしてあつめると，文法ができあがります。したがって文法というものは，ひとつひとつの単語の字びき的な意味にはかかわらないものであって，あらゆる単語につきまとっている文法的な意味と文法的なかたちなのです。文が単語で組みたてられて文法というものがでてくるのですから，このことはあたりまえです。

したがって，文法というものは，人間の抽象化の活動の生みの子であって，人間の抽象化の活動の発展にともなって発展していくものであるといえます。単語の文法的な意味というものが，人間の抽象化の活動とじかにむすびついて，うまれてきたものですから。

しかし，文法というものをこういうふうにかぎっては，いくらかせまくなります。なぜなら，単語が組みあわさって，文を組みたてるためのあたらしい単位ができてくるからです。たとえば，単語の組みあわせは，単語とおなじように文を組みたてる材料になります。こうした単語の組みあわせが，ぜんたいとして，現実とのかかわりをとりむすびます。ですから，単語にとらわれないで，文法的な意味とはなにか，もう一度ここでかいておきます。

(1) 単語と単語とのむすびつき方，あるいは文と文とのむすびつき方など

(2) 単語あるいは単語の組みあわせでつたえられるものと現実とのかかわり方

このばあい，（1）と（2）とのちがいを絶対的なものとみてはいけません。たとえば，主語と述語とのつながりは，それらによっていいあらわされるものと現実とのかかわりでもあります。

そして，このような文法的な意味は，いろんな文法的なかたちでいいあらわされています。たとえば，（1）単語のかたち（形態論的なかたち），（2）単語と単語との組みあわせ方，（3）文法的にはたらくとくべつの単語，（4）イントネーションなど，でいいあらわされます。ふつうは，これらのうちのいくつかの手つづきが組みあわさって，文法的な意味がいいあらわされています。文法的なかたちがどういう文法的な意味をいいあらわしているかということが，文法のなかみをなしているわけです。したがって，文法学はこういうことをしらべればよいのです。

ところで，このような文法のなかみは，実は文が単語で組みたてられているという，だれにでもわかりきった事実にすぎないのです。つまり，単語が材料になって文が組みたてられているということが，文法というもののなかみをつくりだしているわけなのです。すると，文法とは単語による文の組みたて方だといえます。

しかも，このばあい，たいていのことばでは，材料である単語は，ほかの単語とむすびつくために，あるいは現実とのかかわりをとりむすぶために，自分のかたちをかえます。いわゆる語形の変化をするわけです。したがって，文法というものは，単語による文の組みたて方であるし，単語のかわり方であると，規定することができます。

ところで，ちがったことばは，それぞれちがった歴史的な発展の道をたどって，ちがった文の組みたて方と単語のかわり方とをもっているので，文法的な意味がどういう文法的なかたちでいいあらわされているかという文法のなかみのあり方も，ちがってくるということになります。事実，そうです。

たとえば，日本語と中国語と英語とをくらべてみると，文の組みたて方と単語のかわり方とは，まったくちがっています。いや，むしろ，中国語は単語のかわり方をしらないといった方がよいのです。そして，英語では単語のかわり方はすたれて，ひじょうに貧弱になっています。それで，名詞とほかの単語とのむすびつきは，日本語ではおもに名詞のかたち（格といわれる形態論的なかたち）によってしめされているのに，中国語にはそれがないので，おもに語順（単語のならべ方）によってしめされています。英語でも，やはり，このむすびつきは語順という手つづきでしめされます。だが，英語には前置詞というとくべつの単語があって，多くのばあい，名詞とほかの

単語とのむすびつきは，これにたすけられて積極的にしめされています。

　こうして，文の組みたて方と単語のかわり方とがちがえば，文法的な意味をどういう文法的なかたちがいいあらわしているかということで，文法のなかみのあり方がちがってくるわけですが，しかし問題はこれだけにとどまりません。文の組みたて方と単語のかわり方とがちがえば，どういう文法的なかたちがあって，それがどういう文法的な意味をいいあらわしているかということで，文法のなかみのあり方がちがってきます。

　たとえば，動作の主体をしめすために，ロシア語やツングース語のようなことばでは，動詞のかわったかたち（人称変化のかたち）がありますが，朝鮮語や日本語にはそれがありません。したがって，朝鮮語や日本語では，動詞のかわり方のなかに人称という形態論的なカテゴリーをたてる必要はありません。ところが，朝鮮語や日本語には，はなし手ときき手とのかかわりをしめす形態論的なかたちがあります。たとえば，朝鮮語では，きき手が自分よりも目うえであるか目したであるかということにしたがって，動詞の五つのかたちがつかいわけられています。日本語では，動詞のかたちとしては，「行った」と「行きました」とのふたとおりがあるだけです。ロシア語やツングース語の動詞には，こういうものがありません。

　したがって，文法というものは，ひとつのことばに独特のものであって，あらゆることばに共通の文法というものはないということになります。ですから，外国語の文法をいくら勉強しても，日本語の文法はわからないのです。文法というもののなかみは，ひとつのことばの文の組みたて方と単語のかわり方とのなかにあって，これからはなれては存在しません。文法的なかたちとそれがいいあらわす文法的な意味とは，ひとつのことばの文の組みたて方と単語のかわり方とのなかに，しっかりむすびついて存在しているわけなのです。

　世界中どこの国の人でも，おなじようにものを考えているのですが，それを実現する文は，ことばがちがえば，文法的にはちがったふうに組みたてられます。ここに，文法の特殊な性格があります。部分的にみて，文法のはたらきが小さなことば，たとえば形態論的な手つづきの発達していないことばでは，より多く単語をつかっていいあらわす方法がとられます。それにあわせて，文章論的な手つづきが発達しています。きびしくいえば，字びき・文章論的な手つづきがさかんにつかわれるわけです。したがって，部分的にみて，文法のはたらきが小さいということで，論理が表現できない

ということにはなりません。ことばを体系としてみれば，どのことばでも論理をうま
くいいあらわすことのできるものなのです。

　例で説明しましょう。英語で I can speak というところを日本語では「わたしは**はな
せる**」とあっさりいえます。このばあい，英語では動作の可能が字びき・文章論的な
手つづきであらわされているのに，日本語ではそれが形態論的な手つづきでしめされ
ます。こういうちがいは，ことばの力のつよさをはかるものさしにはなりません。こ
とばを体系としてみれば，動作の可能をしめす形態論的なかたちをもたない英語でも，
動作の可能をいいあらわすことができるのです。字びき・文章論的な手つづきという
用語のよくわからない方は，つぎの文をくらべてみてください。

　（1）わたしは英語が**はなせる**。

　（2）わたしは英語を**はなすことができる**。

　文体のちがいをみないなら，ふたつの文の意味はおなじものです。けれども，（1）
では可能が形態論的に（単語のかわったかたちで）しめされていますが，（2）ではそ
れが単語「できる」のたすけをかりて，しめされています。（2）のような表現の方法
が字びき・文章論的な手つづきなのです。わたしたちがこういうことを考えてみなけ
ればならないわけは，祖国のことばや外国のことばを不当にいやしめることに反対す
るためです。実践的には，外国語の文法を祖国のことばに機械的にもちこむ翻訳上の
形式主義からのがれるためです。

　さて，こういうことから，文法学というものは，ひとつのことばの文の組みたて方
と単語のかわり方とをしらべて，そこにある文法的なかたちがどういう文法的な意味
をいいあらわしているか，かたちと意味とをきりはなさないで，あきらかにする科学
だということになります。わたしたちが文法の研究をすすめるにあたって気をつけな
ければならないことは，文法的なかたちと文法的な意味とのきりはなしです。たとえ
ば，どのことばにもあてはまる文法的なカテゴリーをたてて，これをひとつのことば
の文法的なかたちがどういいあらわしているかというふうに，文法学は問題をたてる
ことはできません。日本語の動詞のかわり方のなかには，ヨーロッパ語の動詞のかわ
り方に似せて，現在，過去，未来という時のカテゴリーをたてることはできないので
す。文法的な意味と文法的なかたちをきりはなすと，こういうあやまりがおこります。

　文法学と形式論理学（考えの組みたて方をしらべる科学）とをすりかえてはいけま
せん。論理学では文法の現象は説明できません。文法学における論理主義はとくに文

章論のなかにあらわれますが（たとえば，判断と文とをおなじものとしてあつかったりする），こういう研究方法は，まえもって論理的なカテゴリーをたてて，それによってひとつのことばの文法の現象を解釈しようとします。論理主義はわりきり主義であって，実践的には，いきたことばの文法的な組みたてのゆたかさをころしてしまい，国民にひからびたことばをおしつけます。

さきに，文法のことを単語による文の組みたて方と単語のかわり方であると規定しましたが，この規定にしたがって，文法学はつぎのふたつの部門にわかれます。

(1) 単語のかわり方をしらべる形態論

(2) 単語による文の組みたて方をしらべる文章論

形態論というのは，単語のかたちがどういうふうにつくられるか，そのかたちはどんな文法的な意味をになっているかということをしらべる文法学の分野のことです。文章論というのは，単語が組みあわさって，文がどういうふうに組みたてられているか，文のなかで単語がどういうやくめをはたしているかということをしらべる文法学の分野のことです。形態論と文章論とについて，これからすこしばかりくわしく説明します。

形態論について

字びき・文法的な単位である単語は，かならず文のなかにあって，文法的にかたちづけられているわけですが，形態論がとりあつかう単語の文法的なかたちは，かぎられています。単語はくっつけ（接辞）をともなったり，しっぽ（語尾）をまげたりして，文のなかで自分のかたちをかえるのですが，形態論はこうしてできあがった単語の文法的なかたちをとりあつかいます。そうですから，形態論は単語の内部の問題，つまり単語の文法的なつくりとそれの意味とをしらべる文法学の分野であるといえます。

したがって，単語が自分のかたちをかえないことばでは，形態論的なかたちもカテゴリーもないわけで，形態論的な研究はなりたちません。しかし，多くのことばでは，単語は文のなかで自分のはたらきにあわせてかたちをかえます。

こうしたことばでは，形態論的にかたちづけられた単語で文が組みたてられるのですから，形態論的な現象は，つぎにとりあげる文章論的な組みたての土台になっているわけです。しかし，形態論的な現象は，文章論的な組みたてのなかであらわれるの

108

ですから，文章論的な現象によって条件づけられています。たとえば，つぎの文のな
かにある「しんせつに」という単語は，かたちのうえではおなじものにみえても，文
章論的なはたらきでは，まったくちがっています。したがって，形態論的にもおなじ
ものとしてあつかうわけにはいきません。

　　　　しんせつにせわをした。

　　　　しんせつに感謝した。

　形態論的な現象が文章論的な現象のなかでとりあつかわれなければならないという
ことは，原則的には形態論的な現象をつくりだした歴史的な道すじによって支持され
ます。形態論的な現象は，単語を組みあわせて，つかううちに，できあがったもので
す。つまり，単語は文章論的につかわれているうちに，ある種の単語がもっぱら文法
的につかわれはじめて，それがくっつけにうつったので，形態論的な現象がうまれた
のです。そして，うまれてきた形態論的な現象は，文のなかでいきています。わたし
たちはひとまず形態論的な現象を文章論的な現象からきりはなしますが，このばあい，
文章論的にはどうはたらいているかというふうに，形態論的な現象をとりあげなかっ
たら，研究はすすみません。

　さて，形態論的な手つづきを発展させていることばでは，形態論がまずとりあつか
わなければならない問題は，単語の品詞への分類です。形態論的にみれば，単語はか
わったかたち（変化形）の体系なのですから。かたちの体系をもっている単語は，か
わり方のちがいにしたがって，名詞とか動詞とかいう字びき・文法的なカテゴリーの
もとに小わけされるのです。そして，形態論はこれらの品詞のかわり方を体系的にと
りあげて，それの文法的なつくりや意味をしらべます。例に日本語の名詞をとりあげ
ます。

　日本語の名詞は，いわゆるテニヲハ（接尾辞）がくっつけられて，いくつかのかた
ちにかわります。そのうち，つぎにあげる 12 のかたちは格といわれて，名詞とほか
の単語とをむすびつきをしめします。

　　（1）なまえ格　　　　　　やま
　　（2）第一ぬし格　　　　　やまは
　　（3）第二ぬし格　　　　　やまが
　　（4）もちぬし格　　　　　やまの
　　（5）うけて格　　　　　　やまを

(6)	なかま格	やまと
(7)	ありか・あいて格	やまに
(8)	しどころ・てだて格	やまで
(9)	いくさき格	やまへ
(10)	でどころ格	やまから
(11)	とどき格	やままで
(12)	くらべ格	やまより

　日本語の名詞は，このように格づけられなかったら，文のなかにあることはできません。そして，格づけられた名詞は，字びき的な意味のほかに，文法的な意味をもっています。例をあげてみましょう。

　　　　パンをたべた。

　　　　ごはんをあげた。

　　　　お茶をのんだ。

　　　　コーヒーをかった。

　いずれも，名詞のうけて格は，動作のはたらきかけをうける対象をしめすというぐあいに，動詞とのむすびつきをしめしています。そのほか，うけて格は「**夏を**すごす」，「**橋を**わたる」などといったぐあいに，動詞とのむすびつきをしめしています。形態論は，こうした名詞の文法的なはたらきをあらゆる格にわたってしらべなければならないのです。

　しかも，このばあい，12 の格があつまって，格の体系をつくっているので，体系的にしらべあげなければなりません。格の体系のなかで，それぞれの格は自分のはたらきをうけもっているのです。ひとつの格をほかの格からきりはなしては，それのはたらきをあきらかにすることはできません。たとえば，第一ぬし格のはたらきは，なまえ格や第二ぬし格のはたらきがはっきりしていなければ，わかりません。これらの格は，ちがった条件のもとでは，いずれも文章論的に主語になることができるのですから。

　格というものは，ほかの単語にたいする文章論的なむすびつきをいいあらわす名詞のかたちであって，名詞のかわり方のしんになっていますが，名詞のかたちは，かならずしも，格という文法的なカテゴリーだけをもっているわけではありません。ツングース語などでは，名詞は人称をしめすかたちをもっています。たとえば，「うま」

という単語をつかうばあい，それがだれのうまか，名詞のかたちでしめさなければならないのです。べつの意味で，日本語の名詞のかわり方は，おもしろい問題をなげだします。たとえば，つぎのふたつの文をくらべてみてください。

　　　　学校にいった。

　　　　学校にはいった。

　あとの文のなかでは，「学校に」というかたちは，もうひとつのくっつけ「は」がくっついて，「学校には」というかたちになっています。こうすることによって，「学校に」に論理的なアクセントがうたれたわけです。あるいは，こうすることによって，「学校に」はいろんないくさきからとりたてられます。この意味では，ふたつの文は，ちがったふうに現実とかかわっているわけです。

　しかし，このばあい，「は」はいわゆるかかり助詞として，とくべつの単語とみなすこともできます。けれども，つぎのようなばあいでは，そうみなすことはできません。

　　　　わたしは学校にいった。

　　　　わたしが学校にいった。

　あとの文のなかにある第二ぬし格「わたしが」は主語であるということをしめしているだけではなく，述語にたいして主体を指定するというふうに，ほかの人から「わたし」をとりたてています。主語と述語とのむすびつき方のちがいは，まさに文のなかみと現実とのかかわり方のちがいをしめしています。こうして，名詞のかわったかたちは，格ととりたてとの形態論的なカテゴリーをあわせていいあらわしているのです。「わたしがは」というかたちがゆるされないのは，「わたしが」のなかにすでにとりたてるという文法的な意味がふくまれているからです。

　名詞のかたちのこのようなこみいったすがたは，日本語の歴史的な発展の道すじのなかですすんだとりたてから格へのうつりかわり，あるいは格からとりたてへのうつりかわりによってつくりだされたものです。「は」と「が」とのつかいわけをしらべることがむずかしいのは，こういうところにあります。したがって，名詞のかたちのはたらきをあきらかにしようとすれば，格ととりたてとをきりはなさないで，それらの歴史的な発展の道すじをとらえなければならなくなります。

　名詞のかたちは，日本語ではくっつけによってつくられますが，ヨーロッパ語ではしっぽがまがって，つくられます。いわゆる膠着と屈曲とのちがいがあるわけですが，

このちがいは度あいのちがいにすぎません。この証拠に，日本語のある方言では，名詞のかたちは完全に屈曲によってつくられています。たとえば，中国地方などでは，「さけをのむ」とはいわないで，「さきょーのむ」といっていますが，こういうばあいには，いわゆる格助詞「を」は「さけ」という名詞のなかにとけこんでしまってぬきだすことができません。歴史的にみて，「さきょー」というかたちは，「を」がくっついてできたといえても，いまでは「さけ」というかたちがしっぽをまげたものになっています。「ぼくは」と「ぼかあ」とのちがいにも，こうした膠着と屈曲とのちがいをみることができます。単語と単語とのむすびつきは，格だけでしめされるわけではありません。ヨーロッパ語では前置詞といわれるとくべつの単語でもしめされるし，日本語や朝鮮語のようなことばでは後置詞といわれる単語でもしめされます。たとえば，つぎのように。

地主に**たいする**態度は……。

川に**そって**あるいた。

日本語の後置詞がほかの品詞からうまれてきたものであることは，はっきりしています。したがって，日本語の後置詞には字びき的な意味がつよくのこっています。このような単語と単語とのむすびつき方は，もはや形態論のはたけから一歩とびだしているわけですが，名詞の文法的なはたらきをかたちづけるものとして，形態論がとりあつかいます。

つづいて，動詞のかわり方についてのべます。動詞は意味のうえではうごきやありさまをいいあらわした品詞であって，形態論的にはほかの品詞とはまったくちがったかたちの体系をもっています。そして，この動詞の形態論的な特質は，動詞がおもに文のなかで述語になるという文章論的なはたらきからでてきます。

したがって，動詞の形態論的なカテゴリーは，動詞がのべたてるはたらき（陳述）をうけもっているという事情によってきめられています。つまり，動詞はうごきと現実とのかかわりをしめさなければならないのです。こうして，まず，動詞のかわり方のなかには気もち mood という文法的なカテゴリーがひきだされます。気もちは，はなし手がうごきと現実とのかかわりをどうみるかということをしめします。日本語の動詞がどういう気もちのカテゴリーをもっているかということは，はじめにかいておきました。

その活用表をみればすぐわかることですが，気もちをいいあらわす動詞のかたちは，

かならず，時のカテゴリーをふくんでいます。たとえば，つぎの文のなかの動詞はさそいかける気もちのかたち（つもりになる気もちとおなじかたち）をとっていますが，それがこれからという時のカテゴリーをふくんでいることは，まちがいがありません。

　　　さあ，君，いこうよ！

　うごきと現実とのかかわりをとりむすぶためには，動詞はうごきやありさまとそれのぬし（主体）とのむすびつきをしめさなければなりません。うごきぬしのない動作というものは存在しないからです。ところが，日本語では，このむすびつきは形態論的にはしめされないで，字びき・文章論的な手つづきにたよっています。したがって，動詞のかわり方には人称というカテゴリーがありません。ところが，日本語にははなし手がきき手とのかかわりをしめすかたちがあって，とくべつのカテゴリーがたちます。「かく」というかたちにたいして，「かきます」というかたちがあって，このかかわりをしめしているのです。なお，アイヌ語やエスキモー語のような北アジアのことばでは，動詞のかわったかたちでしめされる人称は，うごきの主体ばかりではなく，うごきの対象をもふくめています。たとえば，アイヌ語では「わたしがあたえる」ということを a-kore といって，「おまえにあたえる」ということを e-kore といっています。そして，「わたしがおまえにあたえる」ということを a-e-kore といっています。このように，アイヌ語では接頭辞がくっついて，動作の主体や対象が形態論的な手つづきでしめされています。したがって，人称のカテゴリーは，ロシア語などよりもはるかにこみいっているわけです。

　どこの国のことばの動詞でも，だいたい，気もち，時，人称のカテゴリーをいいあらわすかたちの体系をもっているわけですが，この体系とはべつに，動詞はたちば voice のかたちにしたがって分類されます。たちばというのは，うごきとうごきぬしとのつながりのとりきめ方なのです。日本語には，つぎのようなたちば動詞があります。

はたらきかけるたちば	かく
うけみのたちば	かかれる
つかいたてるたちば	かかせる
できるたちば	かける

　たちば動詞は基本的な動詞（はたらきかけるたちば）からえだわかれして，ひとりだちする動詞になっています。なぜなら，たちば動詞は，基本動詞とおなじように，

ことばの組みたて　113

かたちの体系をそなえているからです。

　さらに，日本語の動詞には，文章論的にはちがったはたらきをするつぎのようなかたちがあります。いずれのかたちも，それ自身では気もちも時も人称ももっていません。

なかどめのかたち	かいて
つきそうかたち	かきながら
ならべるかたち	かいたり
まえおきのかたち	①かけば
	②かいたら
	③かくと

　なかどめのかたちは，ふつうは，つづいておこるふたつの動作をならべるときにつかわれるのですが，副詞的にもつかわれます（たとえば，「**いそいで**あるいた」）。副詞的なつかい方が固定してくると，うごきの状態をしめすありさま動詞ができてきます。たとえば，かいている，かいておく，かいてある，かいてみる，かいてやる，かいてもらうなど。

　おなじように，ふるいなかどめのかたちでも，ありさま動詞がつくられています。たとえば，かきはじめる，かきおわる，かきあげる，かきだすなど。

　日本語の動詞の時のカテゴリーのまずしさは，このありさま動詞によっておぎなわれていて，動詞はゆたかに現実とのかかわりをしめすことができます。

　まえおきのかたちは，文章論的には状況語としてはたらいて，条件，仮定，原因，時間などをしめします。このかたちの文法的なはたらきが条件であるか仮定であるかということは，文のなかできまるわけです。

　そのほか，日本語の動詞には，気もちをしめすためのとくべつのかたちがたくさんありますが，それについてはここではふれません。日本語の動詞のかわり方は，ヨーロッパ語などにくらべてみて，けっして単純なものではありません。

　さて，形態論はいろんな動詞のかわったかたちをカテゴリーに分類して，それらのつかい方，つまり文章論的にどうはたらくかということをあきらかにしなければならないのですが，それとともに，これらのかたちのつくりもしらべあげなければなりません。まえにあげた動詞のかわったかたちをローマ字にかきかえて説明しましょう。

みとめるかたち	うちけすかたち
kaku	kakanai
kaita	kakanakatta
kakudarô	kakanaidarô
kaitadarô	kakanakattadarô
kakô	kakumai
kake	kakuna

これだけのかたちをならべてみて，だれにでもわかることは，それぞれのかたちのなかに，あらゆるかたちに共通な部分とそうでない部分があるということです。あらゆるかたちに共通な部分は語幹（みき）といわれて，かわる部分は語尾（しっぽ）といわれます。語尾のちがいが文法的な意味のちがいをになっているわけです。（さらにすすめば，語尾のつくりが問題になってくるでしょう。）

ところで，これらのかたちのうち，すぎさりのかたちだけが例外をなしています。この例外をこの表のなかでどう解釈しようと，結局は解釈におわって，すっきりしません（たとえば，語幹は ka であるとみるか，kai であるとみるかして）。しかし，このすぎさりのかたちがうまれてきた歴史的な道すじをしらべてみると，こうしたかたちができてきたわけがはっきりして，解釈する必要がなくなります。

　　　kakite ari ＞ kakitari ＞ kaita

ふたつの単語がひとつにとけあって，語尾のすりきれと語幹子音のぬけおちがおこったのです。この道すじをとおって，ありさま動詞からすぎさりのかたちがうまれてきたのです。

こうしてみると，単語の形態論的なかたちというものは，かつて積極的にはたらいていた文章論的な手つづき（単語の組みあわせ）の固定化であるといえます。この固定化の道すじがわからなければ，単語の形態論的なつくりはわかりません。したがって，単語の形態論的なつくりをしらべるということは，まさに形態論的なかたちをつくりだしていく歴史的な道すじをしらべるということになります。こういうところに，古代語や方言を研究しなければならないわけがあるのです。

形態論についての説明は，これでやめますが，まだいろんな品詞があって，問題がたくさんのこっています。たとえば，品詞には，字びき的な意味をうしなって，もっぱら文法的にだけはたらいているものもあります（たとえば接続詞など）。こういう

ものをすべて形態論はしらべて，記述しなければなりません。

文章論について

文章論とは単語による文の組みたて方をしらべる文法学の分野だと規定しましたが，具体的にはどういうことをしらべるのか，これからすこしばかり説明しましょう。

単語で文を組みたてるわけですから，単語は文を組みたてる材料ですが，文を組みたてる材料になるのは単語だけではありません。字びき的な意味をもっている単語をふたつ，あるいはみっつ組みあわせたものも，単語とおなじように文を組みたてる材料になります。たとえば，つぎの文のなかで「くうもの」という単語のくみあわせは，文を組みたてる材料です。

これは**くうもの**だ。

この単語の組みあわせは，動詞＋名詞によってできていますが，どういう品詞で組みたてられるかということで，単語の組みあわせはいろんなかたちにわかれます。そして，組みあわせのなかにあるふたつの単語のあいだには，かならず，かざり，かざられのむすびつきがあって，このむすびつきは，単語の組みあわせ方のちがいにしたがって，ちがっています。したがって，文章論は，なによりもまず，単語の組みあわせのあらゆるかたちをしらべて，それのむすびつき方をあきらかにしなければなりません。

たとえば，「くうもの」という単語の組みあわせは，ちがった場面，あるいは文脈のなかでは，まったくちがったむすびつき方をします（「くうものはいないか」という文のなかにある「くうもの」とまえにあげた文のなかにある「くうもの」とをくらべてみてください）。そのほか，動詞＋名詞の組みあわせは，いろんなむすびつき方をします。したがって，文章論は，ひとつひとつの単語の組みあわせにはとらわれないで，動詞＋名詞の組みあわせのかたちでしめされるつながり方を一般的なかたちであきらかにしておかなければならないのです。

「くうもの」というような組みあわせでは，おなじ組みあわせでちがったむすびつきがしめされるわけですが，つぎのようなばあいでは，むすびつき方のちがいは，かざる名詞の形態論的なかたちのちがいによってしめされています。

ロシア語をまなぶ

ロシア語にまなぶ

ロシア語でまなぶ

しかし，「かれとあそぶ」という組みあわせがつくれても，「ロシア語とまなぶ」という組みあわせはつくれません。こうして，文章論は，動詞が名詞の格を支配する仕方をしらべて，それがどのようなむすびつきをつくっているか，あきらかにしなければならないのです。

さて，単語や単語の組みあわせでいよいよ文がつくられるわけですが，この文とは一体どういう文法的なしるしをそなえているものでしょうか。たしかに，文とは相対的にまとまっている考え（意志や感情などをふくめて）をいいあらわすことばの単位なのですが，こうした論理学のたちばからの規定だけでは，文というものをただしくつかむことができません。文というのは，もともと文法的な単位なのですから，文の文法的なしるしをはっきりさせて，文法学のたちばからこれを規定しなければ，ひとつひとつの文を具体的につかんでいくことはできません。論理学的にみれば，文のなかにはかならず主語があるはずですが，実際には主語を必要としない文がたくさんあります。たとえば，人称変化をする動詞を述語にしているある種の文では，論理的な主語は，文法的な主語ではなく，形態論的なかたち（人称変化のかたち）でいいあらわされるでしょう。「いま，なんじですか？」といったような文では，はじめから，主語などなくても，文がなりたっているわけです。論理学のたちばから文をあつかうと，「省略されている」などといって，観念的な解釈におちいります。

さて，文というものは，単語で組みたてられて，現実のひときれをうつしだすわけですが，そういうものであるためには，単語あるいは単語の組みあわせがいいあらわしているものと現実とのかかわりをしめさなければなりません。したがって，単語あるいは単語の組みあわせがいいあらわしているものと現実とのかかわりがしめされると，相対的にまとまった考えができあがって，現実のうつしとしての文ができあがるわけです。文法学はこうした文法的なしるしを陳述 predicativity といっています。文を組みたてる材料である単語あるいは単語の組みあわせと文とのちがいは，陳述があるかないかという点にあるわけです。したがって，単語ひとつでも，陳述がなされていれば文としてあらわれます。

まえにものべたことですが，陳述とはみとめる主体とみとめられる客体とのかかわりであるといえます。このばあい，主体的なものというものは，はなし手のおかれている客観的な条件をうつしだしたものです。

ことばでいいあらわされるものと現実とのかかわりは，なによりもまず，気もち modality としてあらわれます。ことばでつたえられるものは，はなし手にとって，現実的なもの，のぞましいもの，あるいは要求されるものであることができます。こうしたことばと現実とのかかわり方が，気もち modality のカテゴリーをつくっています。そして，このカテゴリーは，おもに，動詞やむすび copula などの形態論的なかたちによっていいあらわされるわけですが，そのほか気もちをしめす単語（たとえば「けっして」「たしかに」など，陳述副詞といわれているもの）や助詞やイントネーションなどによってもいいあらわされます。形態論的なカテゴリーである気もち mood と文章論的なカテゴリーである気もち modality とを区別しなければならないわけは，文の気もちをいいあらわすのに，かならずしも形態論的な気もち mood を必要とはしないからです（たとえば，さきにあげた例「リンゴ？」）。文章論的な気もちは，形態論的な気もちよりも，はるかにはばのひろいものなのです。

気もち modality のたちばから，文はつぎのようにおおざっぱにわけられますが，文章論は表現効果などのちがいをみながら，ゆたかな文のかたを正確に分類しなければなりません。

いいたてる文（現実をありのままにつたえる文）

といかける文（なにかについてのこたえをもとめる文）

よびかける文（いいつけたり，ねがったり，せめたりして，意志をしめす文）

さて，現実についてなにかつたえる文は，かならず，文章論的な時のカテゴリーをふくんでいます。文章論的な時のカテゴリーも，やはり，動詞などの形態論的なかたちのたすけによっていいあらわされているわけですが，かならずしもそれが必要であるわけではありません（たとえば「火事！」という文の時）。

ところで，きき手は文をとおしてなにかを理解しなければならないのですから，文のなかで，だれについて，なにについてはなしがすすんでいるかということで，はなし手ははなしのなかみと現実とのかかわりをあきらかにしなければなりません。文のこうした面をぬきだしてくると，人称のカテゴリーがたちます。人称のカテゴリーのたちばから，文はつぎのように分類されます。

（1）人称をしめす単語を主語として文のなかにさしこまなくても，人称のはっきりしている文，いわゆる一語文 one - member sentence

（2）人称をしめす単語を主語として文のなかにさしこんで，人称をはっきりさせ

なければならない文，いわゆる二語文 two - member sentence

たとえば「畜生！」という文は，自分の感情の表現であって，この文のなかに「おれは」という人称をいれる必要はないのです。したがって，この文は一語文であって，主語がはぶかれているというふうに説明してはいけません。

おもだった陳述のカテゴリーをとりあげてみましたが，陳述ということばの意味をひろく理解すれば，属性の存在をみとめるか，うちけすかということでも，カテゴリーをたてる必要があるでしょう。そのほか，はなし手ときき手との関係をしめすカテゴリーも必要です（いわゆる敬語文）。

二語文は主語と述語とのふたつの部分からなりたっています。主語はうごきやありさまや質などのもちぬしをしめす部分であって，述語はものごとのうごきやありさまや質などをしめす部分です。二語文のなかに主語と述語があるということは，二語文をなりたたせる条件となっていて，陳述とむすびついているのですから，主語と述語とは文の基本的な部分 principal parts of the sentence といわれます。

しかし，二語文のなかに主語と述語とがあるということを機械的にのみこんではいけません。文というものは，場面と文脈のなかにあるわけですから，すでにはなされるもの，ことがあきらかなばあい，主語はいりません。たとえば，はなし手ときき手とが感性的にはなされるものごとをとらえているばあいなど，ふつう，文のなかに主語はありません。したがって，二語文は，どういう条件のなかで，主語があるかないか，文章論はあきらかにしなければならないのです。これにたいして，一語文は，どういう条件のもとでも，主語がありません。

陳述のたちばからみれば，主語と述語とは文のしんなのですが，このしんをめぐって，文の二次的な部分 secondary parts of the sentence があります。この二次的な部分は，補語（対象語），規定語，状況語にわかれて，それぞれちがったふうに主語と述語との意味をあきらかにする文章論的なはたらきをしています。

補語 object は，動詞や形容詞がしめすうごきやありさまにからみついているものごとをしめします。

規定語 attribute は，ものごとのうごきやありさまや質などをきめるはたらきをします。

状況語 adverbial modifier は，動作とむすびついて，時，ところ，原因，目的，条件などをしめします。さらに，うごきやありさまのありかたをしめします。状況語を補

語と区別するのは，状況語はもはや，いわゆる連用修飾ではないからです（たとえば，「……わたしは学校に行く」というばあい）。

　ところで，文章論のたいせつな仕事として，こうした文の部分がどういう品詞でいいあらわされているか，どういう品詞の形態論的なかたちでいいあらわされているか，しらべなければなりません。たとえば，日本語の規定語には，名詞，動詞，形容詞などがありますが，このばあい，それぞれの品詞はきまった形態論的なかたちをとっています。特殊なものとしては，状況をしめす規定語を規定語のなかからわけることができます（たとえば「**東京への旅**」）。

　さて，これで文章論についての説明はやめますが，まだまだたくさん問題がのこっています。残念ですが，形態論や文章論についてのくわしい説明は，べつの機会にゆずらなければなりません。

言語と思想

1

　言語とはなにかと問われたばあい，思想の表現手段であると，きわめて常識的な規定をわたしたちはあたえる。わたしたちは言葉で自分の考えをいいあらわして，それを他人につたえ，交際をたもっている。言語を思想の表現手段としてとらえる，こうした態度は，かぎられたわくのなかではただしいし，有効だし，必要でもあるだろう。言語は思想を表現するものであって，思想は言語で表現されるものである。

　たとえば，わたしたちはなにかものをかこうとするばあい，筆をとるまえに，なにをかくべきか，まえもって考えをねるだろう。つまり，思想というものをねりあげておいて，それからこの思想をどういう言葉でいいあらわしたらよいか，問題をたてるだろう。こうしたばあいでは言葉は思想をいいあらわす手段にすぎないのであって，言葉を使うということは表現のたちばからのよりごのみになる。

　ある考えは，かならずしも，それに対応した，おきまりの文句で表現されるわけではない。たとえば，

　　「貴様のわがままでは，しんだお母さんはよくないた。」（志賀）

という文は，語順をかえて，

　　「しんだお母さんは，貴様のわがままではよくないた。」

といいかえても，表現されている思想はかわらない。「しんだお母さんは……」といわないで，「しんだお母さんが……」というふうに，主語の形態論的な表現形式をかえることができる。表現力のつよい人は，もっといろんなふうに言葉をかえて，おなじ思想を自由にいいあらわすことができるだろう。「貴様」のかわりに，つまり二人称をいいあらわすために，どれだけのシノニム（同義語）があるか。この文が一番いいから，うごかすことができないといえるなら，その文が表現上の価値からみて，一番ぴったりしているからである。もうひとつ，藤村のつぎの文章を例にとろう。

　　しずかな日曜の朝が**きた**。寄宿舎にあつまった普通学部の青年で教会に籍をおくものは，それぞれ仕度して，各自の附属する会堂へと**急いでいく**。食堂につづいた一棟の建物のなか

言語と思想　121

に別に寄宿する神学生なども思い思いの方角をさして**出かけていく**。人びとは一日の安息を
え，たましいの糧をえようとして，その日曜をたのしく**おくろうとした**。

　この文章のなかで，はじめの文とおわりの文とは，動詞の過去形でむすんである。
しかし，なかのふたつの文は現在形でむすんである。藤村がここにかいてある事がら
を，言葉どおり，現在のできごととしてとらえたとは，考えられない。こうしたこと
から《過去》という論理的なカテゴリーは，条件さえあれば，現在形でもしめすこと
ができるといえる。このばあい，あきらかに，表現上のちがいが言葉の選択を決定し
た。正確さをおう論文調の文章だったら，藤村も，《過去》をあらわすために，現在
形をつかうようなことはしなかっただろう。

　ある考えを表現するためには，いくつかの語彙論的なシノニムや文法的なシノニム
があって，それが，表現上の価値からみて，すこしずつちがっている。この表現上の
ちがいは，気をつけて言葉をつかうものには，とくに作家のような職人には，たいへ
んな問題になる。したがって，言葉は思想を表現する手段であるという規定は，表現
論の領域では，きわめて有効であるし，必要でもある。

　民族の言葉は，ながい歴史のなかで，豊富な表現手段をたくわえており，経験的な
方法ではそれをまなびとることができない。国語教育での意識的な，計画的なまなび
とりが必要である。

　ホンヤクの仕事でも，おなじことがいえる。たとえば，毛沢東の論文を日本語にう
つすばあい，かれの思想は中国語からはなれて存在しうるし，中国語も日本語もそれ
をおなじように表現できると，ひとまず仮定しなければ，ホンヤクの仕事はなりたた
なくなる。ホンヤク家は中国語という表現手段のうしろにある毛沢東の思想をつかま
えて，それを日本語という別の表現手段でいいあらわすのである。

　具体的な例を英語にとってみよう。The student recognized the teacher. という文を日
本語にうつしかえるばあい，ホンヤク家はつぎのような手つづきをふまなければなら
ないだろう。単語についていえば，この文のなかのある単語をとりだして，それがし
めしている概念をぬきだす。たとえば，student は《学生》という概念をいいあらわし
ているか，それとも《研究家》という概念をいいあらわしているか，文脈と場面とに
てらして，たしかめる。文法についていえば，ここにある文法的なカテゴリーをたし
かめて，それがいいあらわす論理的なカテゴリーをぬきださなければならない。たと

えば，主語とか述語とか目的語とかいう文法的なカテゴリーを確認しておき，それから《主体》とか《対象》とかいう論理的なカテゴリーを，動作とのむすびつきのなかで，ぬきだす。こうしておいて，この概念と論理的なカテゴリーを日本語で表現するのである。

　　（注）ここでは，「文法的なカテゴリー」という用語で，文法的なかたちと文法的な意味との統
　　　　一物をしめす。また，「論理的なカテゴリー」という用語では，文法的なかたちから解放して，
　　　　一般化した文法的な意味をしめす。わたしのいう「論理的なカテゴリー」は，論理学がたしか
　　　　めた「論理学上のカテゴリー」とかならずしもおなじものではない。「論理的なカテゴリー」の
　　　　うちのあるものが論理学でとりあげられて，「論理学上のカテゴリー」になっているのではない
　　　　だろうか。

　こうしなければならないわけは，単語はかならずしも概念に一致しないし，文法的なカテゴリーはかならずしも論理的なカテゴリーに一致しないからである。文法的な主語はつねに論理的な主体をいいあらわすわけではないし，論理的な主体はかならずしも文法的な主語でいいあらわされるわけではない。英語の It is cold. （ドイツ語の Es ist kalt.）とか，ドイツ語の Es hungert mich.（英語の I am hungry.）とかいう文を日本語にうつしかえてみるとよい。《犬はおそろしい動物だ》という意味での「犬はおそろしい」という文と，《ぼくは犬をおそれる》という意味での「犬がおそろしい」という文とをくらべてみて，おなじようにこれらの文が文法的に主語と述語とからなりたっていると見なすなら，日本語の文法的な主語がいいあらわすものは，論理学上の主語，論理的な主体に限定されない。「学校にいったのは，太郎さんだ」というような文では，文法的なものと論理的なものとがひっくりかえっている。

　ホンヤク家は，文でいいあらわされている思想とその論理的な構造にまでくいこまなければ，自分の仕事を完成することができない。そういう手つづきをはぶこうとするこころみが，直訳主義である。ホンヤク家のめざすものは，おなじ量と質との思想を，おなじ表現性をもたせて，ことなる言語にもりこむことである。

　ここでのべたことは，外国語教育にもあてはまるだろう。英語の目的語を「を」であると説明したり，ドイツ語の格の意味を「が，の，に，を」におきかえたりするやり方は，必要な手つづきをはぶいているといわなければならない。

　このように観察するかぎりでは，言語は考えるという認識活動のそとにあって，考

えられたもの（思想）の表現手段にすぎない。

2

しかし，こうした言語のとらえ方も，言語学者があるひとつの民族語の文法構造や語彙構造をしらべるばあいには，やくにたたない。むしろ，有害である。おなじように，国語教師が日本語の文法構造や語彙構造をおしえるばあいには，やくにたたないし，有害である。外国語教育にとっても，外国語の文法構造や語彙構造をおしえるというたちばにたつかぎり，おなじことがいえる。

なぜだろうか。まず第一に，思想といわれるものは，一体どこに存在しているか，といただしてみるとよい。具体的な民族語のそとに，どこにも存在していないだろう。毛沢東の思想は中国語から日本語にうつしかえることができるとしても，中国語か日本語のなかに存在しているのであって，民族語から完全に解放されて存在しはしない。

マルクスは「思想の直接的なあらわれは，言語である」といっている。この命題にあやまりがないとすれば，そこに思想があるということは，言語があるということになる。そうだとすると，言語学者にとって，思想というものは，民族語の具体的な研究のプロセスのなかで発見されようとしても*，まえもって存在するはずがないのである。ある民族語を研究するまえに，表現されるものとしての思想をあらかじめ用意しておくのは，先験主義である。

思想がなぜ言語のすがたをとってあらわれるか，あきらかにするために，思想についてかんたんにふれておこう。

人間は，生活の必要から，感性的な認識のし方では解決できない認識上の課題をたてる。たとえば，あすの天気は知覚できないが，予想しなければならないという必要がおこる。そして，あすの天気ぐあいをしろうとする課題をたてる。こういうばあい，わたしたちはすぎさった日の天気ぐあいをできるだけたくさんしらべて，どういう条件でははれになるか，雨になるか，結論をひきだし，その結論をきょうの条件にあてはめて，あすの天気ぐあいを判断するだろう。わたしたちはこういう人間の活動を「考える」といっている。川端の文章から例をとろう。

　　　わたしはそれまでにこの踊子たちを二度みているのだった。最初はわたしが湯ガ島へくる

124

途中，修善寺へいく彼女たちと湯川橋のちかくで出あった。その時はわかい女が三人だったが，踊子は太鼓をさげていた。わたしはふりかえりふりかえりながめて，旅情が自分の身についたと思った。それから，湯ガ島の二日目の夜，宿屋へながしてきた。踊子が玄関の板敷でおどるのを，わたしは梯子段の中途に腰をおろして，一心にみていた。**あの日が修善寺で，今夜が湯ガ島なら，明日は天城七里の山道できっとおいつけるだろう。**そう空想して，道をいそいできたのだったが，雨やどりの茶屋でぴったり落ちあったものだから，わたしはどぎまぎしてしまったのだ。

　この文章のなかの「わたし」は，まえもって身につけていた知識をもとにして，いつ，どこで踊子とであえるか，推論して結論をだし，それを実行にうつした。すでにもっている知識をなかだちにして，知覚できない認識上の課題を解決する活動が，思考活動である。こうした思考活動の結果，つくりだされたものが，所産としての思想である。

　ところで，この思考活動は一般的なものの認識である。なぜなら課題の解決は一般的なものの認識を前提にしているから。個別的な事実から一般的なものを抽象して，法則にまとめあげ，それを特殊なばあいにあてはめなくては，知覚できないものを認識しようとする課題の解決は，どんなばあいでも不可能である。たとえば，エントツのかげの長さをはかって，エントツの高さをわりだすばあい《三角形一般》を認識することなしには，三角形のもっている特徴を一般化することなしには，この課題の解決は不可能である。この意味で，思想は現実の一般的な反映だといえる。

　しかし，一般的なものを認識する思考，それを固定している思想は，言語という物質的なさゝえがなければ，なりたたないだろう。思想は反映であって，反映する道具ではない。現実に存在するものはすべて個別的なものであって，それ自身のすがたをもっているが，そのすがたをきりすてながら，一般的なものをとりだして，定着させることのできるのは，言語という道具の使用のなかにおいてのみである。言語は個別的なもののなかから一般的なものをとりだして，それを実体化する能力をそなえている。

　では，一般的なものを個別的なものからぬきだしていく言語の能力とは，一体どういうものであるか。それは，言語音（信号）が感覚をとおしてあたえられた現実と一般的なかたちで関係をとりむすんで，自分自身*の意味の世界をかたちづくっている，

ということにほかならない。つまり，言語は，その使用のなかで，物や現象の個別性にかかわらないで，一般的にそれらを表示するわけだが，こうした現実にたいする言語の関係のし方が，一般的なものの反映としての言語の意味の世界をつくっているのである。

言語が第一次信号体系の信号，つまり信号の信号であり，第二次信号体系をなしているということは，大脳生理学によってあきらかにされた。言語という信号の生理学的な根拠を生理学がとらえることができるとしても，言語という信号と第一次信号との関係をとらえることができないのは，関係の内容が社会的に決定されているからである。それはもはや生理学的な事実ではない。

言語は，現実との関係のし方をとおして，現実を一般的に反映するのだが，そういう言語の能力がなければ，思考とか思想とかいう世界は考えられない。一般的なものの生産とそれの固定は，言語の使用のそとでは不可能であるから。そうだとすると，言語の意味，つまり言語の内的な側面がすなわち思考であり，思想であることはうたがいない。したがって，また，具体的な民族語の研究のまえに思想があきらかになっているはずがないのである。民族語の研究のあとで，わたしたちは現実の一般的な反映としての思想をぬきだすことができるとしても，まえもってあたえられてはいないのである。

3

もしも，言語学者にとって，具体的な民族語の研究のまえに，思想というものがあたえられているとすれば，それは諸科学によって提供される概念であり，論理学によって提供される論理学上のカテゴリーである。ややもすると，言語学者は言語現象の複雑さからのがれるために，この論理学上のカテゴリー，概念をかりてきて，これらを表現するものとして，言語現象を説明しようとする。言語学者のこうした態度が，論理主義といわれるきめてかかりである。論理主義は，全人類的な性格をもっている論理学上のカテゴリーや概念のなかに，特殊な民族語をおしこもうとするのであるから，民族語の特殊な性格はきりすてられて，民族語の理解はゆがんでいくし，貧弱なものになっていく。

単語は概念を，文は判断をいいあらわすものであると，論理主義は規定する。こう

した規定は，複雑な民族語の現象を単純なものにすりかえなければ，なりたたないだろう。言語は，総体において，認識活動の成果を記録していて，意味の領域から思想をぬきだすことができるとしても，言語の構造は思想の構造とかみあってはいない。

たとえば，ひとつの単語は，いくつかの概念をいいあらわすことができるし，ことなるふたつの単語は，おなじ概念をいいあらわすばあいもある。日本語の動詞「もつ」は所有，把握，含有などの概念を過程としてとらえている。「あたま」とか「て」とか「あし」とかいう日常つかわれる単語は，かぞえきれないほど，いろんな概念をいいあらわしている。はんたいに，「たたく」，「ぶつ」，「うつ」，「なぐる」などは，交叉したところで，おなじ概念をいいあらわしている。また，「ほらをふく」，「みみをすます」，「はらをたてる」などのようなフレーズは，ふたつの単語からなりたっているといえても，ふたつの概念からなりたっているとはいえない。単語は自分の意味をとおして概念を表現しているといえても，その使用のなかでできあがる意味の構造は，概念をいいあらわすという規定では，とうてい，とらえることができない。あまりいい例ではないが，目のまえでおこっている「よろめく」という単語の意味上の発展，それからできあがる意味上の構造。

ひとつひとつの単語は，それぞれ民族語の語彙体系のなかにあって，自分の表示する領域をわけあいながら，おたがいに有機的にむすびついている。色の名まえをあげると，こうした単語と単語とのむすびつきがはっきりする。「ピンク」とか「ブルー」とかいう名詞が日本語の語彙体系にはいりこむと同時に，単語が表示する色の領域に，変更のおこるのは当然である。ひとつの単語の存在は，もうひとつの単語の存在を前提にしている。こういう単語どうしの意味領域のわけあいと相互依存の関係は，特定の民族語の語彙体系のなかでつくられているのだから，ひとつひとつの単語の意味は，民族語の語彙体系のなかでしらべなければ，とらえられない。

たとえば，ドイツ語の Baum は「木」という日本語にうつしかえることができるが，「くろい木でつくった戸棚」というくみあわせのなかでの「木」を Baum にうつしかえることはできない。この「木」はドイツ語には Holz という単語にうつしかえなければならないが，この Holz は日本語の「まき」にうつしかえることもできる。Baum と Holz，「木」と「まき」は，それぞれどくとくのし方で意味をわけあって，相互にむすびついているのである。単語を概念の表現者としてとらえると，語イ体系からきりはなされるので，単語の意味は正確にとらえることができない。

言語と思想　127

　さらに，わるいことには，単語を概念の表現者であると見なすなら，単語のもっている文法的な性格がきりすてられる。ところが，単語の文法的な性格（とくに，ほかの単語とむすびつく能力，むすびつき方）は，ひとつの単語のいろんな意味を区別するしるしになっていて，このしるしをみないでは，ひとつの単語のいろんな意味をあきらかにすることはできない。たとえば，日本語の「おもう」という動詞は，《したう》という態度の意味と《考える》という意味とをもっている多義語であるが，このふたつの意味のちがいは，「母をおもう」と「母のことをおもう」という，ちがったくみあわせのなかでのみ，あきらかになるのである。おなじように「みる」という動詞は，具体的な名詞とくみあわさると，視覚活動をしめすが，抽象的な名詞とくみあわさると，思考活動を示すようになる。

　とくに，抽象的な意味をもつ単語が，物あるいは現象のどの側面をきりとって，表示しているか，たしかめるばあい，その単語の文法的な性格をみないでは，手のつけようがない。たとえば「思想」と「思考」とは，それだけとりあげるなら，おなじ意味の単語のようにみえる。しかし，「思考 (を) する」といえても「思想 (を) する」とはふつういわないことを思えば，このふたつの単語の意味のちがいははっきりしてくる。動詞「する」と名詞とがくみあわさると，あたらしい動詞ができあがるわけだが，このばあい，くみあわせのなかにはいる抽象的な名詞は，とくべつのばあいをのぞけば，状態性のものか動作性のものにかぎられている。このことから「思考」は動作性の抽象名詞であり，「思想」はおなじ現象を実体的なものとしてとらえた抽象名詞であることがわかる。最近さかんにつかわれている「思想方法」という単語が，「文学方法」とか「言語方法」とかいういい方とおなじように，おかしく感じるのは，こうした理由によるのである。

　以上のべたことから，つぎのことがあきらかになる。単語の意味は，文のなかで，あるいは単語のくみあわせのなかであきらかになるということ。さらに，文が，あるいは単語のくみあわせが単語の意味の性格を決定しているということ。まさに，単語は，その使用のなかで，自分の意味をたもっているのである。もっと，つっこんでいけば，文法は単語を体系づける組織者であることがあきらかになる。しかし，概念は論理によって体系づけられる。

　単語ははじめから概念と関係するのではない。単語は，それが名づけるひときれの現実と関係するのであって，その関係のし方は文法と語彙の体系のなかできめられる。

4

　論理主義のたちばから，文をとりあげるばあいを問題にしよう。論理主義者は，文は判断をいいあらわすものであり，主語と述語とからなりたつと規定するが，こうした文の規定のし方は，文の文章論的な構造を理解するうえで有害である。文はたしかに判断を，その意味をとおして，いいあらわしているだろうが，文がいいあらわすものは，判断にかぎられない。意志とか命令とか質問とか，感情的な，あるいは評価的な態度とか，論理学がしらないカテゴリーもいいあらわしている。ところが，ひとたび，文は判断をいいあらわすものであると規定すると，判断以外のものをいいあらわす文はきりすてられて，研究や教育のそとにおかれるか，あるいは主観的な解釈がほどこされて，判断をいいあらわすものとしてあつかわれる。こうして，文章論はいろんな文の事実を一般化して，法則をうちたてる科学であることをやめて主観的なうらないになりさがる。

　また，文が主語と述語とからなりたつという規定は，きわめて限定されたわくのなかでのみ有効である。英語のような言葉では，その文法制度の特殊性から，主語の存在は文を特徴づける文法的な形式になっているが，日本語のような言葉では，主語の存在は，かならずしも文を成立させる必要な条件ではない。

　小説のなかにある文をしらべてみると，主語のない文はたくさんある。このばあい，論理主義者は主語が省略されているというだろう。したがって，そうした文は不完全な文とみなされる。しかし，実際には，意味のとおらない絶対的なあやまり文のほかに，不完全な文などは存在するはずがない。主語のない文にでくわしたとき，そこに主語をおぎなってみるがよい。その主語はうるさいし，言葉の調和をこわしてしまう。あるいは，表現上の価値をかえてしまうだろう。そうだとすると，主語のない文でも，それなりに完全な文だといえる。

　わたしたちにとって必要なことは，どういう条件において主語があるかないか，事実を確認することである。主語の存在する条件というものは，それぞれ民族語の文法構造のちがいにあわせて，ちがってくるだろう。たとえば，ロシヤ語のように動詞の活用がかなり完全に文の人称性をしめすことのできる言葉では，代名詞を主語に用いるのには，とくべつの意味がある。

　文が主語と述語とからなりたつとみなせば，文の二次的な成分（いわゆる修飾語）

は，完全に主語と述語とに従属してしまう。この考え方にとらわれると，語順の表現力を完全に利用できる日本語のつかい手にはなれない。

　論理主義のたちばにたって，国語教育をすすめると，子どもたちの国語にたいする感覚はにぶってくるだろう。たとえば，主語のない文は省略であって，論理的に不正確なものであるとみなすなら，主語のある文のみがただしいものであるという見方がうまれてくる。子どもたちは，ところかまわず，主語＝述語のくみたてのある文をかくようになる。もんきり型の文しかかけない日本人がつくりだされるだろう。一番わるいことは，論理主義のたちばから日本語をみると，主語のない文をかく日本人のあたまが非論理的なものにみえるということである。たんなる文法制度のちがいが，民族の知能のちがいにみえて，劣等意識をうえつける。単語についていえばまるはだかの概念表示をもとめて，味のある単語のつかい方をわすれてしまうだろう。

5

　このように，ある民族語の語彙現象，文法現象をしらべたり，おしえたりするばあい，論理学上のカテゴリーや概念を用意しておいて，それを表現するものとしてあつかうと，民族語の特殊な性格はきりすてられて，研究や教育の結果はくるってくる。民族語への論理主義的なちかづき方は，民族語の具体的な事実から出発することをやめて，言語の現象を論理の現象で説明するという，まちがった方向に，言語学者や国語教師をひきずっていく。このことからのがれるためには，言語学者，国語教師は具体的な民族語の事実から出発すべきであって，さしあたっては，あらゆる論理学上のカテゴリー，概念をしりぞけなければならない。

　民族語の研究から論理学上のカテゴリーと概念をおいだしても，言語の認識論的な性格はおいだせないだろう。言語の意味が現実の反映であり，反映した現実であることは，うたがいない。言語は現実からきりはなしたら，内容のないものになり，たんなる物理的な音になってしまう。こうして，言語の認識論的なはたらきは，思想とは関係なしに，言語の本質としてのこる。このかぎりでは，言語を理解するために，思想上の用語は必要ではないのである。

　まえにのべたように，言語に反映したものは，感性的な反映とはちがって，一般的なものであり，抽象的なものであるが，そういう言語の反映のし方は，感性をとおし

てあたえられた現実を，言語音が個別性にかかわりなく表示するという事情からうまれてくる。それゆえに，言語の意味というものは，特定の言語音と現実とのかかわり方によってつくりだされた特殊な世界である。表示する音がなければ，関係そのものもなりたたないのだから，意味の世界も存在しない。したがって言語はそれ自身で意味（内容）と音声（形式）とをそなえた統一物である。この統一物を思想の表現者としてとらえると，内容と形式とのきりはなしがおこってくる。

　言語は思想と関係するのではなく，まず感性をとおしてあたえられた現実と関係するのである。この関係のし方は民族語どくとくなものである。したがって，具体的な民族語の体系のなかで，特定の言語音がどういう現実と関係しているか，あきらかにすることが言語学者のつとめであり，それを教えることが国語教師のつとめである。

　ところで，言語学者，国語教師は思想とか思考の世界を完全にきりすててしまってもよいだろうか。言語は思想の具体的なあらわれであるということは，言語が現実を一般的に表示するというはたらきのなかに，過程としての思考，所産としての思想が内在しているということを意味するのであるが，それだけのことなら，思想を言語から分離して，思想の世界をこしらえる必要はないだろう。わたしも，言語学者，国語教師が思想の世界を言語から分離させることに反対してきた。しかし，この原則をおしとおすことは，まえにものべてあるように，できないだろう。とくに，よみ方教育やつづり方教育を考慮するばあい。つぎの事実をみるなら，思想の世界を言語の世界からひきはなすことが，ぜひとも必要となる。

　（1）言語は認識の線のうえだけではたらくわけではなく，認識したものを通達するというはたらきをもっていて，このたちばから言語の認識論的なはたらきは修正をうける。さらに，感情表現のたちばからの修正をうける。したがって，言語の意味の世界で，認識論的なものを思想としてぬきだす必要がおこる。

　このばあい，物や現象や関係が，すでにある表現手段によっていろんな言語的な表現をうけとる，ということが前提になっている。したがって，いろんな言語表現のなかから，共通の意味をおなじ現実を表示しているものとして，言語形式から解放しながら，論理的なものにまとめあげる必要がおこる。言語学者はいくつかの単語の意味から共通なものとして概念をぬきださなければならないし，いろんな文法的な意味から，共通なものとしての論理的なカテゴリーをぬきださなければならなくなる。そうしなければ，単語や文法のなかにあらわれてくる通達的なものや感情的なものを認識

論的な意味から分離して，しらべることができない。しかし，ここでは，概念や論理的なカテゴリーは言語形式から完全に解放されはしない。単語や文法的なかたちの意味としてあつかわれる。

（2）言語でとらえた現実は，すべてが外的な言語表現をうけとるわけではない。内的な言語と外的な言語との分離が，内的な言語の内容として，思想の世界をつくりだす。内的な言語の内容は，特定の言語形式にとらわれる必要がない。

このばあい，直接的な言語表現をうけとるものは，所産としての思想であって，この思想をつくりだす思考の過程は，やみのなかにかくれてしまう。

（3）通達のなかで，あるばあいは，言語はたんに現実のすがたをつたえているだけにとどまる。思想と表示との分離が進行して，その結果，思想の世界をたてる必要がおこる。しゃべることは，かならずしも考えることではない。

（4）ひとたび，言語の意味から概念がとりだされると，それらの分類，概念と概念との関係，判断と現実との関係，判断と判断との関係が，言語形式とは関係なしに問題になる。概念や判断の一般的な性格は，言語の法則に支配されてはいないのだから，思想の構造をしらべる形式論理学をうちたてる必要がおこる。論理的な構造は全人類的なものであるから，ここでは，いかなる言語形式にもとらわれる必要がない。言語形式から完全に解放される。

（5）他方では，個別科学はすでに存在する言語をたずさえて現実にたちむかい，特定の言語形式にとらわれずに，現実の反映としてのあたらしい概念，判断を生産していく知識がたくわえられる。こうして，思想の世界は，言語形式から解放されて，自分自身の領域をうちたてていく。こうしたばあい，言語はたんなる思想の表現者としてあらわれるだろう。

そのほか，思想の世界を言語の世界から分離しなければならない理由は，たくさんあるだろう。しかし，言語学者や国語教師のたちばから一般的にいうなら，思想の世界は，言語の意味を特定の言語形式から相対的に解放していく過程のなかでつくりだされていくのである。この過程は，言語学者も国語教師も経験しなければならない。しかし，言語学者や国語教師は言語形式につきまとわれて，その過程を完成させることはできない。それでいいのである。言語形式からはなれるとき，国語教師は国語教師であることをやめるということを，わたしたちはいつも胸のなかにきざみこんでおかなければならない。

言語と言語活動

——国語教育の構想——

（1） 文法指導における機能主義[*]

26 年指導要領は，文法を指導するにあたって必要な注意を，つぎのような，きわめててきせつな言葉で説明している。

> また，文法学習にあたって，まず規則とか用語とかをあげ，それにあてはまる例をわざわざつくって，反覆練習させることは，てきとうな方法といえない。文法は，できあがった規則をあたえるというのではなく，経験によってえられた事実を整理し，まとめあげていくものとして，指導されなければならないのである。したがって，生徒が一つ一つのただしい言葉づかいを実際の例によってあつめ，それを分類組織して，その性質をあきらかにし，ほかの，いろいろにかよったばあいにもあてはまるような，普遍的な規則にまとめるように，指導するのである。

もし国語教師がこの指導上の注意を忠実にまもるなら，国語科のなかに文法教育のための時間を特設しなければならない。指導要領によれば，子どもたちは，自分たちがよんだり，かいたりする言葉のなかから，にかよった文法的な事実をたくさんあつめて，それを一般化しながら，文法上の用語でいいあらわされている概念を自分のものにしていくわけだが，そうしたことの指導には，たいへんな手まがかかる。手まがかかるだけではなく，文法教育はそれ自身の体系をもっているのだから，よみ方教育やつづり方教育からくべつしなければならない。

ある民族語のひとつの文法現象は，その民族語のあらゆる文法現象と直接的に，間接的にむすびついていて，文法現象がすべてあつまって，民族語の文法体系をこしらえている。そして，ひとつの文法現象は，この文法体系の有機的な部分にすぎないのであって，そのなかで自分のやくめがふりあてられている。したがって，あるひとつの文法現象の性格は，それが属している文法体系のなかで，文法体系の理解をなかだちにして，あきらかになる。なによりもまず，文法現象が体系的であるために，それの指導も体系性をおびないわけにはいかないのである。このことについても，26 年

指導要領はただしく指摘している。

　　もちろん，文法の一つ一つの項目はたがいに関連をもったものであって，指導者は手おち
　なくその体系をのみこませていく必要があるから，あらかじめ系統をたてて，組織をつくっ
　ておかなければならない。

　ところが，おかしなことに，そのあとにつづく文句は，文法教育のための時間を特
設することに反対していて，文法と文法教育の体系性から当然でてくる結論は否定さ
れている。

　　といっても，文法をそれだけとりだして，一個の独立した教科として学習させたのでは，
　実際の言葉の使用のうえには，あまり役だたないであろう。むしろ，はなしたり，きいたり，
　よんだり，かいたりする実際の生活経験から実例をもとめ，それを手がかりとして，ただし
　い言葉づかいの基準をあたえ，文法の規則を理解させるようにした方が，はるかにすぐれた
　方法である。文法は，はなすとか，きくとか，よむとか，かくとかいう日常の言語生活の場
　面に関係づけて，習得させなければならない（以上の引用はすべて「中・高」の 205 ページ）。

　26 年指導要領は，わかったようなことをいいながら，結局は，文法教育をよみ方教
育やつづり方教育からきりはなすことに反対している。しかし，このことは，もうけ
主義の解説者によってくりかえしいわれていることなので，とくべつ興味をひかない。
おもしろいのは，そのことを正当化しようとする，幼稚で無責任な理由づけである。
　なるほど，文法現象というものは，実際の言語活動のそとにもとめることはできな
いのだから，指導要領がいうように，具体的な言語活動（正確には言語作品）のうちに
文法現象をもとめて，そのうえにたって，文法的な法則，あるいはきまりを理解させ
るようにしなければならない。いいかえれば，文法は，言語作品を材料にしながら，
言語活動と関係づけて，おしえなければならないのである。それ以外の方法では，文
法教育はなりたたないといった方がいいだろう。だからといって，文法は，言語活動
の指導と関係づけて，言語活動の指導のなかで，おしえなければならないということ
にはならない。つまり，よみ方やつづり方を指導するなかで，ついでに文法の指導も
やればよいということにはならない。
　実際，指導要領にしたがって，よみ方やつづり方の指導のなかに文法教育をとけこ

ますなら，文法教育がきまぐれなものになるか，よみ方教育やつづり方教育がいいか
げんなものになるか，どちらかである。例をよみ方教育にとって，このことを説明し
よう。

　よみ方の指導のなかで，ある種の文，たとえば，こみいった文法構造をもっている
文，抽象度のたかい思想を表現している文は，部分にわけてやらなければ，子どもは
その意味がわからないばあいがある（意味が無条件に理解できる文は，文法的にその構造を
説明してやる必要は，よみ方教育にはない）。こうしたばあい，主語とか述語とかいう用
語をつかって，文を分解してみせるわけだが，この主語とか述語とかいう用語は，文
の部分のはたらきをしめしていて，そのはたらきの理解は，おおくの事実の一般化を
前提にしている。たとえば，「はなはうつくしい」，「しおはからい」，「さとうはあま
い」というような，その内容が子どもに無条件に理解できる文をたくさんならべて，
その構造を比較，分析，一般化したとき，子どもは主語とか述語とかいう用語で表現
をうけている概念が理解できる。このような思考過程を授業のなかにおりこまない
で，ある文の主語にあたる部分を，これが主語であると，おしえたところで，子ど
もの用語には内容がない。

　主語を理解させるためには，述語を理解させておかなければならないし，述語を理
解させるためには，主語を理解させておかなければならない。修飾語についても，お
なじことがいえる。これらは相関的な文の部分なのだから。さらに，名詞とか動詞と
か形容詞とか助詞とかいう，いろんな品詞の文法的な性質を理解しておくことが，主
語とか述語とか修飾語とかいう文章論的なカテゴリーを理解するための前提条件にな
る。いいかえれば，文法体系の全体を背景において，ほかの文法現象との相互関係の
なかで，文法教育における一つ一つの項目をあつかわなければならないのである。

　このように手のこんだ仕事をよみ方教育はできるだろうか。もしできるとすれば，
よみ方教育は文法教育にすりかえられたことになり，よみ方の指導はおざなりになる。
よみ方教育のなかでできることは，文法構造のむずかしさのゆえに理解できない文を，
文法的に解剖してやることである。よみ方教育のなかに文法の指導があるとすれば，
文の内容を理解するために，文法上の知識を応用してみることである。ここでは，主
語とか述語とかいうような，文法上の基礎的な概念を子どものものにすることはでき
ない。そのためには，国語科のなかに「文法」という，とくべつの課目が必要である。

　つづり方教育についていえば，子どもの言語活動が文法のきまりに従属するように，

指導することができるとしても，文法のきまりそのものは，おしえることができない。句読点のうち方とからんで，文法についての知識を応用してみせることはできても，文法についての知識そのものをあたえることはできない。

そうなるのは，文法というものが，単語のむすびつきをとおして，物や動作や属性のあいだにある関係を一般化しながら，反映しているからである。文法の性格は，はじめから抽象的であり，一般的である。したがって，個別的な文法現象とぶつかるだけでは，文法現象というものは理解できない。

文法教育も，よみ方教育とおなじように，言語作品を教材にして，すすめられる。文法教育では，言語作品のなかにある文法現象を言語作品の内容からきりはなしながら，ぬきだし，それを法則のなかに一般化しながら，文法というものの本質を理解させていく。いいかえれば，個別的な文法現象のうちに，くりかえしあらわれてくるものの意味をつかまえさせるのである。ところが，よみ方教育では，日本語で表現をうけている言語作品の内容を理解させることが，指導の中心的な課題になる。この指導の方向のちがいが，よみ方の指導のなかに文法教育をおりこむことをゆるさない。

文法教育のために時間を特設することが必要であること，したがって文法教育にたいする文部省の態度のまちがっていることは，雑誌『教育』の 89 号にのっている鈴木重幸氏の論文[*]で，じゅうぶんに説明されている。それで，わたしはこのことをここでふたたびとりあげる必要はないのだが，33 年指導要領も 26 年指導要領のたちばをうけついで，文法教育のサボタージュをつづけているし，わたしはもう一度この問題をべつの側面からあつかってみたいとおもう。

（2）指導要領における文法

国語科では，当然，日本語の発音，語い，文法，文体をおしえなければならないのだが，わたしはこの種の作業のことを言語の指導（あるいは言語教育）とよんでおく。さらに，国語科では，きき方，はなし方，よみ方，つづり方，ひとくちにいえば日本語のつかい方，これもおしえるのだが，それは言語活動の指導とよんで，日本語をおしえる言語教育からくべつしておく。

ところが，26 年指導要領が文法教育という用語でしめすものは，実はわたしが言語教育という用語でさしているものであって，わたしのいう文法教育とは意味がちがう。指導要領はさらに文法教育という用語の意味をひろげて，言語作品の構造や主題

をおしえたり，言葉の効果的なつかい方をおしえたりする仕事までふくめている。つまり指導要領では，文法という用語のもとに，言語や言語活動や言語作品にかかわるきまりが，なんでもかんでもふくまれているのである。

　文法という用語のこのような理解のし方は，33 年指導要領にももちこまれて，指導内容の A 項と B 項とができた。そこでは，文法とは，文字どおり，「文」の「法」であって，その意味はきわめてひろく，ぼやけている。この用語のこうしたつかい方は，ギリシア以来の伝統にしたがったといえば，それまでだが，近代言語学の常識にそむいている。それはともかく，ここでは，ひとまず，指導要領の文法教育をみとめておこう。

　指導要領によれば，国語教育は言語活動の指導と文法教育とからなりたっている。このばあい，言語活動の指導というのは，きき，はなし，よみ，かきという言語活動の経験をたくさんあたえて，それになれさせる技能教育であって，文法教育というのは，その言語活動につきまとっている法則，言語活動がまもらなければならないきまりを一切合切おしえさずける知識教育なのである（もちろん，一切合切といっても，文部省の役人のちいさな頭がとらえたものだから，きわめて貧弱である）。つまり，言語活動という，ひとつの対象を理論的にとらえていくか，経験そのものとしてとらえていくか，こうしたちかづき方のちがいのうちに，ふたつの指導のあり方のちがいをみているのである。おなじ対象へのちかづき方のちがいであれば，ふたつの指導をひとつに統一することは，むずかしいことではない。26 年指導要領は，言語活動の指導と文法教育との相互関係を，つぎのように説明している。

　　……文法の学習は，きくこと，はなすこと，よむこと，かくことの学習のなかで，いつもおこなわれている。
　　文法は国語を学習するばあい，いつでも学習されている。ただ，それが言葉づかいを反省して，言語の機能をしり，それを普遍的な法則にまとめていくときに，文法教育がはじまる（以上は「中・高」の 199 ページ）。

　指導要領のこの文句は，それ自身なんら非難すべきところがない。実際，子どもたちは日常の言語活動のなかで，教師とのはなしあいのなかで，よみ方のなかで，文法，つまり法則的なもの，普遍的なものを無自覚のうちに，自然にまなびとっている。べ

言語と言語活動　137

つに文法についての知識をもたなくても，文法的にただしい言葉づかいをしている。そして，こうした無意識的な習得過程を意識的なものにうつしかえようとするとき，気にもとめなかった言葉づかいに反省をくわえようとするとき，文法の理論的な学習がはじまる。文法の学習からえた知識は，子どもの言語活動をただしいものにみちびき，発展させていく。

　学校における言語活動の習得が，就学前のそれとちがっているのは，前者が理論的な学習をとおしている点にあるのだから，文法教育こそ国語教育の存在を意義づけるものであるといえる。日常のきき，よみをとおして，無自覚のうちに文法をまなびとる過程は，厳密にいって，学校教育ではない。文法教育が貧弱であればあるほど，国語科においてさえ，経験的な習得によりかかる度あいがおおきいのだが，言語活動の経験をあたえることが，国語科の主要な目標であるなら，国語教育は他教科のなかに分散した方がいい。

　この理論的な学習においては，具体的な言語活動は，たといそれが認識の出発点であるとはいえ，文法教育でまなんだものの総括の過程として，知識を実践にあてはめる過程としてあらわれる。国語教育では，具体的な言語活動は教材であると同時に，理論的な認識をとおして再生産されるものである。

　言語活動の指導と文法教育との相互関係を，実践（経験）と理論（知識）との関係として，あるいは個別的なものと一般的なものとの関係として理解するかぎり，文法教育はきき方，はなし方，よみ方，つづり方の指導ときりはなすことができない。言語活動の指導のなかで，言語活動のきまり，つまり文法はおしえられるべきである。指導要領は実際にそうした。知識は実践にはあまり役にたたないという，知識への不信頼もてつだって，文法教育を言語活動の指導のなかにとけこましてしまった。それはべつとして，33年指導要領において，指導内容のA項でのべてあることとB項でのべてあることとが，だぶっているのは，あたりまえのことだといえる。

　ところが，どうだろう。こうすることによって，わたしのいう意味での文法教育は，実質的には否定される結果になった。厳密な意味での文法教育は，よみ方の指導やつづり方の指導のなかでは，なりたたないではないか。

　他方では，指導要領が文法という用語でしめしているもののうち，言語活動の指導と関係づけなければ，おしえることのできないものがある。たとえば，単語のえらび方とか言葉の効果的なつかい方，段落の指導などは，つづり方やよみ方の指導のそと

では，おしえるわけにはいかない。こうしてみるなら，指導要領が文法という用語で
しめすものは，言語のきまりと言語活動のきまりとに分類しなければならないし，言
語のきまりは言語の指導のなかで，言語活動のきまりは，言語活動の指導のなかでお
しえなければならないということになる。言語の指導と言語活動の指導とでは，その
内容と方法において，ことなるものである。

　言語の指導では，おしえられるものは言語とその法則（あるいはきまり）であり，言
語活動の指導では，それは言語活動とその法則（あるいはきまり）であって，それに応
じて指導方法もちがってくる。したがって，言語の指導と言語活動の指導とは，それ
ぞれ独自の指導体系をもっていて，その指導体系の独自な性格は，言語の指導が言語
活動の指導のなかに同居することをゆるさないのである。たとえば，日本語の音韻体
系をおしえる発音教育は，言語の指導のひとつの分野であって，言語活動の指導のど
の分野でもあつかうことができない。

　指導要領のように，国語教育を言語活動の指導と文法の指導とにわけて，それらの
相互関係を，経験と知識というわく，あるいは個別と一般というわくだけでおさえる
のは，言語とか言語活動とか作品とかいわれるものの質的なちがいをみないで，それ
らをひとつにとけこましたときに，なりたつ。こうした考え方は，こみいった構造を
もっている自動車を一枚の鉄にたたきのばすようなものであって，事実の単純化であ
る（もちろん，こうしたカテゴリーでおさえたばあいでさえ，知識の役わりを不当にひくく評価
しているので，経験主義という非難をうけるべきである）。

　この単純化は，言語の指導をきりすてて，国語教育の内容を言語活動の指導にしぼ
るというかたちをとって，あらわれた。指導要領をつらぬいている原則を言語活動主
義とよぶことのできるのは，こうした事情による。この原則は，そっくり 33 年指導
要領にもちこまれた。あたらしい指導要領は，その意味では，26 年指導要領のポケ
ット版である。

　指導要領における文法（あるいは文法教育）という用語のつかい方は，条件的にさえ
ゆるすことができない。そうすれば，質的にちがっている，言語とか言語活動とかい
う，いろんな現象の法則が，「文法」という名まえのもとに，いっしょくたにされて，
国語教育の単純化がおこるから。

（3）言語

26 年指導要領は言語活動主義のたちばにたって，実質的に国語教育の内容を言語活動の指導に限定したわけだが，どうしてこうしたことがおこったのだろうか。このことは，なによりもまず，アメリカ帝国主義者の植民地政策の産物として理解しなければならないのだが，ここではわたしは理論上の問題としてあつかう。

26 年指導要領では，言語というものを，きく，はなす，よむ，かくという活動そのものであるとみなして，言語と言語活動とのあいだにあるちがいをみとめていない。言語活動がすなわち言語なのである。こうした考えは，26 年指導要領のなかでは，はっきりした公式で表現されていないが，輿水実氏のつぎの言葉からそう判断できる。

> 戦後，きく，はなす，よむ，かくの四つの言語活動をおもんじるようになったのは，言語を活動としてみていく動的，機能的たちばの支配である。（『言語教育』，河出書房の現代教科教育講座，二巻，11 ページ）

輿水氏のこの説明があるので，「言葉の本質はつかわれるということにある」という，指導要領のふうがわりな定義の意味がわかる。指導要領の言語活動主義は，言語にたいする，こうした理解のし方を理論的なよりどころにしているのである。国語教育の内容をきわめて貧弱なものにする言語活動主義を，わたしたちの国の国語教育からしめだしてしまうために，まえもって，その理論的なよりどころをつきくずしておく必要がある。

そぼくな実証主義にたつかぎり，言語とは活動そのものであり，その活動のそとに，単語とか文法とかいう，活動をくみたてている要素の存在を考えることができない。わたしたちがじかに感覚でとらえることのできるものは，活動そのものである。このようにみれば，言語はまさに，単語とか文法とかいう構成要素を内部にもっている活動であって，言語は言語活動であるという見方は，なんら非難する理由がない。

ところが，知覚した言語活動にひとたび分析をくわえるなら，言語活動のなかに存在している単語とか文法とかは，けっして特定の言語活動にのみ固有のものではなく，その言語活動のそとに存在しているものの使用にすぎないことがわかるだろう。たとえば，ことなるところで，ことなるときに，ことなる人が，それぞれ「パンをもってこい」，「パンがたべたい」という，ふたつの言語活動をおこなったと仮定しよう。こ

のふたつの言語活動のなかにある「パン」という単語は、その発音において、その意味において、おなじひとつの単語であって、これらの言語活動のそとに存在している。これらの言語活動は、この「パン」という単語がつかわれて、できあがっているのである。そして、これからも、ことなる意図をもって、ことなる場面のなかでおこなわれる、かずかぎりのない言語活動のなかで、この単語はつかわれつづけるだろう。

　しかし、この単語は、かずかぎりのない言語活動の特殊な性格には、影響をうけない（発声器官の個人＝生理的なゆがみからおこるかたより、偶然なあやまりなどを考慮しないなら、したがって、本質的には）。この単語の発音*と意味とは、現代日本語がつかわれている社会では、だれがつかおうと、かわりがないのである。したがって、その存在は個人の言語活動のわくをのりこえていて、社会的だといえる。社会のなかに存在しているといえる。

　では、この「パン」という単語の発音と意味とが、その使用、つまり具体的な言語活動によって決定されないなら、なにがそれを決定するのだろうか。それは日本語の音韻体系と語い体系である。この単語はまぎれもなくポルトガル語からの借用なのだが、この借用*のまえにすでに存在していた日本語の語い体系によって、具体的にいえば、食料品をしめす単語の系列（たとえば、「うどん」とか「せんべい」とか「まんじゅう」とかいう単語のグループ）によって、この単語の意味領域は決定されたのである。いや、この単語の借用そのものが、語い体系によって決定されたといってよい。パンという食物の借用は、パンという食物の表示を要求するが、それはまだ「パン」という単語の借用を意味しない。当時の語い体系が、すでに存在するなんらかの単語をつかって、「パン」という食物を表示するゆとりをもたなかったのだから、「パン」という単語もとりいれられたのである。「パン」という単語は、借用と同時に、日本語の語い体系のなかにくりいれられて、その存在とその後の発展は、それによって条件づけられてしまった。

　そして、「パン」という単語の借用をゆるし、その意味領域を決定した日本語の語い体系は、日本人の食生活の様式によって規定されており、それの発展にともなって、発展していく。こうして、「パン」という単語は、日本語の語い体系のなかに存在しているといえるのであって、それがつかわれている言語活動とはきりはなされるのである。

　一般的にいって、単語は、けっして、ばらばらに孤立して存在しているわけではな

く，語い体系をつくっており，そのなかでの有機的な部分として存在している。そして，単語はひときれの現実と関係し，それを名づけているのだが，こうした単語のはたらきは，それが属している語い体系をなかだちにして，つくりだされている（単語が語い体系の有機的な部分であること，単語がこの体系を媒介にして現実と関係していることは，「あか」とか「あお」とかいう色をしめす単語の意味領域をしらべて，それを外国語のばあいとくらべると，ひじょうにはっきりするだろう）。

　この語い体系は，日本語（一般*には言語）という歴史＝社会的な存在のなかに位置している。そして，語い体系とその構成要素である単語とは，具体的な言語活動を支配する法則とはべつの，それ自身の客観的な法則によって支配されている（こうしたことを理解するためには，単語つくりの法則をとりあげるだけで，じゅうぶんだろう。「教育」とか「労働」とかいう単語に「者」をつけると，「教育者」，「労働者」になり，それが教育する人，労働する人を意味するという語構成の法則は，それらを使用する具体的な言語活動とは，なんの関係もない）。したがって，語いとか単語とかは，一つ一つの具体的な言語活動からきりはなすことができるし，語いとか単語の現象を支配する客観的な法則をつかむために，そうすることはただしい。

　おなじことが文法についてもいえる。たとえば，二つあるいは三つの単語をくっつけて，単語のくみあわせをつくるばあい，あらゆる言語活動がまもらなければならない法則がある。具体的な例をあげれば，「教育を考える」，「時代を考える」，「なりゆきを考える」という単語のくみあわせはつくれても，「太郎を考える」，「パンを考える」，「ナイフを考える」という単語のくみあわせはつくれない。ところが，構造をかえて，「太郎を兄のように考える」，「パンをえさと考える」，「ナイフを武器として考える」というなら，「考える」という動詞は，を格のかたちをとる具体名詞ともくみあわさることができる。この種の文法上の法則は，それ自身の体系をなしていて，具体的な言語活動とは関係なしに，日本語のなかに客観的に存在し，日本語をつかう，あらゆる言語活動がその法則にしたがわなければならない。

　発音についても，おなじことがいえる。現代日本語には，きまった発音のし方があって，ある人がその発音のし方の約束をやぶって，しゃべるなら，意味がつたわらない。日本語を使用する正常な言語活動は，すべて日本語の発音のし方を忠実にまもらなければならない。

　こうしてみるなら，わたしたちは具体的な言語活動をたくさん分析しながら，歴史

＝社会的な存在としての発音，語い，文法，文体，つまり言語といわれるものをとり
だして，そこからさらに法則をひきだし，体系にまとめることができるし，そうする
ことが，言語活動の言語的な構造を理解するために，かぎりのない言語活動をかぎり
のある言語の法則に従属させるために，きわめて合理的であることがわかる。言語教
育は，こうしたところで成立している。

　発音，語い，文法，文体上の現象，つまり言語現象は，それぞれ体系をなしながら，
存在し，自分自身の法則に支配されているのだが，それが特定の民族語に特殊な性格
をあたえる。わたしたちが朝鮮語を日本語からくべつするのは，その特殊な性格によ
る。また，日本語を文章語，共通語，方言にわけるのは，なによりもまず，歴史＝
社会的に条件づけられて，うまれてきた言語の構造上の特殊な性格による。これらは
言語の分類であって，言語活動の分類ではない。

（4）言語活動

　ところが，言語をつかう言語活動は，使用者＝個人のそとでは考えられない。言
語活動は特定の個人が言語をつかうことなのだから，そこにはいくつかの個人＝心
理的な側面がくわわってくる。言語学は，あらゆる言語活動のなかに使用されている
言語を，特定の使用者とは関係なしに，とらえるのだが，この言語学ではとらえるこ
とのできない個人＝心理的な側面が，言語活動のなかに存在している。

　こうした言語活動の特殊な性格は，なによりもまず，つぎのような事情による。言
語活動は個人の心理過程のなかに位置していて，それ自身が心理活動のひとつの形態
であると同時に，そのほかの心理活動の形態（たとえば，知覚とか思考とかいう認識過程）
と相互にからみあいながら，はたらきかけあって，個人の統一的な心理過程をなして
いる。また，言語活動が個人の心理活動であれば，個人の行動と関係なしには，あり
えない。こうした事情が，言語活動の個人＝心理的な側面をつくりだしていく。

　言語活動も，ほかの人間活動とおなじように，目的をもっていて，要求や感情や興
味によって動機づけられている。このこととむすびついて，特定の個人の言語活動を
意義づける個人的な側面が，文の事実的な内容の背後にあらわれてくる。つまり，具
体的な言語活動＝文によって，なにか現実のできごと（事実）がつたえられるのだが，
その事実的な内容のうらに，その事実的な内容をつたえる意図，はなし手が考慮して
いること，はなし手が欲していることが表現されているのである。

言語と言語活動　143

　それに，言語活動は，一定の心理状態のなかで，したがってほかの心理活動との相互関係のなかで，（とくに思考や感情のながれとからみあって）すすむのだから，そういうことが言語の使用にうつしだされて，言語活動の個人的な側面をつくっている。たとえば，「御飯……はたべた」というふうに，「御飯」と「は」とのあいだに間がおかれたとすると，その間は言語的には意味がないのだが，なにかはなし手の心理状態（たとえば判断の確信のどあい）を反映しているのであって，言語活動の個人的な側面をなしている。一般に，はなし手の思考過程の質的な特徴は，いろんなかたちで，言語のつかい方にやきつけられている。

　はなし手の感情のうごきは，おおくのばあい，イントネーションで表現されている。わたしたちはよく「あの人は人を馬鹿にしたような調子でしゃべる」というが，このときの調子というのは，音のはやさやたかさに変化をあたえることによって，つくりだされたものであって，言語の音韻体系には属していない。こうしたし方での感情の表現も，やはり言語活動の個人＝心理的な側面をなしている。

　言語活動の言語的な構造の相対的な完全さは，あきらかに，はなしあう当人どうしの内的な接触のどあいに（つまり，どこまでしゃべれば，つたえなければならないことが，つたわるかということに）よりかかっている。このばあい，はなさなくても，つたわることは，言語活動のうらの意味をなしている。相対的な意味での省略も，言語の使用の問題であって，言語活動の個人＝心理的な側面をなしている。

　はなし手の意図や感情，思考過程の特徴，省略によってかくされている意味などは，一定の場面と文脈のなかで進行する言語の使用のし方のうちに，表現をうけているのであって，言語によってじかに表現をうけているおもての意味にたいして，言語活動のうらの意味をかたちづくっている（うらの意味も言語の手段によってじかに実現されるなら，おもての意味に転化する。こうしたばあいは，うらの意味のない言語活動であると，みた方がいい。うらの意味は，身ぶりや表情のような，補助的な表現手段によってあらわされるばあいもあるだろう。いずれにしても，いかなる手段によっても表現をうけていないうらの意味というものは，考えられない）。

　こうしたうらの意味ができあがるのは，言語活動が言語という構成要素の機械的な総計ではないからである。言語は，言語活動のなかにもちこまれるとき，個人の心理過程のなかにはいりこんで，ほかの心理活動の影響を直接にうけるからである。したがって，言語が言語活動にうつるときには，そこには個人＝心理的な側面がくわわ

って，この表現のために，言語をきずつけない範囲の修正が，言語にくわえられる。

　言語の使用の問題は，すでにのべたような単純なものではなく，わたしの力ではとうていとらえることのできない複雑な構造をもっているだろう。単語や文法手段の選択なども，やはり言語の使用の問題に属している。たとえば，日本語には，「め」，「めだま」，「ひとみ」，「まなこ」というシノニムの系列があって，それらは文体論的なニュアンスにおいて，ちがっている。このちがいはあきらかに客観的であって，言語の領域に属しているが，ある個人がいずれの単語をえらんで，概念「眼」を表現するかということは，言語の使用の問題であって，やはり言語活動の個人＝心理的な側面をなしている。このばあい，はなし手の感情は，単語の文体論的なニュアンスによって直接的な表現をうけているので，感情が調子で表現されているばあいとはちがっている。

　日本語には，「き」，「えだ」，「ぼう」，「つえ」などの単語があって，それらがおなじ物をしめすことができる。このばあい，どの単語をえらぶかということは，言語の使用者がその物をいかに意義づけるかということとからんでいて，その物にたいする理解のし方のちがいが表現されている。そのこと自身，言語の使用者がその物にはたらきかけて，その物がもっている，どの機能的な属性を利用するかということの反映なのだから，言語の使用の問題は，使用者の行動をぬきにしては，考えられない。「ぼう」と「つえ」という，ふたつの単語は，言語のなかでは，物の機能的な属性を，特定の主体からはなれて，しめしているにすぎない。ところが，それが言語活動のなかにはいると，単語の意味は，物にたいする主体の意義づけとからみあってくる。やはり，こうしたことも言語活動の個人＝心理的な側面をなしているだろう。

　単語や文法手段の選択は，国語教育では，なぜ，はなし手はそういわないで，こういったのかというような質問のかたちで，問題になっていることである。教師は，子どもとのはなしあいのなかから，子どもの作文から，子どもの心のうごきをすばやくとらえるわけだが，おそらく，それは言語活動の個人＝心理的な側面と関係しているだろう。さらに，言語活動には個人＝生理的な側面がくわわっているのだが，そのことについては，ここではふれない。

（5）言語活動と思考

　以上のべたことから，言語とその使用である言語活動とは，ことなる現象であるこ

とがわかるのであるが，このふたつの現象のちがいは，発展のし方のちがいのうちに あらわれてくる。

　言語の発展法則と言語活動の発展法則とは，まったくことなるものである。言語の 発展は，生産や社会関係，科学や技術や芸術の発展にしげきされて，それ自身の内的 な発展法則にしたがいながら，すすんでいく。それは個人の意志にはしたがわない。 それにたいして，言語活動の発展は，個人のそとに客観的に存在している言語を自分 のものにしていく過程であって，その過程は個人の行動や心理活動との相互関係のう ちにすすみ，心理の内的な発展法則にしたがっている。言語の発展は系統発生的であ って，それの研究は言語学のつとめであり，言語活動の発展は個体発生的であって， それの研究は心理学のつとめである。

　このことを証明するためには，子どものもっている，あるひとつの単語をとりあげ てみるだけでよい。子どもの言語活動のなかにある単語の意味のひろがりは，言語の なかにある単語の意味のひろがりよりも，はるかにせまい。このことは，つぎのこと をものがたっている。語い体系の構成要素としての単語は，言語活動の構成要素とし ての単語とちがっていて，それらがことなる発展法則に支配されているということ。 一般化する能力のひくい子どもの単語では表示する範囲が限定されるのは当然のこと である。言語活動の発展にしたがって言語を所有していく過程は，本質的なものを分 析し，一般化していく個人の思考能力の発達からはなれては，おこりえないのである。

　しかし，言語活動は思考能力の一定の水準を前提にしているだけではなく，思考過 程そのものを内部にもっている。言語活動は思考過程とじかにむすびついている。人 間が言語をつかうということは，過去の思考の成果によりかかりながら，あたらしく 思考をすすめていくということを意味している。つまり，ある個人が言語活動をおこ なうばあい，その個人は，まえもって，言語という一般的なもので現実をわくづけし て，理解しておくことが必要なのだが，その一般的なわくをあたらしい場面にあては めていくという思考過程が，そこには進行しているのである。言語活動は，過去の思 考の成果を固定化している言語をつかって，具体的な場面を分析し，総合し，一般化 しながら，反映していく過程である。こうした側面から，つまり反映機能として言語 活動をみるなら，言語活動は内部に思考過程をふくんでいる。したがって，言語活動 の発展は，思考の発達と直接にむすびついていると，みなさなければならない。

　しかし，反映機能の側面から言語活動をみるだけでは，言語活動の機能をせまく理

解したことになる。言語活動は，この反映機能を土台にして，そこから派生してきた表現機能をもっている。この表現機能の側面からみるなら，言語活動は思想や感情を表現する活動であって，言語はそのための手段にすぎない。こうしたばあいは，言語活動は，相対的な意味で，思考過程からはなれてくる。言語活動の発展は，かならずしも，思考の発達に平行しない。

　言語活動のこうした二面的な性格から，言語活動の指導は，一面では，言語をつかって，現実を認識していく思考活動の指導になり，他面では，思想や感情を言語でいいあらわしていく表現活動の指導になる。子どもの言語活動の円満な発達を考えるばあい，一面だけの強調はよくないだろう。思考活動とその指導においては，意識にのぼってくるのは，つねに現実であるが，表現活動とその指導においては，それは表現手段の使用である。

　言語活動を表現活動としてみるばあい，表現手段のつかい方は技術化することができる。したがって，言語活動の指導は，その側面からとらえるなら，技術教育的な性格をおびてくるだろう。そのこと自身はわるいことではないのだが，26 年指導要領は，言語活動の指導において，この側面のみを不当に強調した。

　　きくこと，はなすこと，よむこと，かくことは，みんな一種の技術であって，技術として
　学習され，指導されなければならない。(「中・高」の 12 ページ)

　わたしたちは技術を非難しはしない。技術主義を非難するのである。人間の頭をホンヤク機械だとみなす，そういう態度を非難するのである。一般的に，技術化できるのは形式的な側面だけである。したがって，技術主義は形式主義のあらわれである。

　言語活動は，表現活動であるまえに，認識活動であって，そこには一定の内容がつきまとっている。そして，この内容の側面から言語活動にちかづくなら，それは思想をうみだしていく心理活動であり，思想を身につけていく心理活動である。したがって，言語活動の指導は，技術教育としては (記号操作の指導としては)，すすめることのできない側面をもっている。言語活動の指導は，言語活動の機能から，当然，技術教育的な側面と知識教育的な側面とをかねそなえていなければならない。

　26 年指導要領は，言語活動主義のたちばにたって，国語教育の内容を言語活動の指導にしぼり，さらにこの言語活動の指導を技術教育的な側面だけに限定した。きわ

めて貧弱な国語教育がうまれてくるのは当然である。言語活動主義に技術主義をくわえた最低の国語教育。そして，そこからおこってくる欠陥は，技術主義をすてることによって解決しないで，道徳教育をおりこむことによって解決しようとした。33 年指導要領では，この技術主義がおしつけ道徳教育ときたならしくだきあっている。

（6）言語作品

　言語活動の指導は，当然その種類と形態との特殊な性格にあわせて，なされなければならない。

　ふつう，わたしたちは言語活動をはなし言葉とかき言葉とのふた種類にわける。さらに，はなし言葉はききとはなしとのふたつの形態に，かき言葉はよみとかきとのふたつの形態にわける（やはり言語活動のひとつの種類である考え言葉〈内言〉については，ここではふれない）。言語活動の形態は，生産的なものとして，はなしとかきがひとつにまとめられ，受容的なものとして，ききとよみとがひとつにまとめられる。

　わたしは，ここで，言語活動の種類と形態との特殊な性格をとらえ，その指導のあり方をあきらかにしようとは考えてもいない。この仕事は，心理学者と教育学者とに期待すべきである。しかし，言語活動の指導と言語の指導とのちがいをあきらかにするのに必要なかぎり，問題にふれておかなければならない。

　言語活動の生産的な形態であるかき（はなし）では，かき手（はなし手）は，よみ手（きき手）につたえなければならない内容から出発し，言語をつかって，それを文章のなかにかたちづけていく。つまり，自分の考えや感情やねがいを，言語という手段をつかって，よみ手（きき手）にわかるように表現するのである。そのためには，単語をえらばなければならないし，えらびだした単語は，文法のきまりにあわせて，文のなかにくみあわせなければならない。こうしてできた文は，すじのとおるように，文脈のなかにくみいれていかなければならない。

　言語によって思想をかたちづけていく過程は，同時に，事実を確認し，思想をかたちづくっていく過程であり，その思想をあたらしい事実がうめて，論証しながら，展開していく過程でもある。いいかえれば，事実にもとづいて判断し，その判断にもとづいて推理していく考察の過程が，言語活動のなかによこたわっている。この考察の過程とならんで，言語活動のなかには，分析と総合，比較，一般化などの思考操作がすすんでいる。

ひとくちにいえば，かく（はなす）という生産的な言語活動のなかには，思想をうみだしていく思考過程と思想をいいあらわしていく表現過程とがすすんでいるのである。こうしたことから，つづり方の指導では，子どもの所有する思想と言語とを土台にして，思考活動と表現活動とが，過程として指導されるのである。ここでは，所産としての思想をおしえたり，社会的な存在としての言語（表現手段）をおしえたり，することはできない（結果として，そうなったとしても）。思想とか言語とかは，言語活動の指導の背後にかくれている。このことがつづり方指導の特殊な性格をなしている。

　ところが，言語活動の受容的な形態であるよみ（きき）では，事情がちがっている。この種の言語活動は，よみ手（きき手）が言語作品を知覚し，その内容を理解していく過程である。つまり，かき手（はなし手）の言語活動をよみ（きき），それによってつたえられている事実，思想，感情，ねがいをよみとっていく過程である。他人の言語活動をよみ，その内容をよみとっていく過程は，それ自身高級な心理活動であるが，ここで注意しなければならないことはかき手（はなし手）の言語活動は，よみ手（きき手）にとっては，結果としてあらわれてくるもの，つまり言語作品（あるいはテキスト）になるということである。

　言語活動はよみ手（きき手）のたちばからは言語作品であるし，その言語作品はかき手（はなし手）のたちばからは言語活動であるから，その発生の当初において，それらはひとつのものであって，くべつする必要はない。

　ところが，言語作品はたやすく固定されて，かき手（はなし手）からきりはなされる。主体からとおのく。言語作品は，生産者の言語活動，したがって生産者の思考や意図（一般的にいえば生産者の心理）から独立して，存在するようになる。それとともに，社会的な財産になって，社会的な価値をもってくるようになる。言語作品のなかには，思考活動も表現活動も存在しない。そこには，これらの活動がうみだした思想とその表現とが存在する。

　言語活動の結果うまれてきた言語作品は，特定の主体からはなれて，社会的な存在になるわけだが，それと同時に，言語作品はそれ自身の内容と形式をそなえて，ひとりであるきはじめる。言語活動の単位＝文からなりたつ言語作品は，それ自身まとまった全体をなして，現実と関係し，現実の反映としての内容をそなえてくる。そして，その内容にふさわしい形式をそなえてくる。言語活動の結果，詩とか小説，評論

言語と言語活動　149

とか論文，記録や手紙など，いろんな形式の言語作品がうまれてくる。したがって，また，言語活動はたんなる言語の使用ではなく，言語作品をうみだしていく創作活動であり，それを理解していく読解活動である。

　こうして，はなし言葉，かき言葉という概念のもとに，一般的には言葉という概念のもとに，言語活動だけではなく，言語作品をもふくめなければならなくなる。言葉は言語活動と言語作品からなりたっている。

　このことから，よみ方教育は，言語作品をよみ，その内容をよみとることの指導になる。いいかえれば，よみ方の指導は，言語によって表現をうけている思想を理解させる仕事である。ところが，ここでは，よみとりという思考過程は，直接に指導内容にならない。言語作品の内容とその表現が直接的な指導内容になる。子どものよみとりの過程は，言語作品の内容と表現とをおしえていく仕事の背後にかくれてしまう。正確にいえば，よみ方教育においては，子どもの思考過程の指導は，作品の内容とその構造をおしえることで，おきかえられるのである。言語作品における思想とその論理的な構造とは，言語活動における思考と思考過程の定着であり，それはさらによみ手の理解と理解過程を規定する。こうして，よみ方教育においては子どもが言語作品を知覚し，理解していく過程は，教師はそれを考慮しなければならないとしても，指導内容として，前面にあらわれてこない。

　子どもにとっては，言語作品を理解する過程は，社会に蓄積されている思想を自分の知識にしていく過程である。国語教師は，よみ方教育をとおして，社会的な財産になっている知識を子どもたちにうけつがさなければならない。このことがよみ方指導の特殊な性格をなしている。

　言葉は，言語活動にあって，過程としての思考とむすびつき，言語作品において，所産としての思想とむすびついているのだが，しかし言語はそのいずれとも直接にかかわりをもたない。言語は，思想の構成要素である概念を，その語いによって表現し，判断の内部構造を文法によって表現しているにすぎない。しかし，こうした言語の機能は，言語が現実を表示しているという機能の背後にかくれている。言語の意味には，まえの世代の思考活動の成果が固定していて，その成果をうみだしていく思考過程には，言語はまったく無関心である。

　人間の思考活動や思想は，まえの世代の認識活動の成果にしばられはしない。人間はその成果のうえにたって，その成果をつかって，現実を分析し，総合し，一般化し

150

つづけるのである。ということは，言語という手段をつかって，無限にあたらしい言語活動をしつづけて，あたらしい思想をうみつづけることを意味している。

このようなことから，言語教育においては，国語教師は思考あるいは思想と直接に関係する必要はない（考慮する必要はあるとしても）。言語はどういう現実を表示しているか，その観点から言語をおしえればよい。

（7）よみ，かきの指導

よみ方指導における知識教育的な側面というのは，言語作品の内容を理解させることによって，知識を身につけさせることなのだが，この言語作品の内容の理解とからんで，国語教師は，子どものわからない単語と単語のくみあわせ*の意味，文の意味をおしえなければならない。この仕事は，子どもに言語作品の内容が理解できる条件をつくる。

わたしは，まえに，単語と単語のくみあわせは，言語活動ではなく言語に属するといった。そして，まえにのべた，わたしの理論によれば，言語活動の指導のなかでは，単語と単語のくみあわせは，それが言語であるゆえに，あつかうことができないはずである。ところが，よみという言語活動の指導のなかでは，単語と単語のくみあわせは，おしえなければならないではないか。これはどうしたことだろうか。それは，単語とか単語のくみあわせとかいう言語の要素が，言語作品のなかに実在しているからである。そうだとすると，いままでのべてきたように，言語と言葉とを機械的にきりはなしたのでは，こうした事実は説明がつかない。

実際，そうである。単語とか文法とかいう言語現象は，個人の言語活動のそとに，歴史＝社会的に存在するといったが，それは言語活動のなかに，それの構成要素として実在しているのであって，個人の言語活動のそとには，どこにも実在しない。したがって，言語活動の結果である言語作品をとおさないかぎり，わたしたちは言語を認識することはできない。言語の認識は，言語作品のなかに実在するものの抽象化であり，一般化である。こうして，わたしたちは言語と言葉とのちがいをみるだけではなく，このふたつの現象の相互関係をはっきりつかまえなければならなくなる。

言葉がなければ，言語はないのだが，反対に，言葉は，言語がなければ，存在しないともいえる。言葉は，言語を土台にして，はじめて存在するのであって，それの具体化である。特殊な条件のなかでの言語の使用である。こうして，言語と言葉とはお

たがいにむすびついているし，おたがいに自分の存在を条件づけあっているのである。このことは，発生的には言語と言葉とはおなじものであって言語はまさに言葉であることを意味している。したがって，言葉そのものが，歴史＝社会的な存在であるといえる（まえに，言語活動は個人＝心理的な側面をもっているといったが，そのことは言語活動の社会的な性格を否定するものではない）。しかし，言葉の発達につれて，言語という手段のたくわえができて，それが個人の言葉からはなれていく。それは，まさに，主体的なものの客体化である（言語活動は，反対に，客体的なものの主体化である）。

　そして，この言語と言葉との分離は，相互にはたらきかけあうという関係をうみだした。まえにのべたように，いかなる言葉も，言語の法則に従属しなければならない。他方では，言語は，言葉のなかで，その使用の特殊な条件にしたがって修正をうける。たとえば「パン」という単語は，「パンをあたえよ」というような文のなかでは，ヒユ的につかわれて，特殊な意味をおびてくる。使用のなかにおける言語の修正は，言語の法則にかなっていれば，社会的な批准をうけて，言語のなかにもちこまれ，言語の発展をよびおこす。

　こうした言語と言葉との相互関係は，国語教育のなかに反映しないわけにはいかない。それは，なによりもまず，言語は受容的な言語活動，つまりききとよみをとおして習得されるという点にあらわれる。言語作品のなかに，言語はつかわれてあるのであって，そこのそとには言語は実在しないからである。よみ方の指導は，このことから必然的に言語教育的な側面をもつようになる。言語教育と言語学にとっては，言語作品は材料である。

　ところが，つづり方（あるいははなし方）の指導では，言語教育的な側面がかけている。なぜなら，かくとかはなすとかいう言語活動は，言語作品をうみだしていく活動であって，そこにはまだ，言語を固定化している言語作品が存在していないからである。これらの指導は，むしろ，よみ方などでまなびとった言語の使用になれさせる作業である。子どもの心理のなかに，生活のなかに言語をながしこむ作業である。

　よみ方指導における言語教育的な側面は，直接には単語教育としてあらわれ，文法教育としてはあらわれない。なぜそうなるかといえば，単語は，言葉の単位＝文を構成している細胞であるからである（と同時に，単語は語い体系を構成する細胞である）。単語は文のなかでは，語い的なものと文法的なものとの統一物であって，語いとか文法とかは，この単語から，またはこの単語を媒介にして，ぬきだされるものである。

よみ方の指導では，特殊な文のなかではたらいている単語を理解させなければならないのだから，それは，当然，語い的なものと文法的なものとの統一物として（したがって，文のなかで文法的にかたちづけられたものとして），具体的な使用のなかにあるものとして，おしえられる。

しかし，文のなかに使用されている単語の理解は，まえもって，その単語のいろんな側面，たとえば，語い的なもの，文法的なもの，文体的なニュアンス，使用のなかでできあがった特殊な意味などをきりはなして，それぞれを理解しておくことが前提になる。具体的なものは，いつでも，抽象的な側面をたくさんもっているから。

こうして，よみ方の指導では，単語における語い的なものを理解させるために，字びき作業がなされる（字びき作業では，文のなかから単語がぬきだされて，その語い的な意味がおしえられる）。では，単語における文法的なもの（あるいは文のなかにおける単語のはたらき）を理解させるのには，どうしたらいいだろうか。文法教育のなかでまなびとった知識を，具体的なばあいにあてはめてみる以外に，方法がない。しかし，まえにのべたように，抽象化と一般化とを要求する文法の指導は，よみ方教育のなかではなりたたない。こうして，国語科のなかで，抽象化と一般化とを保証する文法教育の時間が必要になる。

語い的なものは，字びき作業をとおして，よみ方教育のなかでおしえられるが，文法的なものをおしえるのには，「文法」という，とくべつの課目が必要である（もちろん，語い的なものを体系的におしえようとすれば，とくべつの語い教育が必要になる）。こうしたことがおこるのは，文法的なものが，語い的なものにくらべて現実を抽象化し，一般化していく，そのし方において，質的にちがっているからである。文法的なものは，語い的なものを媒介にして，ものごとのなかにある関係を抽象化し，一般化している。したがって，文法的なものは，語い的なものにくらべて，はるかに抽象的であり，一般的である。

さらに，よみ方の指導は，言語活動をおしえるという性格をおびてくる。なぜなら，言語作品のなかには，その部分として，結果としての言語活動が存在しているからである。国語教師は，言語作品のなかにある一つ一つの文のおもての意味だけではなく，その文がもっているうらの意味，言語のつかい方の特殊な性格をも説明しなければならない。

しかし，よみ方の指導はこれでおわるわけではない。言語作品は全体がある現実を

反映しながら，思想をかたちづくっていて，言語活動とは質的にことなるものをなしている。言語作品のなかでは，一つ一つの文は，作品全体が表現している現実のひとつの断面をしめしているにすぎない。そして，言語作品のなかにある思想は，現実との関係のなかで，それ自身の構造をそなえている。したがって言語作品をめぐって，理解の対象になるものは，思想＝内容とそれの論理的な構造である。さらに，思想＝内容にふさわしい表現方法と表現手段とが，言語作品のなかに存在している。こうしたことがよみ方の指導内容になってくる。

　言語作品は，自分のなかに，言語と言語活動とを保有しながら，言語作品としての全体性，独自性をそなえている。このような事実がよみ方教育の内容を複雑なものにしている。しかし，言語作品をよみ，よみとっていくという方向のうちに，言語と言語活動との指導がなされる*ということをわすれてはいけない。そうであればこそ，言語教育の必要性，とくに文法教育の必要性を強調しないわけにはいかないのである。国語教育が，他教科との関係において，独自な性格をおびてくるのは，まさに，この言語教育，したがって日本語教育においてである。

（補注）* この原稿をかくにあたって，明治図書から出版されたソビエトの教科書『心理学』が，いい参考書になった。みなさんも参考にしていただきたい。ただし，この訳書では，わたしの用語「言語」Language には「言葉」という訳語があてられ，わたしの用語「言葉」Speech には「言語」という訳語があてられている。つまり，反対になっているのである。さらに，これらの訳語は，かならずしも厳密につかいわけられているわけではない。訳者のたてまえにしたがえば，当然「はなし言語」と訳さなければならないところが，「はなし言葉」と訳されている。こういうところは，まだいいのだが，単独につかわれているばあいは，誤解がおこる。訳者に訂正をおねがいしたい。

言語学と国語教育

1　言語[*]

　ぼくたちは，ごくふつうのはなしあいのなかで，「日本語ではなす」とか「朝鮮語で
かく」ということばづかいをするが，この事実は，ぼくたちがはなしたり，かいたりす
る活動から日本語とか朝鮮語とかをきりはなして，とらえていることをものがたってい
る。実際には，日本語でも朝鮮語でもない，ロシヤ語でも英語でもない，なに語でもな
いはなし・かきなどはどこにも存在しないのだから，日本語や朝鮮語やロシヤ語や英語
などをはなし・かきからきりはなすのは，抽象的な思考の世界でのできごとである。日
本語とか朝鮮語とかいうものは，具体的な言語活動をあたまのなかで分析して，とりだ
したものだといえる。

　ぼくは，ここでは，はなしたり，かいたりする具体的な個人の行為のことを言語活動
speech とよんでおく。この言語活動のことを「ことば」とか「言」とか「言行為」とか
いう用語でよんでいる学者もいるが，学者のあいだではフランス語でパロール parole と
いうのが一番とおりがいい。そして，この言語活動からとりだされる日本語や朝鮮語や
ロシヤ語や英語のことを，ぼくは言語 language とよんでおく。言語のことはだれでも
「言語」とよんでいる。

　言語活動のなかから[*]言語をとりだすことのできるのは，どんな言語活動のなかにも，
その側面として，言語が内在しているからである。このことは，つづり方教師であるみ
なさんがつねひごろの教育実践のなかで確認している事実である。みなさんは子どもに
つづり方を指導することを日本語をおしえることだとは考えていない。なぜなら，つづ
るという活動，つまり日本語で文章をつくるという言語活動は，日本語という言語とは
ことなるものであるから。もちろん，つづり方指導のひとつの側面として日本語のこと
もおしえはするが，全体としてみれば，つづり方指導ははるかに豊富な内容をもってい
る。

　たとえば，自然描写の文章をかかせようと，教師が計画をたてたなら，子どもたちを
とりまく自然，つまりちかくにある山や川や谷や野原のかたち，いろ，おおきさなど，

細部にわたって子どもたちが意識的に知覚するように指導しなければならない。その知覚が情緒的でなければならないとすれば，その自然のもつ，調和のあるうつくしさをおしえなければならない。さらにすすんで，その自然が人間の生活とどんなふうにかかわりをもっているか，説明する必要があるだろう。つづるという言語活動は日本語をならべるというような単純な作業ではなく，対象を意識的につかんでいく認識活動が内部にひそんでいるからである。そうだとするなら，つづり方指導の導入的な段階とでもいうべきこの種の作業は，つづり方指導の内容に当然ふくまれてくるだろう。つづり方指導を「ことばのつかい方」という技術的な側面だけにしぼるなら，「ものをみないでかけ」ということになって，主観的にはどうであれ，坊主主義におちこむ。

ところが，日本語の指導では，対象を認識するための作業は，日本語そのものにむけられる。日本語科という教科があると仮定するなら，たとえばそこでは名詞という語彙＝文法的なカテゴリーをおしえなければならないのだが，このばあい，その意味論的な性格（たとえば，物の名まえであるというような），文法的な特徴（たとえば，文のなかにはいるばあいには，そのはたらきにあわせて格助詞をともなうというような），語構成的な特徴（たとえば，形容詞「うつくしい」は，接尾辞をとりかえることによって，名詞「うつくしさ」になるというような）を，名詞がつかわれてある文を例に説明すればいい。

日本語教育とつづり方指導とのちがいは，言語は言語活動のひとつの側面にすぎないという事実にもとづいている。別のいい方をすれば，日本人の言語活動のなかには日本語という言語がつかわれてあるのである。言語活動にたいしては言語は道具にすぎない。ぼくがこれからみなさんに手ほどきする言語学は，この道具の性質をあきらかにする科学である。道具の性質をよくしらなければ，それをうまくつかいこなすことはできないだろう。だが，日本語についての知識をさずけても，かならずしも子どもはりっぱな文章はつづれない。だからといって，そうする必要はないというりくつはなりたたない。言語活動の，そしてその指導の多面性をものがたっているだけのことである。

では言語活動の多面性とはどういうことなのだろうか。ぼくはこの第1章[*]でこのことをあきらかにしながら，言語と言語活動との関係についていくらかくわしくのべてみようとおもうが，そのまえに言語の構造についてかんたんな説明をくわえておく。それはつづく説明のなかでもちいる用語をまえもって規定しておくという意味がある。

言語が音声のながれであって，その音声に意味のあることは，説明する必要のないこ

とである。言語においては，音声がなければ，意味もないし，意味のない音声はないのであって，このふたつは完全に統一している。ところで，意味というものは音声と現実とのかかわりであって，実体ではない。たとえば，教師が子どもに「なし」という単語の意味をあきらかにすることをもとめたばあい，子どもはこの音声がさししめすものをなんらかの方法でしめすことができればいいわけである。このかかわりをつけることができなければ，子どもにとっては，音声は意味をもたず，単なる物理的な音にすぎない。ぼくたちが言語の構造をあきらかにしていくばあい，言語，そして言語のあらゆる部分（要素）をこの音声と意味との統一物としてとらえなければ，音声のないところに意味をもとめたり，意味のないところに音声をもとめたりして，とんでもないあやまりにおちこむだろう。たとえば，「かこう」というかたちを動詞の未然形「かこ」と助動詞「う」とにたたききるあやまり。「う」という音声が「かこう」のなかにあるだろうか。言語を音声と意味との統一物としてとらえること，これは言語をおしえるものにとって，どんなばあいにも，ふみはずすことのできない原則である。

　さて，ふつう，ぼくたちは外国語をべんきょうしようとするばあい，まずその外国語の字びきと文法書とを用意するだろう。もっとも初級むきの文法書にはちいさな字びきが付録についていて，当分は字びきを用意しなくても，すむこともあるが，いずれにしても字びきと文法書とは外国語をまなぶものにとっては，かかすことのできない道具である。この事実は，言語というものが，構造的にみて，まず語彙 lexicon, vocabulary と文法 grammar とからなりたっていることをものがたっている。

　ぼくのような，へたくそな語学者は，日本語を英語にでもうつしかえようとするとき，和英辞典をしらべて単語をえらびだし，文法書とくびっぴきでその単語を文にくみたてていく。外国語ではなしたり，かいたりするばあいには，こういう作業がはっきりおもてにでてくるのだが，母国語ではなしたり，かいたりするばあいは，その作業はかなりの部分が自動化していて，あまりはっきり意識できない。しかし，人によっては，母国語のばあいでも，あらたまってはなすとき，印刷になる原稿をかくときなど，こういう作業を意識的におこなっている。つづり方教師が作文のあやまりをはなしてやるときには，まずそれが考え方のあやまりか，それともことばづかいのあやまりか，みわけて，ことばづかいのあやまりであれば，これを語彙的なあやまりと文法的なあやまりとに分類することができるだろう。言語が語彙と文法とからなりたっているということは，自分たちの言語活動の経験からも教育実践からも，反省によって確認できる事実なのであ

る。

　では，言語の語彙とはなにだろうか。それはあるひとつの言語（たとえば日本語）の単語のすべて（総体）である。これを人間は字びきのなかに定着させているから，語彙という概念の理解は，字びきをあたまにおもいうかべることにおきかえることができる。しかし，このような感覚的なとらえ方は便宜的なもので，語彙という概念を正確にとらえてはいない。単語のあつまりだということだけでは，単語と語彙とのちがいがはっきりしてこない。単語をおしえることと語彙をおしえることのちがいがはっきりしてこない。

　ところで，ぼくたちはこの単語で文 sentence をくみたてるわけだが，このばあい，くみたて方に一定の法則があって，この法則にしたがって単語をうまくならべなければ，日本語らしい文にならないばかりか，いいたいことがきき手・よみ手につたわらないだろう。この文をくみたてる法則（あるいはきまり）のことを文法とよんでいるのである。

　単語が現実のものごとをうつしているとすれば，文法は単語によってうつしとられたものごととものごととの関係をうつしているといえるだろう。「検事のいもうと」というような単語のくみあわせをみると，このことがよくわかる。だが，「みかんのあまさ」というような単語のくみあわせでは，文法はものとそのものがもっている属性（性質）との関係をうつしている。したがって，文法を現実に存在するものごととものごととの関係をうつしていると考えるなら，せまくなる。せまくなるばかりか，こういう規定は，「原因」とか「結果」とか「関係」とかいう単語は現実にあるものごとの関係そのものをうつしているのだから，それらも文法だということになって，まちがいになる。文法は単語を媒介にして現実のものごとのあいだにある関係を反映しているものである。文のなかでは単語はほかの単語との関係をたもっていなければならない。すると，単語は語彙の単位であるばかりではなく，文法の単位でもある。

　さらに，単語あるいは単語のくみあわせがつらなって，文になるばあい，それらが内容としてもっていることがら（文の物質的な内容）と現実との関係が，はなし手主体のたちばからとりむすばれるわけだが，この関係も文法によって表現されている。一番かんたんなばあいが「火事だ！」というような文にみられる。「火事」というのは文のそとにとりだされた単語にすぎないが，「火事だ！」といえば，はなし手がそこに「火事」という現象がおこっていることをみとめて，それをきき手につたえるというはたらきをもってくるだろう。これは文のみがもっている特徴であって，単語を文にするために必

要な手つづきである。この手つづきも言語の法則であって，文法があつかう。文におけるこの種の主体＝客体の関係を，文法学は「陳述」とよんでいる。

　以上の説明から，単語というものはつねに文のなかにあって，ほかの単語との関係，現実との関係をもっており，文法的にはたらいているといえる。すると，単語は現実のものごと（あるいはその側面）をうつしているという規定は，一面的であるということになる。単語は，ものごとのあいだにある関係，はなし手主体とものごと（客体）との関係をも同時にうつしているのである。実際に，現実に存在する単語は，たとえば動詞であれば，「かいた」か「かこう」か「かけ」か「かかない」かなどであって，なんらかの文法的なはたらきをなしているだろう。では，いわゆる終止形といわれる「かく」というかたちはどうかといえば，これは気もち mood のうえからは「のべてるかたち」であり，とき tense のうえからは「すぎさらず」であり，みとめ方のうえからは「肯定」であるなど，いろんなはたらきをもっている。日本人はこの「かく」というかたちをほかのあらゆるかたちの代表だとみなして，字びきの見だしにのせているのである。名詞についてもおなじことがいえる。「山」とか「川」とか「なし」とかいう単語のかたちが文法的なはたらきをもたないという考え方は事実にはんしている。ごくふつうにつかわれる「あの山みた？」というような文のなかで，「山」は格としてのはたらきをもっている。

　単語は文法的なものと語彙的なものとの統一物であるとみなければならない。単語のなかには語彙的なものと文法的なものとがくみあわさって存在しているのである。「はなし」とか「よみ」とかいう単語が動詞ではなく，名詞であるのは，それらがまさに名詞としての文法的なはたらきをしているからなのである。このことも注意ぶかい教師なら実践のなかで確認しているはずである。よみ方のなかでおこなわれる単語指導は，その語彙的な意味の説明にとどまらないだろう。たとえば，「そそのかされる」という動詞がでてくると，それは「そそのかす」の受身のかたちであると，文法的な説明をくわえるだろう。このばあい，主語や対象語との関係なども説明しなければならないとすれば，この説明はどうみても文法的である。

　ここで「語彙的なもの」，「文法的なもの」という用語がでてきたが，この用語の内容はつぎにかかげる表から理解していただきたい。たてのならびからは語彙的なものがぬきだせるだろう。よこのならびからは文法的なものがぬきだせるだろう。

	1	2	3	4	文法的なもの
A	きく	はなす	よむ	かく	のべたてるかたち（すぎさらず）
B	きいた	はなした	よんだ	かいた	のべたてるかたち（すぎさり）
C	きこう	はなそう	よもう	かこう	さそいかけるかたち
D	きけ	はなせ	よめ	かけ	いいつけるかたち
語彙的なもの	聞	話	読	書	

　このようにみるなら，語彙というものは，語彙的なものとしての単語（単語における語彙的なもの）のあつまりだということになるだろう。このあつまりはばらばらに存在する語彙的なものの偶然的な集合ではなく，歴史的な発展のなかでかたちづくられた体系である。たとえば，あたらしい単語は前に存在する単語から派生してくるものだが，この事実のなかにすでに基本的なものと派生的なものとの有機的なむすびつきがみとめられる。体系というのは，有機的にむすびついた部分のあつまりである。したがって，言語学の一分野である語彙論は，単語における語彙的なものの本質，その発展の法則だけではなく，言語の語彙体系の発展の法則，その構造，そこをつらぬいている法則的な関係などをあきらかにしなければならない。もし国語科のなかに語彙教育という領域がなりたつとすれば，そこでは日本語における語彙的なものと語彙体系とについての科学的な知識がさずけられるだろう。それにたいして，いちいちの単語をあらゆる側面にわたってしらみつぶしにしらべあげ，その結果を記録していく言語学の分野は，字びきつくり lexicography といって，語彙論 lexicology から区別されている。単語教育というのは，むしろ，子どものあたまのなかに字びきをこしらえていく作業であって，科学的な知識をあたえる教育ではない。よみ方指導のなかでおこなわれるこの種の単語教育のことを，ぼくは字びき作業とよんだことがある。字びき作業は語彙教育に先行する。子どもにある程度の単語のたくわえがなければ，法則に一般化することはできないからである。

　すでにのべてあるように，単語は，文のなかにはいるばあいには，そのはたらきに応じてかたちをかえる。たとえば，「かく」という動詞は文のなかにいれるばあいには，「かく」にしたらいいか，「かいた」にしたらいいか，それとも「かくだろう」にしたらいいか，「かいただろう」にしたらいいか，活用表のなかからひとつだけうまくあては

まる活用形をえらばなければならないだろう。このような動詞の活用形のことを，ぼくは文法的なかたち grammatical form となづけておく。名詞が格助詞をともなって「山が」，「山の」，「山に」……となるのも，単語が文法的なかたちをかえたことになる。この文法的なかたちはかならず一定の意味をもっていて，文のなかでの単語のはたらきをしめすわけだが，この意味のことを文法的な意味 grammatical meaning となづけて，語彙的な意味 lexical meaning からくべつしておく必要がある。この単語の文法的なかたちと文法的な意味をあつかう文法学の分野が形態論 morphology なのである。むずかしくいえば，文法的なものは，単語にとっては，語彙的なものの存在の形式である。単語は文法的なものがなければ存在できないのである。

　そして，文法的に（あるいは形態論的に）かたちづけをうけた単語で，単語のくみあわせや文がくみたてられるわけだが，このくみたて方をあつかう文法学の分野のことを，言語学は文章論 syntax とよんでいる。ついでだが，ちかごろ文章（言語作品）のくみたてをしらべる学問を文章論となづけて，文法学のなかの一領域にしたてようとするこころみがあり，指導要領はそのでたらめな学説をとりいれているが，ふつう言語学で文章論といわれているものは，これとは関係がない。この説のでたらめさは，作品をほんやくしても，文章のくみたてはかわらないが，言語はまるっきりかわってしまうという単純な事実からも証明できる。文学作品のばあい，そのくみたては日本語の文法的な構造ではなく，その内部形式（形象のもつ構造，あるいは形象の配置）なのであるから，それは文学理論が当然あつかうべき性質のものである。これにたいして，言語は外的な手段にすぎない。

　つづいて，単語のくみあわせ word-group という文章論的な単位についてのべておこう。これはふたつあるいはそれ以上の単語（独立語）をくみあわせたものである。たとえば，「ぬる」という動詞を「すみをぬる」，「かべにすみをぬる」，「ふででかべにすみをぬる」というぐあいにひろげていくことができるが，このように動詞「ぬる」をひろげてみても，けっして文ができあがるわけではない。陳述がかけているから。「ぬる」という動詞の語彙的な意味を一そう具体化しただけのことであって，名づけの単位であることにはかわりがない。この意味では，単語のくみあわせはまったく単語とおなじである。いずれも文をつくるための材料である。だが，単語のくみあわせのなかにはいっている単語のあいだには，一定のし方でむすびつきができている。つまり，単語のくみあわせをつくっているいくつかの単語のあいだには，かざり＝かざられの関係があって，

文章論はこの関係の性質をあきらかにしなければならないのである。さらに，このかざり＝かざられの関係は文法的なかたちによって表現されているのだから，文章論はその文法的なかたちもあきらかにしなければならない。このような作業をとおして，単語のくみあわせはいくつかのタイプにわけることができる。「運動場でブランコをつくる」と「運動場にブランコをつくる」とのちがい，「さようならという」と「さようならをいう」とのちがい，「あなたをおもう」と「あなたのことをおもう」とのちがいなど，文章論のなかでも連語論とでもいうべき，単語のくみあわせをあつかう部門があきらかにしなければならないことなのである。

　ふつう，文はこの単語のくみあわせと単語とからなりたっている。たとえば，「ぼくは太郎さんのわらうのをみた。」というような文では，対象語（あるいは目的語）になっている文の部分は単語ではなく，単語のくみあわせである。では，「ぼくはきくをみた。」という文のなかでの「きくをみた」は単語のくみあわせであるかといえば，そうではない。「きくを」は主語や述語との関係において対象語である。しかし，「きくをみた」という対象語と述語とのくみあわせから陳述性をきりすてると，「きくをみる」という単語のくみあわせがとりだせる。文と単語のくみあわせとの関係は二重の意味に理解しなければならない。

　学校文法などでは，文はひとまとまりの考えをあらわしていると便宜的に規定しているが，このような規定はあいまいであるばかりではなく，文の文法的な特徴をとらえてはいない。文には意志や命令などをいいあらわすものもあるのだから，論理学のカテゴリーで説明できないのはあたりまえのことである。また，一定のイントネーションをともなう単語あるいは単語のつらなりが文であると，規定する人もいる。たしかに，文はかならずイントネーションによってかたちづけられている。このイントネーションは。や！や？のような記号でしめされているから，この記号のあるところでひとつの文ができていると，考えることができる。低学年には有効な指導方法である。だが，イントネーションだけが文を文法的にかたちづけるものではないのだから，この種の規定も正確ではない。文の文法的な特徴をとらえるためには，文の物質的な内容（ことがら）と現実とのかかわり，つまり文の陳述的な構造を全体としてあかるみにださなければならないのである。この問題をあつかう文章論の分野は文論となづけて，連語論から区別する必要がある。

　ぼくたちはごく常識的に文のくみたてを主語，述語，対象語などにわけてとらえてい

る。文の陳述はこの文の部分 parts of the sentence のなかに，文の部分のあいだの相互関係のなかに表現されている。陳述の中心が述語にあることは，だれのめにもあきらかである。また，文の主語とか述語とかがはなし手主体と客体（話題になる現実）との関係のなかで決定することも，あきらかな事実である。したがって，文の部分とそれらのあいだの相互関係の研究が，文論の中心的な課題になる。

　さて，文法教育というのは，日本語の文法的な構造についての科学的な知識を体系的におしえるのだが，この文法教育と語彙教育，それにくわえて発音教育と文字教育が国語科（日本語科）の中心的な内容になるだろう。なぜそうなるかということは，あまりむずかしく考える必要がない。よみ方やつづり方の指導は，まさに日本語をつかってのよみ方，つづり方の指導であって，日本語をおしえる教科ではない。そうかといって科学教育でもないし，芸術教育でもない。文字どおり，よみ方，つづり方の指導である。正確にいえば，ここでは，その形式的な側面としては日本語の発音，文字，単語，文法が，その内容的な側面としては自然や人間についての知識がおしえられるとしても，これらをどちらかの一方にかたづけてしまうわけにはいかないのである。いずれの側面も一本だちした教科として展開したすがたではあらわれないだろう。

　それに，このよみ方・つづり方指導には，技能をやしなうという重要な側面がある。すらすらよめるとか，すらすらかけるとかいうことの意義は，教育の内容を科学と芸術とにわりきらなければ気のすまない人には，わすれがちのことであるが，この技能を土台にして科学と芸術との教育がおこなわれるとすれば，ぼくたちはよみ方・つづり方指導のこの側面をだいじにしないわけにはいかない。すらすらかぞえることのできないものに数学をおしえるわけにはいかないだろう。これとおなじことである。したがって，よみ方・つづり方指導のなかには，すくなくとも，(1)日本語をおぼえる，(2)事実的な知識をたくわえる，(3)文章そのものについての知識をもつ，(4)よみ・かきになれるというよっつの側面が統一して存在している。この統一性をこわすことのできないところに，低学年の教育の特殊性がある。

　よみ方・つづり方指導は，教科が自然や地理や歴史や文学にわかれている分析的な段階にはいるまえの，総合的な（あるいは未分化）の段階である。このことから，よみ方・つづり方の指導は，国語科の内容というよりも，むしろ全教育の出発点にあるものとみなさなければならないだろう。よみ・かき・そろばん，これは全教育の基礎なのである。歴史的にみて最初にあるものは，その発展した形態において基礎としてあらわれ

言語学と国語教育　163

る。

2　言語教育

　よみ方・つづり方教師は，よみ・かきの指導にあたって，日本語の単語，単語のくみ
あわせ，慣用句，*文などについてのあれやこれやを必要に応じておしえていく。もとも
と，よみ・かきという言語活動は，自然や社会や人間についての知識や情報をまなびし
るために，自分の考えや意志や感情などをあい手につたえるためにおこなうものだが，
そのときに必要な日本語のあれやこれやをおぼえこむ。こんな事実から，日本語教育は
よみ方・つづり方指導のなかでついでにやればいいというような，国語教育の理論がう
まれてくる。国語教育についてのこのような考え方は，実際には国語科の内容をよみ・
かき（きき・はなし）の指導に限定してしまうのだから，言語活動主義とよぶことがで
きるだろう。学習指導要領がこの言語活動主義をつよくおしだしていることは，みなさ
んのよくしっている事実である。

　この言語活動主義にたいして，つぎのような意見がある。国語科で言語活動だけの指
導をおこなっていては，子どもに日本語についての必要な知識をさずけることはできな
い，したがって子どものよみ・かき能力をほんとうにたかめたことにはならない，もち
ろんよみ方・つづり方指導は必要だし，そこでも日本語のあれやこれやを順序ただしく
おしえなければならないのだが，このよみ方・つづり方指導のほかに，もっぱら日本語
についての体系的な知識をおしえる時間を国語科のなかにもうける必要がある，という
ような意見。言語活動主義が学習指導要領の考え方なら，それにたいする批判的な意見
は，どちらかといえば，民間教育運動にくわわっている人たちがとっている。

　ぼくは，もちろん，民間教育運動にくわわっているもののひとりとして，学習指導要
領の言語活動主義をしりぞけるが，よみ方・つづり方教師のみなさんは，いまただちに，
どちらの考え方をとるかということの判断をせまられているわけではないのだし，ぼく
の意見はひとまず仮説としてうけとめておいて，この意見の対立を理論上の問題として
ではなく，実践上の問題として，どちらがただしいか，事実にもとづいてたしかめてい
ただきたい。みなさんがよみ方・つづり方指導のきめをもっともっとこまかくしていけ
ば，言語活動主義はいどころがだんだんせばまり，しまいにはきえてなくなるだろうと，
ぼくは*考えているわけである。いずれにしても，日本の国語教育*をここまで発展させ

てきたのは国語教師*であったし，これからもそうであろう。そういう責任のあるみなさんは，かるがるしく理論にとびつかないでほしい。

さて，この問題を検討するにあたって，まずはじめに，よみ方・つづり方のなかでおこなう日本語教育はどういう内容があるか，それにたいして，よみ方・つづり方のそとでとりたてておこなう日本語教育はどういう内容をもたなければならないか，このことをあきらかにしておく必要がある。それらがまったくおなじものであれば，日本語教育の時間を国語科に特設しなければならないという意見は，はじめからなりたたない。

ここでは例をよみ方指導にとり，さらに単語教育のばあいに限定する。よみ方教師は，作品の内容の知覚と理解とをたすけるために，子どもにわからない単語があれば，それについて説明をくわえるだろう。また，作品の内容をよみとるという観点から説明する必要のない単語であっても，その単語についての言語学的な知識をあたえることもあるだろう。そうなるのは，よみ方指導における単語教育は，作品内容の知覚と理解とに奉仕するばかりではなく，子どもの所有する語彙をゆたかにするという目的があるからである。

よみ方指導における単語教育について，さいわい，教育科学研究会・新潟国語部会の研究*があるので，これにしたがって記述していこう（『教育』62年12月増刊号）。この研究にしたがえば，単語をめぐってよみ方指導があつかわなければならないことは，その(1)表記のし方，(2)発音，(3)語彙的な性質，(4)文法的な性質のよっつの項目にわかれる。もちろん，いちいちの単語について，これらの項目をひととおりおしえるというわけではない。必要に応じて，この項目のうちのどれかをおしえるのである。新潟国語部会のあきらかにした4項目について，ぼくの考えもつけたしながら，具体的に説明しよう。

(1) 表記*

たとえば，inu という単語は，「いぬ」，「イヌ」，「犬」とかく，というようなことをおしえる。

(2) 発音

たとえば，「犬」という単語の発音は inu である，というようなことをおしえる。

(3) 語彙的な性質

言語学と国語教育　165

（イ）単語の語彙的な意味をおしえる。単語の語彙的な意味はひときれの現実（ものごと）の反映であるから，まず単語とものごととの関係をつけてやらなければならない。だが，同義語の系列のなかにある単語の語彙的な意味には，こうした物質的なもののほかに，感情的なものがある。たとえば，「きさま」という単語には／二人称／という語彙的な意味があるが，それにはけいべつの感情がつきまとっている。「あなた」や「きみ」や「おまえ」などとの比較のなかで，このこともおしえる。

（ロ）多義語のばあいは，その語彙的な意味の構造にまでふれなければならないことがあるだろう。たとえば，子どもがひとつの単語のいくつかの意味をノートにかきとめてきたばあい，子どもはそこでいやおうなしに語彙的な意味の構造にぶつかっているのである。ひとつの単語にいくつかの語彙的な意味がたまたま雑居しているわけではない。派生的なものは基本的なものに関係づける必要がある。

（ハ）単語の語構成的なつくりをおしえる。たとえば，「うすぐもり」という単語は「うす」と「くもり」とからなりたっているという事実について。

（ニ）同義語，反義語，同音語，類義語のむれのなかにいれる。これはひとつの単語をむれのなかで理解し，記憶することである。

（ホ）ある単語が，使用の範囲からみて，地域的な方言に属すること，特殊な社会グループの方言に属すること，年令・性べつの方言に属すること，職業的な方言に属すること，学術用語に属することをおしえる。たとえば，「めんこい」という単語が作品のなかにでてきたら，それが東北の地域的な方言であることをおしえる。「おり」は商人のなかまでつかわれる単語であること，「おつむ」は幼児につかう単語であることなど。

（ヘ）特殊な文体への単語の帰属をおしえる。日常のはなしことばのなかでも，かきことばのなかでも，論文や評論のなかでも，小説のなかでもひろくつかわれる単語のほかに，特殊な文体でのみつかわれる単語がある。たとえば，「さだめ」とか「ひとみ」とか「うれい」とかいう単語は，詩あるいは詩のように抒情性のつよい文章でのみつかわれるということをおしえる。かきことばのなかでのみつかわれる単語を日常のはなしのなかにつかったり，はんたいに日常のはなしのなかでだけ*つかわれる単語をかきことばのなかにつかったりすると，表現上のニュアンス，たとえばおかしみがでてくる。

（ト）単語のでどころをおしえる。たとえば，「カステラ」という単語は江戸時代に

ポルトガル語から借用したものであるということ。

（チ）単語の語源をおしえる。たとえば，「ききほれる」という動詞をおしえるばあ
い，「きき」と「ほれる」とに分解して，「ほれる」という動詞はむかしは／うっとり
する／という意味をもっていたということをおしえる。

(4) 文法的な性質

（イ）単語の形態論的なかたちとその意味とをおしえる。たとえば，「しなれた」と
いう単語は動詞「しぬ」のうけみの過去形であるということをおしえる。また，「し
ぬ」は自動詞であるから，その文法的な意味が，「めいわくのうけみ」であることを
説明する。

（ロ）語彙的な意味が実現する文章的な条件をおしえる。たとえば，ある単語がどの
ようなタイプの単語のくみあわせのなかにあるかをあきらかにして，語彙的な意味の
実現の，連語論的な条件をしめす。多義語の語彙的な意味はおおくのばあい，特定の
タイプの単語のくみあわせのなかで実現している。たとえば，動詞「みる」が／みい
だす，みとめる／という意味をもつのは，「……に……をみる」というタイプの単語
のくみあわせのなかにおいてである。

> シェクスピアには英国中世の信仰を**みる**ことができる。（藤村）
>
> ほおのこけた文三の顔を敬二は天井に**みた**。（徳富健次郎）

したがって，こうした文がでてきて，そのなかにつかわれてある「みる」の語彙的
な意味をおしえるばあい，このような連語論的な条件もしめさないわけにいかなくな
る。また，単語は文のなかでどのようにはたらくかということでも（たとえば主語で
あるか述語であるかということでも），語彙的な意味をかえるだろう。

（ハ）単語の形態論的なかたちを使用範囲の観点から，または文体の観点から説明す
る。たとえば，「かきよる」は関西方言でつかわれるかたちであること，「かいてる」
は日常のはなしのなかでつかわれるかたちであることなど。このような事実は文法教
育でおしえておけばいいことなのだが，よみ方指導でもふれるとすれば，文章のなか
でそれが表現的な価値をもってくるからである。

(5) 語彙＝文法的な性質

ある単語がどの品詞に属しているかをおしえる。さらに，動詞であれば，それが他
動詞であるか自動詞であるか，継続動詞（たとえば書く，なぐる，およぐ，切るのよ
うな，一定のながさのある動作をあらわしているもの）であるか瞬間動詞（たとえば

立つ，おきる，着る，死ぬのような動詞）であるかなど，その帰属をあきらかにしな
ければならないばあいもあるだろう。

　以上でぼくは*教科研・新潟国語部会の研究にしたがいながら，よみ方のなかで単語
教育がしなければならないことを箇条がきにしてみた。この箇条がきが不完全なもので
あることは，ぼく自身もみとめる。文脈や場面から生ずる単語の特殊な意味，単語の表
現性などについては，まったくふれていない。だが，さしあたってこの論文の目的から
すれば，これでじゅうぶんなのである。そして，いまは，必要に応じてこれだけのこと
を指導しなければ，子どものよみのふかさ，よむ能力のたかさ，語彙のゆたかさは保証
できないと，かりにきめておこう。すると，よみ方教師は，かならず，単語をめぐって
これだけのことは指導しなければならないということになる。

　では，作品のなかにでてくる単語をおしえることが，どうしてこれだけのひろがりを
もってくるのだろうか。それは，ひとつの単語といえども，言語（日本語）の体系のな
かに存在していて，そこからはなれてはありえないからである。日本語のひとつの単語
は，日本語の語彙体系と文法体系のなかでみずからの語彙的な，文法的な性質が規定さ
れている。したがって，その体系のなかでなければ，その体系との関係のなかでなけれ
ば，単語のあらゆる性質はあかるみにでてこない。このことから，ひとつの単語につい
て，その性質のなにかをおしえようとすれば，まなびしろうとすれば，言語という全体
系を背景にしてすすめなければならないということになるのである。そういう事情がよ
み方における単語教育にこのようなひろがりをあたえる。

　このことは，教師が意識していようといまいと，子どもが意識していようといまいと，
関係のないことだともいえる。実際にそうなっているし，そうならざるをえないのであ
る。ひとつの単語を文のなかでおしえるということは，そのことの最低の保証なのであ
る。単語はあるひとつの文のなかにあることで，言語の全体系へのつながりをなんらか
の程度に実現している。しかも，単語は文のそとには存在していない。

　そして，すぐれたよみ方教師はこのことを意識しないわけにはいかない。よみ方教師
がこのことを意識したときに，言語の全体系を背景におきながら，ひとつの単語をおし
えようとする努力がなされ，指導方法にあたらしい変革がおこるのである。ここに箇条
がきした単語教育の項目は，あるいは，意識したよみ方教師の経験を整理したものにす
ぎないだろう。だが，よみ方教師はたとい自分でそこまで自覚してはいないとしても，

実践家の感覚でこういう作業をなんらかの方法でやっていると，ぼくはおもっている。

　言語の全体系を背景にして，ひとつの単語をおしえようとするばあい，よみ方教師がこの言語の体系についての知識をもっていなければならないのは当然のことであるが，同時に子どももその知識をもっていなければならない。そうでなければ，いちいちの単語の指導と学習がうまくすすむはずがない。しかも，この言語の体系についての知識は，よみ方指導のなかでついでにやれるほど単純なものではない。体系は体系的におしえなければ，おしえたことにはならない。したがって，よみ方指導のそとに，言語の体系についての知識を体系的におしえる時間を特設しないわけにはいかないのである。これがぼくの結論である。この結論をみなさんによくわかってもらうために，おなじことを具体的な例でくりかえしてのべよう。

　たとえば，教材のなかにつぎのような文があって，この文のなかにある動詞「みる」の語彙的な意味をおしえなければならないと仮定しよう。

　　けれども，ねえさんはぼくを生活上必要な道具と**みている**だけで……（二葉亭）

　ここでの「みる」は／みなす，判断する／という意味になっていて，視覚活動をしめす「みる」ではない。この事実は，いくらか注意してよめば，気づくことができるかもしれないが，おおくのばあい，気づかずによみながしてしまうだろう。よむという目的からみれば，それでもいいかもしれないが，気づかずにながしていくなら，「みる」という動詞をこんなふうにつかってみせる能力は子どものものにならないだろう。これは単語教育にとっては致命的な欠陥である。そして，よみ方教師がこの「みる」は／みなす／という意味であると説明しても，事情はかわらない。このばあい，すくなくとも，つぎのような例をつかって，「みる」の語彙的な意味とそれを実現している単語のくみあわせのタイプとを確認しなければならない。

　　倫ははなせばはなすほど自分を田舎くさいむかしものとしか**みて**いない美夜を感じて，ふかい失望にとらえられた。……（円地）

　　自分はあなたをえかきじゃないかと**みた**んですが……（林ふみ子）

　用例の豊富な，いい字びきがあれば，こういう作業はむずかしくないのだから，ここ

まではよみ方指導でもできるとみなしておこう。この事実から，「……を……と（に）みる」というタイプの単語のくみあわせのなかでは，動詞「みる」は／みなす，判断する／という語彙的な意味を実現する，ということまではわかるが，ではなぜそうなるかという理由はあきらかにならない。それを理解するためには，「みなす」，「みたてる」，「解釈する」，「推定する」，「判断する」のような知的な態度をあらわす動詞のグループが，どのようなタイプの単語のくみあわせをつくるか，しらべてみる必要がある。

> 文章をたんに小説の一技術と**みなす**風潮が，どれほどわれわれの文学をまずしくしてきたであろうか。（川端）
> 他人からめぐみをうけて，だまっているのは，むこうをひとかどの人間に**みたてて**，その人間にたいする厚意の所作だ。（漱石）
> ソ連政府としては，今後ハマーショルド事務総長とはいかなる関係ももたず，またかれを国連の役員と**みとめない**であろう。（朝日新聞）
> 先生は，おまえがかかるいまわしい非常手段にでたことを，おまえがそれだけ良心の呵責になやんでいた証拠だと**解釈する**。（石坂）

このような資料があつまると，対象にたいする判断行為をあらわす動詞のグループは一般的に「……を……と（に）……する」というタイプの単語のくみあわせをつくる，という事実があきらかになる。そして，「みる」のような，もともとは視覚活動をしめす動詞であっても，この種の単語のくみあわせのなかにはいると，語彙的な意味にずれ＝抽象化がおこって，対象にたいする判断行為をあらわす動詞のグループに移行する，という結論がでてくるのである。この結論は，さらに，つぎのような事実によって確証される。

> ぼくのいうことを理想と**きく**ようじゃ，きみもよっぽどやきがまわっている。（二葉亭）
> わたしは先生をもっとよわい人と**信じて**いた。（漱石）
> かれの「いたずら」ということばをひろい意味に**とれ**ば，たしかにこれは「いたずら」の一種かもしれない。（円地）
> 日本人は欲を心のなかからおいだして，無心無欲の人間になることをとうとしとした。（朝日新聞）

このような例をみるなら,「きく」,「信じる」,「とる」,「する」のような,もともと
は対象にたいする判断行為をあらわしていない動詞も,この種のタイプの単語のくみあ
わせのなかでは,対象にたいする判断行為をあらわす動詞,あるいはそういうニュアン
スをおびた動詞に移行する,ということがわかる。

動詞「みる」の語彙的な意味のひとつを正確におさえるためにさえ,単語のくみあわ
せの体系のなかにふかくくいっていなければならない。動詞「みる」が／みとめる,
みいだす／という語彙的な意味を実現する場合も,おなじことがいえるだろう。そして,
ぼくは,このような手つづきをふまなければ,単語の語彙的な意味がはっきりしてこな
い例をたくさんもっている。みなさんがよみ方指導のなかでこんな例を発見するのは,
さほどむずかしいことではないだろう。

一般的にいえば,多義語のおおくは,その語彙的な意味を単語のくみあわせという条
件のなかで実現している。いいかえれば,多義語の語彙的な意味は,単語のくみあわせ
の体系のなかで発展していくのである。そうだとするなら,単語のくみあわせの体系を
しらべずには,多義語の語彙的な意味はあかるみにでてこない。このことは多義語の指
導と学習とにもあてはまるだろう。連語論の体系的な指導がなければ,よみ方教師は多
義語の語彙的な意味は完全におしえることはできない。だが,連語論は,よみ方指導の
わくのなかでは,どうにもならない世界なのである。

3　言語の体系性

文章のなかにつかってある,あるいはつかうべき日本語のいちいちの要素を注意ぶか
く,ていねいに指導していけば,よみ方・つづり方教師はかならず言語の体系性という
事実にぶつかるだろう。なぜなら,日本語のいちいちの要素はばらばらに孤立して存在
しているわけではなく,有機的にむすびついた体系をなしていて,あるひとつの要素は
その体系のなかで自己の存在を主張しているからである。ひとつの要素の指導は,それ
が属する体系とのかかわりなしではすまされない。ぼくはみなさんがこういう経験をも
っているものと信じている。

日本語のいちいちの要素を日本語の体系のそとであつかうと,指導＝学習は機械的に
なり,完全さをうしなうだろう。子どもは日本語の完全な所有者になることができない。
このことから,日本語のひとつの要素といえども,日本語という言語の体系を背景にし

て指導し，学習しなければならないということになるのだが，しかし日本語の体系その
ものについての知識は，よみ方とかつづり方とかいう言語活動の指導の時間では，おし
えることもまなぶこともできない。よみ方・つづり方指導が直接にぶつかる体系は，ま
さに文章なのである。こうして，よみ方・つづり方教師がよみ方・つづり方における日
本語の要素の指導を完全なものにしようと努力すれば，よみ方・つづり方指導のそとで，
とりたてて日本語の体系についての知識をおしえなければならないという欲求*がかなら
ずわいてくるのである。

　では，言語の体系性とは，どういう事実をさしているのだろうか。よみ方・つづり方
教師が日本語のすぐれた指導者になるためには，このことはぜひとも理解しておく必要
がある。

　言語学の世界でも，「体系」という用語はいろんな意味にもちいているが，ぼくは，
言語が体系であるというばあいは，それが有機的にむすびついている諸要素の統一体で
あるという意味にもちいる。それでは，この一般的な命題は，どういう具体的な事実を
さしているのか，まずはじめに，語彙的な単位としての単語を例にして説明しよう。

　たしかに，ひとつの単語は，語彙の単位として，ひときれの現実とかかわりをもって
いる。ぼくたちは単語がかかわるひときれの現実のことを語彙的な意味といっている
が，あるひとつの単語の語彙的な意味は，ほかのいくつかの単語の語彙的な意味と直接
にむすびついていて，そのむすびつきのなかで自己を実現している。いいかえるなら，
あるひとつの単語は，ほかの単語の語彙的な意味にしばりつけられて，自分自身の意味
を実現しているのである。そして，この種の条件づけは相互に進行しているのであるか
ら，意味的に隣接するいくつかの単語は，語彙的な意味の体系をなしていて，そのうち
のひとつの語彙的な意味は，その体系のかかすことのできない要素としてあらわれるだ
ろう。

　このことは，あまりむずかしく考えなくても，理解できる事実である。たとえば，
「あし」という単語の語彙的な意味をあきらかにするばあい，それを「て」との関係の
なかでとらえるか，「すね」，「ひざ」，「もも」，「また」との関係のなかでとらえるかで
は，ちがってくる。というのは，「あし」という単語が，からだの部分をしめすほかの
単語との意味的なむすびつきのなかにあることを，ものがたっているのである。そして，
人間のからだの部分をしめす単語がすべてあつまって，語彙的な意味を条件づけあって
いるとするなら，そのあつまりは単純な集合ではなく，語彙的な意味の体系をなしてい

るといわなければならなくなる。おなじような語彙的な意味の体系を「いく」，「くる」，「かえる」，「もどる」，「あがる」，「のぼる」，「おりる」，「おもむく」，「でむく」，「ちかづく」，「とおざかる」，「かよう」，「でる」，「はいる」のような移動性の自動詞のむれにもみいだすことができる。

　この種の一系列の単語が体系をなしているのは，かならずしも現実のものごとの体系性を反映しているからではない。それらが類義語，反義語というかたちで意味的にむすびついていて，相互にその語彙的な意味を条件づけあっているからである。さらに，「くう」，「たべる」，「くらう」，「めしあがる」のような動詞のむれは，対象的な意味ではおなじであっても，表現的な価値ではことなる同義語の体系をなしている。

　語彙的な意味の体系のなかにある単語は，それがもっている現実とのかかわりをあかるみにだすだけでは，その語彙的な意味を完全にとらえたことにはならない。いや，むしろ，そのなかでなければ，ひとつの単語の語彙的な意味は完全にとらえられないといった方がいい。なぜなら，単語の語彙的な意味には，意味的に隣接する，あるいは対立する単語とのむすびつきがふくまれているからである。ある単語のほかの単語との意味的なむすびつきのなかには，現実のものごとの構造だけではなく，現実のものごとにたいする社会的な理解が表現されているのである。同義語のばあいには，そこに現実のものごとにたいする感情的な態度が表現されている。そうなるのは，単語の語彙的な意味には，人びとの認識活動の成果が定着しているわけだが，その認識活動は，人びとの生活の物質的な条件や実践的な利害にも規定されるからである。

　しかし，いくつかの単語のあいだの意味的なむすびつきは，単語の語構成的なつくりのなかにはっきりと表現されていて，純粋に意味的ではない。たとえば，「ひろい」，「ひろさ」，「ひろがる」，「ひろがり」，「ひろめる」，「ひろめ」，「ひろまる」，「ひろまり」，「ひろびろ」，「ひろば」，「すえひろがり」などの一系列の単語。この種の語彙体系は，単語と単語とのむすびつきのタイプがことなっているから，語構成＝意味的な体系とでもなづけて，まえに説明した語彙的な意味の体系からくべつする必要がある。

　生産や科学や芸術や技術の発展，日常生活の様式の変化などにこたえて，言語の語彙はたえず変化し，ゆたかなものになっていくのだが，このばあい語彙体系のすみずみでおなじような変化と発展がおこるわけではない。言語の語彙のなかには，あたらしい単語をつくるための基礎になる基本単語があって，その基本単語はたえず進行する社会の変化と発展にはあまりびんかんに反応しないで，ながいあいだいきつづけている。社会

の変化と発展とにこたえる，あたらしい単語の生産は，この基本単語を土台にして，民族語に固有の単語つくりの法則にしたがって進行する。したがって，語彙のなかには単語つくりの基礎になる基本単語と，それをもとにしてつくりだされた派生単語とがあって，それらが単語つくりの法則によってむすびつけられている体系をなしているのである。たとえば戦争あとに「よろめく」から「よろめき」がつくられたが，それが「姦通」という単語にとってかわったとすれば，男女関係の変化とそれをめぐる道徳意識の変化を反映している。さらに，この「よろめく」という動詞は，単語のつくりでは，「きらめく」，「あおめく」，「ひらめく」などとおなじタイプの系列に属している。

　基本単語をもとにして，あたらしい単語をつくるのには，単語つくりのための接辞 affix をこの基本単語にくっつける派生の方法，基本単語をかさねあわせる合成の方法などがある。そうだとするなら，基本語彙というような用語をもちいるばあい，たんに基本単語のリストを考えるだけではなく，そこにはあたらしい単語をつくるための接辞，単語つくりの生産的なタイプや法則などもふくめなければならないだろう。そうしなければ，基本語彙を体系としてとらえたことにはならない。

　実際的な問題として，国語教師が基本語彙をおしえるというばあい，基本単語のリストをつくっておいて，それをなんらかの機会にひとつひとつおしえるとしても，体系としての基本語彙をおしえたことにはならない。それが基本単語である以上，派生単語や合成単語との関係においてそうなのであるから，基本単語をもおしえたことにはならないだろう。基本語彙をおしえるということは，基本単語とそれを核とする語構成＝意味的な体系をおしえることである。基本単語をおしえるということは，語構成＝意味的な体系を背景にして，基本単語と関係づけながら，あるひとつの単語をおしえることである。

　したがって，基本語彙の研究は，基本単語のリストつくりにすりかえるわけにはいかないだろう。よみ方・つづり方教師が基本語彙を調査するという作業は，文章のなかにでてくるいちいちの単語について，それが属する語構成＝意味的な体系，その単語とほかの単語との語構成＝意味的なむすびつきを教授目的からあきらかにするものでなければならない。主観的な判断から基本単語とみなされたもののリストの作成は，いままでたくさんの教師によっておこなわれてきたが，それがむだなほねおりにおわっているのは，基本語彙を基本単語の機械的な集合とみなして，語構成＝意味的な体系としてあつかわなかったからである。そういうばあいは，なにが基本的であるかという規準さえみつからない。へたをすると，使用の頻度から基本単語をえらびだすという実用主義にお

ちいる。よみ方・つづり方教師はみんなで力をあわせて「教育基本語彙集」のようなものをつくらなければならないが，この作業をみなさん自身の教育実践からきりはなしてはいけない。「教育基本語彙集」の編集は，よみ方・つづり方教師の基本単語の指導の実践を記録することから，はじめなければならない。

言語の体系性というばあい，もちろん，その語彙構成*にかぎられてはいない。むしろ，それは言語の文法制度*のなかにはっきりとしたすがたであらわれてくる。動詞の活用表をながめて，その体系性にきづかない人は，おそらく，国語教師にはひとりもおるまい。おなじことは名詞の格変化の表のなかにもみることができるだろう。格変化の体系性は，「を格」がなければ「に格」がありえないし，「に格」がなければ「から格」がありえないし，「から格」がなければ「まで格」はありえないという，きわめて単純な事実のなかにあらわれている。格は相互に条件づけあう体系をなしていて，その体系のなかで自分のはたらきを実現しているのである。名詞の格はおもに単語のくみあわせのなかではたらいているのだから，いくつかの単語のくみあわせをくらべて，格の相互関係，その体系性をあきらかにしてみよう。

動詞をしんにしてできている単語のくみあわせでは，あらゆる格の名詞がかざりになることができるが，この種の名詞と動詞とのくみあわせはばらばらに孤立して存在しているわけではない。たとえば，を格の名詞と動詞とのくみあわせ（「すみをぬる」のような）が，に格の名詞と動詞とのくみあわせ（「かべにぬる」のような）と無関係に存在しているわけではない。このことは，まず，これらのふたつの単語のくみあわせは，「かべにすみをぬる」のように，むしろ，三単語からなりたつひとつの単語のくみあわせであって，これをふたつの単語のくみあわせにわけることができないという事実にあらわれている。この単語のくみあわせのなかで「を格」の名詞と「に格」の名詞とがおなじひとつの動詞「ぬる」をかざって，それぞれ表示の領域をわけあいながら，相互にむすびついているのである。

ふたつの格が相互に条件づけあって，体系にむすびついているというばあい，一方が他方を規定するという関係がなければならないのだが，この相互関係は，「リボンをむすぶ」と「ゆびにリボンをむすぶ」，「人形をかざる」と「へやに人形をかざる」，「ぐをまぜる」と「めしにぐをまぜる」などとくらべると，はっきりしてくる。「ゆびにリボンをむすぶ」，「へやに人形をかざる」，「めしにぐをまぜる」のような単語のくみあわせでは，「に格」のはたらきは「を格」のはたらきを規定しているだろう。つまり，単語

のくみあわせのなかに「に格」の名詞があるかないかとでは,「を格」の名詞と動詞とのむすびつきはことなるものになるのである。「人にリンゴをあげる」と「たなにリンゴをあげる」との,ふたつの単語のくみあわせをくらべると,「に格」のはたらきが「を格」のはたらきを規定している事実が,もっとはっきりするだろう。いずれのばあいにも,「に格」がなければ「を格」のはたらきはありえないのである。したがって,ひとつの単語のくみあわせのなかに「に格」と「を格」とが同時に存在しなければならない。

こうした事実をたぐっていくと,名詞の格が相互に条件づけあう体系をなしていることがわかるのだが,このばあい,名詞の格のはたらきは,名詞の語彙的な意味からきりはなして問題にすることはできないという,あたらしい事実にぶつかる。「人にリンゴをあげる」と「たなにリンゴをあげる」との,ふたつの単語のくみあわせにおいて,「に格」の名詞のはたらきがちがってくるのは,「に格」のかたちをとる名詞の語彙的な意味のちがいに原因があるのである。また,「運動場でブランコをつくる」と「材木でブランコをつくる」とをくらべてみよう。そうだとすると,格の文法的なはたらきは,それをともなう名詞の語彙的な意味に規定されているといえるのである。こうして,言語においては,ひとつひとつの要素,その要素からなりたつ全体が文法的なものと語彙的なものとの,有機的にむすびついた体系をなしているといわなければならなくなるのである。

実際,言語を機械的にとらえることにならされているぼくたちにとって,いちばんみのがしやすいのは,言語が語彙的なものと文法的なものとの統一であるという事実である。この事実が具体的なすがたであらわれてくるのは,なによりもまず,いちいちの単語がすべて語彙的なものと文法的なものとの統一物であって,それらの側面が相互にはたらきかけあっているということである。いかなる単語といえども,文法的なかたちづけをうけないでは,文をくみたてる材料として文のなかに存在することができないだろう。単語のこうした性格は,文法的なかたちやはたらきを考えにいれずに,あるいは文法をおしえずにおいて,品詞をおしえるという国語教師の失敗によくあらわれている。つまり,品詞はあらゆる単語を語彙的なものと文法的なものとの統一物としてとらえて,その観点から単語を分類したものであるから,単語のもっている文法的な性質をおしえずにおいて,ある単語の品詞への帰属を子どもに理解させることはできないのだが,あえてそれをやると,「飛行機」や「自動車」が動詞になるのである。

単語を品詞に分類するばあい，(1) その語彙的な意味の特徴をとらえなければならないのは，もちろんのことだが，このばあい，かならず(2) その単語の形態論的な特徴，(3) 文章論的なはたらき，(4) 語構成的な特徴をも考慮しなければならない。単語はこうした側面の総合であるから，単語を品詞にまとめる必要がおこるのである。品詞は語彙＝文法的なカテゴリーである。低学年のうちに動詞や形容詞などの活用をたんねんにおしえておかないでおいて，高学年になって品詞の体系をあわてておしえても，なかなかうまくすすまないだろう。

語彙的なものの文法的なものへのはたらきかけは，まず，単語の文法的なかたちと意味とにあらわれてくる。形容詞や動詞のあるものに命令形がないのを，その語彙的な意味の特徴を考えずに，理解できるだろうか。たとえば，「かいている」と「きている」とをくらべると，「かいている」の方は動作のつづいているありさまをしめしているが，「きている」の方はすでにおわっている動作の結果をしめしている。おなじかたちの文法的な意味がこのようにちがってくるのは，これらの動詞の語彙的な意味に根があるのである。

しかし，語彙的なものと文法的なものとがもっともはなやかに相互に作用し，条件づけあうのは，単語のくみあわせの世界においてである。語彙の体系性の問題がここにもあらわれてくるし，また単語のくみあわせ自身の体系性の問題でもあるので，単語のくみあわせにおける語彙的なものと文法的なものとの相互関係をいくらか具体的に説明しておこう。

具体的な動作をしめす他動詞が，「を格」の具体名詞とくみあわさると，かざりとかざられとのあいだにつぎのようなむすびつきができあがる。いまは説明しないが，このむすびつきは単語のくみあわせの構造的なタイプのちがいとして文法的に表現されているのだから，それは論理的ではなく，文法的である。

(1) もようがえ

　　炉辺では，山家らしい<u>くるみをわる</u>音がしていた。(藤村)

　　女のために<u>蛇をころす</u>というのは，神話めいて，おもしろいが……(鴎外)

　　学生が<u>かにをつぶした</u>手の甲でひたいをかるくたたいていた。(多喜二)

　　<u>小豆をふくろでこして</u>，あんこをこしらえる。(花袋)

(2) くっつけ

言語学と国語教育　177

きんは煙管のすい口をほおにあてて，あいまいな表情でうなづいてみせた。（円地）

二人の看護婦が患者をたんかにのせて，病室にはこびさった。（石坂）

……水ばれのした足をたらいのなかの湯にひたした。（藤村）

駒子がかんざしをぷすりぷすりたたみにつきさしていた……（川端）

(3) とりはずし

手帳と鉛筆とを手からはなしたことがない。（花袋）

新子は……ほした魚をくしからぬいて，むしゃむしゃたべはじめた。（石坂）

操はなくなった夫の顔からしろいはんけちをとりのけた。（藤村）

やさしくしては，際限がないので，母がしまいに夜着をはぐ。（二葉亭）

(4) ばしょがえ

そのばん，仁太はおおきな行李をとなりの差配の家へはこんだ。（藤村）

……まず母親は炭とりの炭を火鉢へうつして，つめたそうな青木の手をあたためさせたいと

おもった。（藤村）

さっそくおきあがって，毛布をばっとうしろへほおると，ふとんのなかからバッタが五六十

とびだした。（漱石）

ここいらがいいだろうと，船頭は船をとめて，錨をおろした。（漱石）

(5) ふれあい

松山浅子はちからにまかせた平手でかべをたたいた。（石坂）

沼田は……ひたいのあぶら汗を手の甲でこすった。（石坂）

新子はおきあがって，オールをにぎった。（石坂）

ビラをもって，はしりまわった。（多喜二）

(6) つくりだし

ままができたら，すぐあとで湯をわかすんだよ。（花袋）

……みにくい女は，なぜにあわない丸髷をゆいたがるものだろうと，気楽な問題を考えてい

た。（鴎外）

君は，きっと，はじめてきた家でめしをたいたりすると，道徳にはずれたおこないになりは

せんかと，心配してるんだね。（石坂）

よるは，定はせまい台所でおそくまでなわをなった。（花袋）

さて，「を格」の具体名詞と具体的な他動詞とのあいだにできる文法的なむすびつき

は，このように分類できるが，ではなにがこの文法的なむすびつきのちがいをつくりだ
しているかといえば，まず第一に考えられるのはかざられ動詞の語彙的な意味である。
かざられ動詞の語彙的な意味が，自分をいっそう具体化するために，一定のむすびつき
方で修飾する名詞を要求しているのである。このことは，おなじかたのむすびつきをつ
くる他動詞のリストをつくってみると，はっきりする。おなじグループに属する他動詞
の語彙的な意味には，連語論的にみて共通するものがあり，その共通の語彙的な意味を
基盤にして，おなじタイプの単語のくみあわせができあがっているのである。こうして，
まず，かざられになる単語の語彙的な意味が，文法的なむすびつきの性格を規定してか
かる。

(1) もようがえ動詞のグループ

　きる，ちぎる，ほぐす，きざむ，つぶす，おる，くだく，くずす，わる，まげる，
むく，さく，やぶる，ひろげる，まるめる，たたむ，たばねる，むすぶ，ほどく，よ
ごす，そめる，みがく，あらう，にる，たく，ゆでる，ほす，やく，こがす，あたた
める，ひやす，あける，しめる，とじる，ふさぐ，ふる，ゆする，ゆさぶる，まわす，
くう，のむ

(2) くっつけ動詞のグループ

　つける，あてる，しばる，かける，つるす，のせる，つむ，かさねる，そえる，そ
なえる，おく，すえる，もる，ぬる，あびる，あびせる，きる，はく，まく，しめる，
かぶる，まとう，たてる，うえる，うめる，くわえる，たす，まぜる，つめる，はめ
る，はさむ，くべる，ふくむ，みたす，とおす，つぐ，つなぐ，かつぐ，しょう，お
ぶる，さわる，ふれる

(3) とりはずし動詞のグループ

　とる，ぬぐ，はずす，はなす，はぐ，はらう，ぬく，もぐ，のける，のぞく

(4) ばしょがえ動詞のグループ

　あげる，おろす，おとす，うつす，はこぶ，とどける，ながす，とばす，さげる，
よせる，なげる，ほうる，いれる，だす

(5) ふれあい動詞のグループ

　いじる，なでる，おす，おさえる，ひく，つく，たたく，うつ，ぶつ，はたく，な
ぐる，さす，もむ，つまむ，する，こする，さする，かく，なめる，かむ，ふむ，け

る，もつ，とる，にぎる，だく，かかえる，つかむ，つかまえる，とらえる，うける

(6) つくりだし動詞のグループ

　にる，たく，わかす，ぬう，たてる，きずく，もうける，つくる，こしらえる，ゆう

　しかし，かざられ動詞の語彙的な意味が一方的に文法的なむすびつきの性格をきめてかかるわけではない。はんたいに，文法的なむすびつきがかざられ動詞の語彙的な意味をきめてかかる。つぎのような単語のくみあわせのなかのかざられ動詞「まわす」は，ことなる文法的なむすびつきのなかにはいって，ことなる語彙的な意味を実現している。

　　監督は棍棒を玩具のように，ぐるぐるまわしながら，船のなかをさがしてあるいた。(多喜二)
　　君，すまんけどな，この回覧板を学生がのこっている室にまわしてくれないか。(石坂)

　つぎの例では，かざられ動詞「まく」は，ことなる構造の単語のくみあわせのなかにはいって，ことなる動作をしめしている。

　　しるしばんてんをきた男が，しぶ紙のおおきな日おいをまいているさいちゅうであった。
　　　　　　　　　　　　　　　　　　　　　　　　　　　　　　　　　　　　　(鴎外)
　　……おばあさんがしろい手ぬぐいをえりにまいて，うしろむきになって……(花袋)

　ひとつの単語にいくつかの意味があるばあい，いずれの意味が実現しているかということは，おおくのばあい，単語のくみあわせの構造的なタイプが条件づけているわけである。単語の語彙的な意味の構造のなかにあたらしい意味がうまれてくるのは，おおくのばあい，その単語があたらしい単語のくみあわせの構成部分になるばあいである。

　だが，「まく」という動詞を「まきつける」にすると，この動詞はもようがえ動詞のグループからくっつけ動詞のグループに完全に移行する（おなじようなばあいが，「しばる」と「しばりつける」，「ぬう」と「ぬいつける」，「きる」と「きりつける」，「むすぶ」と「むすびつける」，「おる」と「おりこむ」，「のむ」と「のみこむ」，「まるめる」と「まるめこむ」，「まぜる」と「まぜこむ」とのあいだにもみられる）。こうして，連語論的な観点からつくられた他動詞のグループのあいだには，語構成＝意味的な相互関

係が存在しているといえるのである。さらに，ふれあい動詞が単語つくりの手つづきを
へて，ほかの動詞グループに移行するばあいをみると，この種の他動詞のグループのあ
いだにある語構成＝意味的な関係は，はるかに複雑であることがわかる。動作の表示領
域のわけあいがはっきりよみとれる。

(1) なぐりたおす，ふみくだく，もみけす，かきまわす，ひきちぎる，おしつぶす

(2) たたきつける，おしあてる，ひっかける，つっかける，つきたてる，つきさす

(3) おしはずす，ひきぬく，ひきはなす，はねのける，ふきとる

(4) もちはこぶ，ひきいれる，ひきだす，おしだす，けりとばす，だきよせる

　具体的な他動詞が，単語のくみあわせをつくる能力という観点から，独自な連語＝意
味的な語彙体系をなしていることは，もはや説明する必要はあるまい。そして，この連
語＝意味的な語彙体系が語構成＝意味的な語彙体系[*]とからみあって，具体的な動作を
あらわす他動詞の語彙体系をかたちづくっているのである。
　語彙体系というものは，構成要素としてくわわっている単語が一本のひもでむすばれ
ているのではなく，なん本ものひもでたてによこに，うえにしたに，からみあってむす
びついているものなのである。したがって，ある言語の語彙体系を理解しようとすれば，
まず，からみあったなん本ものひもをときほぐして，語彙体系のなかからちいさな下位
の体系をとりださなければならない。そして，いくつかの下位の体系をとりだしたあと
で，これらの体系のあいだにある相互関係をみきわめる必要がある。そうしなければ，
全体として言語の語彙体系はあきらかになってこないのである。
　おなじようなことが文法体系についてもいえる。さらに言語は語彙と文法とからなり
たつ体系なのである。この複雑な体系を，諸要素に，諸側面に分割し，さらに総合する
作業が，言語学にあたえられた任務である。したがって，言語を体系としてとらえる言
語学は，諸要素の本質をあきらかにしながら，その諸要素のあいだにある構造的なむす
びつきをあきらかにする。

4 使用のなかにある単語

ぼくたちがはなしたり，かいたりする言語活動のなかには，言語がつかってある。この言語はその要素（あるいは側面）が法則的にむすびついている体系をなしていて，個人のいちいちの言語活動から独立している。言語をつかっておこなう言語活動の主体が個人であるとすれば，言語の主体は社会である。言語は社会に属する人びとが管理しているのであって，個人のちからで勝手につくったり，なくしたりすることのできない社会的な存在なのである。このことは，ぼくたちが自分の考えや意志をあい手につたえようとするとき，かならず言語の法則にしたがってはなしたり，かいたりしなければならないという事実にあらわれている。

言語の法則ときまりとは個人の言語活動を支配し，コントロールしている。ここに，個人のいちいちの言語活動からはなれて，言語の法則ときまりを研究する言語学の成立する根拠がある。そして，言語学の成果を背景にしておこなう言語教育の目的は，子どものいちいちの言語活動を言語の法則ときまりとに従属させるために，それについての知識を子どもにあたえることにある。

ところで，言語が語彙的な，文法的な手段の体系であるとするなら，言語活動はその手段の実際的な使用であるということになるのだが，しかし「言語の実際的な使用」という規定にはたいへんな内容がふくまれている。なぜなら，言語をつかうということは，個人の心理的な活動であって，具体的な条件のなかでいろんな目的をもって進行する*，いちいちの言語活動は，言語の使用と関係して，心理的な側面からの修正がくわえられたり，言語のなかには存在していない，あたらしいものがつけたされたりするからである。べつのいい方をすれば，言語活動のなかには，言語の法則ときまりとを所有しているということだけでは理解することのできない，べつのものが存在しているのである。

実際，個人の言語活動は，そのはたらきからみるなら，現実のものごとをさししめす表示過程でもあるし，現実のものごとをつたえる通達過程でもある。そして，言語活動を反映としてみるなら，その内部には現実のものごとを思考というかたちで認識する過程がひそんでいる。したがって，通達過程は思考の結果である思想を表現する過程でもある。

さらに，このふたつの機能を土台にして（あるいはそれとむすびついて），はなしたり，かいたりする活動には，感情的な態度などを表現するはたらきがある。現実のもの

ごとをさししめしたり，つたえたりする機能のほかに，ものごとにたいする（あるいは
ものごとによってよびおこされた）感情や情緒，要求や意志などを表明するはたらきが，
言語活動のなかに存在しているのである。愛情とかにくしみ，けいべつとか尊敬，よろ
こびとかかなしみ，おどろきとか感激，おかしみとかおごそかさなど，いろんな感情や
情緒が言語活動のなかに（あるいは言語活動をとおして）表現されている。

　また，言語活動の表示と通達の機能は，あい手にはたらきかけるという機能とからみ
あっている。実際，ぼくたちはおたがいに言語活動をとおして感情や情緒，ねがいや志
向，考えや信念，意志や行動に影響をあたえたり，あたえられたりしている。いいつけ，
ねがい，申し出，禁止，非難，叱責，警告，忠告などが，言語活動のなかにいろんな方
法で表現されている。

　言語活動はそれ自身思考と内的にむすびついた反映活動であるばかりではなく，思想
を表現する活動でもある。考えることとしゃべることとはことなる活動であって，ここ
に表現の世界が成立する。また，言語活動はそのほかの心理活動，たとえば知覚や想像
や感情や要求や意志などと有機的にむすびついていて，これらをも表現しないではいな
い。この表現の世界が言語活動の内容を複雑なものにし，その表現機能をはたすために
言語活動は言語にあたらしい修正と追加とをあたえないわけにはいかないのである。言
語とその実際的な使用とはこの点でちがってくる。

　事実，言語活動は言語の法則ときまりとに一方的に規定されているわけではない。は
んたいに言語を規定してかかるだろう。言語の歴史的な発展は，言語をつかうことから
はなれてはおこりえない。こうして言語と言語活動との複雑な相互関係を考えなければ
ならなくなるのだが，この問題はあとまわしにして，ここでは，言語がその使用のなか
でどのような修正と追加とをうけるか，まず単語のばあいを例にしてあきらかにしよう。

　藤村の『春』のなかに，兄の民助が，ながい放浪の旅からかえってきた弟の捨吉をま
えにおいて，つぎのようなひとりごとを心のなかでつぶやいている場面がある。

　　　　捨吉も年ごろだ。そろそろ**おやじ**がでてきたんじゃないか。

　この文のなかの単語「おやじ」は，それがもっている語彙的な意味を実現してはおら
ず，／精神病／をさしている。つまり，この単語の意味には「ずらし」がおこっている
わけである。このずらしはその場かぎりの特殊なものであって，言語学的には説明でき

ないものである。民助が「おやじ」という単語を／精神病／という意味につかったのは，かれが捨吉の手から父をおもいだして，精神病である父のあたりまえでない日常生活，そしていたましい最後を追想しながら，捨吉の無鉄砲な行動は血のつながりに原因があるのではないかと，想像してみたからである。したがって，この単語のこのようなつかい方は，民助のこの心のうごきからはなれては，ありえないのである。民助の心のうごきは，このひとりごとをはさんで，つぎのようにかいてある。

　そのとき，長火鉢にかざしている岸本の手が妙に民助の目についた。ぶかっこうで，指さきがみじかくて，青筋がふとくきざんだようにあらわれたところは，どうみても，なくなった父の手にそっくりであった。父は足袋も図なしをはいたほどの骨格であったから，おおきさは比較にならないが，弟の手は父のをわかくしたというまでで，かたちばかりでなく，あおじろい表情までも実によくにていた。それをみると，十七の年から身代をまかされて，親孝行といわれただけに，苦労をしつづけた，その自分の過去がかれの胸にうかんだ。民助の目でみると，維新の際には勤王の説をとなえたり，諸国を遍歴するやら，志士にまじわりをむすぶやらして，ほとんど家のことなぞをかえりみなかった人の手がそれだ。どうかすると，だまって家をでてしまって，二月も三月も帰らないから，そのたびに峠のじいなぞをたのんで，つれてきてもらった人の手がそれだ。ふだんはまことにいいおやじで，家のものにも親切，故郷の人びとにも親切で，一村の父のようにしたわれていたが，すこしかんしゃくがおこって，気にいらないことがあると，弓のおれで民助を打擲した人の手がそれだ。国学や神道にこりすぎたともいうが，ふかい山里にうずもれて，一生煩悶して，とうとう気がへんになった人の手がそれだ。「おとっさん，子が親をしばるということはないはずですが，御病気ですから堪忍してください」，こう民助がいって，おじぎをして，それからうしろ手にくくしあげた人の手がそれだ。ありあまるほどのおもいをいだきながら，これというしごとものこさず，しまいには座敷牢の格子につかまって，悲壮な辞世の歌をよんだ人の手がそれだ。
　「捨吉も年ごろだ。そろそろおやじがでてきたんじゃないか。」
　こう民助は心をいためた。なんでも，父がはたちの年とかに，はじめて病気がおこって，そのときはなおるにはなおったが，それから中年になって再発した。この事実を民助はおもいうかべた。そうして，はたちの年というから，あるいは弟とおなじような動機で。こんなふうに想像してみた。

ところで，民助のこのひとりごとのなかには，父の運命にたいするかれのかなしい
思慕の情がこめられていないだろうか？　もしそうだとするなら，この単語のつかい
方のなかにそれが表現されているといわなければならない。しかし，この例では表現
的な価値があまりはっきりしていないので，つぎの例にうつろう。『片耳の大鹿』に次
郎吉のしゃべった，つぎのような文がある。

　　　鹿たちはしずかにがけをつたわって，谷間におりていきます。しかも，その先頭にたってい
　　　るのは，あの片耳の大鹿ではありませんか。
　　　「おお，あいつだ。あの**片耳**だ。」
　　　こうつぶやくと，次郎吉はほらあなのすみになげてあった銃をとりあげて，すばやくかたに
　　　あてると，片耳の大鹿の頭のまんなかにねらいをつけました。

　この「片耳」が／片耳の大鹿／をさしていることは，場面からはっきりしているの
だが，大鹿の特徴をあらわしている単語で大鹿をさししめす，この単語のつかい方に
は，次郎吉の緊張感があふれでている。まえの例とおなじように，ここでも語彙的な
意味に，「ずらし」がおこっていて，それに表現性がつきまとっているのだが，つぎに
あげる例の「会見する」という単語のばあいでは，「ずらし」はおこっていないが，表
現性は存在している。

　　　そうか，たいてい大丈夫だろう。それで赤シャツは人にかくれて，ゆの町の角屋へいって，
　　　芸者と**会見する**そうだ。(漱石)

　この文のなかで，「あう」とあっさりいわないで，「会見する」という単語をつかっ
たことには，赤シャツの行為にたいするはなし手の感情的な態度が表現されている
（ぎょうぎょうしさ）。そうだとするなら，単語の選択のなかに表現性があるともいわ
なければならない。
　単語は言語活動のなかに使用することによって，ときとして，その語彙的な意味に
「ずらし」をおこし，表現的な価値をおびてくる。また，単語の選択のなかに表現性の
問題がひそんでいるが，このような事実はもはや言語学があつかうことのできないも
のである。なぜなら，単語の語彙的な意味の「ずらし」と表現性の問題は，対象や場

面や文脈との相互関係のなかにある，はなし手＝主体の心理のうごきにかかわっている
からである。つまり，具体的な場面と文脈のなかで進行する言語活動に，どの単語をど
のようにつかうかということは，はなし手の心理に関係する問題であって，その法則性
はことばの心理学があきらかにしなければならない。

　この種の語彙的な意味の「ずらし」と単語の選択，それらによる形象や感情や思想や
意志などの表現は，日常の話しことばのなかにさかんにつかわれているが，文学作品の
なかにもちこまれると，感情＝評価的な態度の表現手段として，また形象的な表現方法
として完全なかたちに展開していく。実際，文学作品のなかに使用されている単語のひ
とつひとつを指導するばあい，よみ方教師はその語彙的な意味と文法的なはたらきを説
明するだけにとどまるわけにはいかない。もちろん，それでいいばあいもある。そうい
うばあいの方がおおいだろう。しかし，いくつかの単語については，使用から生ずる特
殊な意味や表現性について説明をくわえなければ，子どもは作品の内容を知覚すること
も理解することもできないだろう。こういうことは教師のつねひごろの経験からはっき
りしているのだが，ここで注意しておかなければならないのは，言語活動のなかに使用
されている単語と文学作品のなかに使用されている単語とでは，そのはたらきがことな
っているという事実である。

　言語活動における単語の使用は，はなし手・かき手個人の心理状態の表現としてうけ
とらなければならないが，文学作品における単語の使用は，作家個人の心理状態の表現
としてうけとるわけにはいかない。ぼくたちの日常の言語活動は，ちょっとした気分に
さえ影響されるのだが，もし文学作品のことばがそういうものであれば，作品の内容と
文体とが統一していない，ちぐはぐなものになってしまう。文学作品における単語の使
用は，作品にえがいてある生活現象へむけられた感情＝評価的な態度の表現として，う
けとめなければならないのである。そして，この感情＝評価的な態度は作品内容の基本
的な思想に一本の糸でむすびつけられている。すくなくとも，作品内容の思想性を媒介
にしなくては，作家個人の心理に単語の使用の問題をむすびつけるわけにはいかないの
である。

　文学作品は言語作品のひとつであって，言語活動ではない。言語活動は個人の意識と
むすびついているが，文学作品は社会の，したがって人びとの意識の存在形式である。
このことから，文学作品の内容は，作家個人の意識の問題に解消することはできないの
である。こういう事情が単語の使用のなかに具体的にあらわれてくるのである。

しかし，文学作品は言語活動によってうみだされるものであるから，言語活動における単語のつかい方は，文学作品のなかにもちこまれずにはいない。とくに，話しの文のなかには，それがそっくりもちこまれているといっていい。話しの文のなかの単語のつかい方は登場人物＝はなし手の心理を表現している。したがって，作家は話しの文のなかの単語のつかい方で登場人物の性格をえがきだしていく。問題は地の文にある。ここで単語のつかい方は文学作品にどくとくの表現性をかくとくするだろう。

ぼくは「表現性」という用語のもとに，いまのところ，(1)叙事性，(2)抒情性，(3)感情＝評価的な態度，(4)はたらきかけのつよさを考えている。そして，この概念は適用の範囲を文学作品のことば，あるいは単語の使用の問題に限定しているわけではない。叙事性というのは，文学作品のばあいでは，形象に具体性（直観性）をあたえることである。抒情性というのは，抒情的な主人公の情緒的な状態や思想を，具体的なものごとをえがくことによって，形象的に表現することである。単語のつかい方のなかに，この抒情性があらわれるかどうか，いまのところ，ぼくははっきりわからない。あるとしても，すくないだろう。

つづいて，文学作品における単語の使用の問題をここでいくらかくわしく説明しておこう。語彙体系のなかにある単語と使用のなかにある単語とのちがいを具体的にあきらかにしていくために，そうする必要があるのだが，それはよみ方・つづり方教師にとって実際的な知識でもあるから。

文学作品においては，修辞学で trope といわれる単語の使用の方法がさかんにつかわれている。trope というのは，意味的にずらしてつかっている単語をさしている。ここでは文字どおりの意味，つまり語彙的な意味が実現していない。この trope にはいい訳語がないから，ぼくはここでは「ずらし」という単語をあてておく。「ずらし」の表現性は，まず第一に，ものごとを具体的にえがきだすことにあり，第二に，えがきだされたものごとにたいする感情＝評価的な態度を表明することにある。この「ずらし」は，「ずらし」としてつかわれている単語の語彙的な意味とそれが文のなかで実際にさししめしているものごとの関係にしたがって，つぎのように分類されている。

1　比　喩

いまさししめす必要のあるものごとが，ほかのものごとににているばあい，ほかのものごとをあらわす単語で，いまさししめす必要のあるものごとを表現する方法。この方

法は修辞学で metaphor といわれており，ものごとの特徴の類似性を利用することによって成立している。比喩はものごとの重要な特徴のひとつをうきたたせて，具体的なすがたに表現することを可能にする。また，えがきだされたものごとにたいする感情＝評価的な態度が，この比喩で表現される。あるばあいには，比喩はよろこびとかかなしみとかいう情緒を表現するだろう。藤村の『春を待ちつつ』のなかにつぎのような文章がある。そこにあるいくつかの単語は，比喩的につかわれている。

　　なんという社会の**空気**の**くらさ**だったろう。おおくの人の心をおおう破壊と虚無との傾向，ないしは寂寞感，それらのものはおもくたれさがる雲のように，自分らの頭のうえをとおりすぎたような気もする。わたしは六七年のながい**冬**をそのくらさのなかにおくりつづけたような気もする。あるいは，わたしたち日本人の性情が極度の改変をあえてしたためしのないことをいって——わたしたちの眼前に生起しつつある幾多の現象はなしくずしの革命であると，といた人もある。この説のあたっているやいなやはべつとして，政治に，産業に，教育に，家庭に，部分部分としての改変のおこってきたことはあらそえない。実際，わたしたちは容易ならぬ時代をあゆみつづけてきた。その六七年のながい**冬**から，たんなる理論でなしに，事実においての社会苦をまなんだ。これは当然わたしたちの覚悟すべきものであることをまなんだ。ただただ，わたしたちは自分らの忍耐も抑制も，これをきたるべき**春**への準備のためのものと考えたい。真に**夜明け**といいうるときのために，今日までの**くらさ**があると考えたい。とうていわたしたちははてしもなくつづいていくような**冬**の寂寞にはたえられない。わたしたちの実際の不安は，その日その日の小康をもとめるような心からおこってくるのではなく，心からうごいているものを自分らの周囲にみいだすことのすくないところからきている。

　藤村は「春」という単語のなかに自由な社会へのあこがれをこめていたにちがいない。べつのところで藤村はこんなふうにかいている。

　　「春」ということばひとつでも生きかえってきたときのわたしのよろこびは，どんなだったろう。

　しかし，比喩はかならずしも態度を表現しているわけではない。つぎの例にある比喩の表現性は，もっぱら形象的にことがらをえがきだすだけである。もっとも，あとの方

の例は抒情がつきまとっている。

　　　貧乏な父や母にすがるわけにもゆかないし……（林ふみ子）
　　　よる，ふろにはいって，じっと天窓をみていると，たくさんの星がこぼれていた。（林ふみ子）

　比喩の一種に擬人法 personification がある。この方法では，生命のないものがあたか
も生命のあるもののようにあつかわれる。こうすることによって，ものごとが具体的な
すがたに，あざやかにえがかれる。

　　　正太の家がもえている。もえながら家はおこっている。（坪田）
　　　真夜中にすすけた障子をあけると，こんなところにも空があって，月がおどけていた。
　　　　　　　　　　　　　　　　　　　　　　　　　　　　　　　　　　　　　　（林ふみ子）

　まえの例では，「おこっている」が／すさまじい音をたてている／という意味にずれ
て，家のもえているさまを具体的にえがきだしているが，あとの例の，「おどけている」
は月のどんな状態を表現しているのだろうか。「おどけている」がそれを表現していな
いとすれば，月がおどけているようにみえる自分の心をえがいているのかもしれない。
そして，その心は『放浪記』の全体をながれている思想性と関係づけなければ，理解で
きないものだろう。
　この比喩とひじょうにちかいところに simile という単語のつかい方がある。比喩も
simile もおなじようにものごとを比較することでなりたっているのだが，比喩では比較
されたものごとの名まえがおもてにでてきて，いまえがきださなければならない大事な
ものごとは，暗示されているだけである。しかし，simile では比較されるふたつのもの
ごとは，両方ともおもてにあらわれている。たとえば，「熊のような男」，「雪のような
肌」，「嘘みたいなはなし」，「ほんとうみたいな嘘」。したがって，simile はふたつの部
分からなりたっていて，それが「……のような」，「……みたいな」でむすびつけられて
いる。この事実から，日本の修辞学では simile は「直喩」といわれ，metaphor の方は
「隠喩」といわれている。この名づけを採用するなら，「比喩」という用語は，「直喩」
と「隠喩」をふくめた，上位の概念をあらわすものとしてもちいるといいだろう。
　比喩は「単語のくみあわせ」のつかい方にもみられる現象であって，これを単語のば

あいと区別する必要はないだろう。たとえば，

　　一銭五厘が**汗**をかいていた。(漱石)

　　事務所の会計の細君が，わたしたちのつかれたところをみはからっては，皮肉に**油**をさしに
くる。(林ふみ子)

　　障子のやぶれが奇妙な**風**のうたをうたっていた。(林ふみ子)

　また，文の意味や作品の形象が全体として比喩的であったりするが，このことについ
てはあとで説明する。

2　換　　喩
　修辞学上の用語 metonymy は日本語に「換喩」と訳されている。この換喩は，いまさ
ししめす必要のあるものごととなんらかの関係でむすびついているものごとの名まえ
で，いまさししめす必要のあるものごとを表現する方法である。換喩は，比喩とはちが
って，ふたつのものごとの類似性にしたがって「ずらし」がおこなわれるわけではない。
ふたつのものごとが空間＝時間的にちかくに存在していて，なんらかの関係をもってい
るという事実にもとづいて，「ずらし」がおこっている。

　　やがて**ダイヤモンドの指輪***がゆすりをむかえるしたくにとりかかる。(幸田文)

　　あかい**羽織**と卓をへだてて，くろのひとつ紋をきた，かけねなしの美人がいた。(幸田文)

　比喩とおなじように，換喩が形象の具体性をたかめていることは，これらの例でじゅ
うぶんに理解できる。ダイヤの指輪をはめた女がうごいてくる。また，この女を換喩的
に表現することによって，同時に彼女にたいする感情＝評価的な態度も表現されている
だろう。ぼくたちのような貧乏人には「きざっぽい，いやな奴」という感情＝評価がわ
いてくるが，しかしこのばあい，はたしてそうなのか，『流れる』という作品全体をつ
らぬく思想性との関係のなかできめなければならない。たかいところから見おろしてい
ることはたしかだ。
　換喩は，使用される単語の語彙的な意味と実際にさししめしているものごととの関係
によって，いくつかのかたに分類することができる。たとえば，⑴道具の名まえでそ

れを利用する人をしめす，(2)容器の名まえでなかみをしめす（「**ストーブをもやす**」の
ような換喩，「**日本酒をかたむける**」のようなばあいははんたいになっている），(3)作
者の名まえで作品をしめす（「**セザンヌをみる**」のような換喩），(4)属性の名まえでそ
れを所有する人あるいは物をしめす（「**ハイカラがやってくる**」のような換喩，まえに
あげた「おやじ」のばあいははんたいになっている）。

　部分の名まえで全体をしめしたり，全体の名まえで部分をしめしたりする換喩は，
「提喩」あるいは「代喩」synecdoche とよばれている。つぎの文章のなかにそれがつか
われている。

　　　むこうのいい条がもっともなら，あしたにでも辞職してやる。ここばかり**米**ができるわけで
　　もあるまい。どこのはてへいったって，のたれ死はしないつもりだ。(漱石)
　　　青年はにわかに座席をのりだして，ねこなでごえを発した。あなたの方がよほど危険だと，
　　いいたかったが，やめておいた。しかし，**東京**はまったく油断がならない。婦人雑誌によくで
　　ている「列車中の誘惑」というものを，こうはやく経験しようとはおもわなかった。(獅子文六)

　しかし，実際には換喩は，このようなかたのほかに，いろんなばあいが可能だろう。
たとえば『坊ちゃん』にこんな例がある。

　　　山嵐にきいてみたら，赤シャツの**片仮名**はみんなあの雑誌からでるんだそうだ。帝国文学も
　　つみな雑誌だ。(漱石)
　　　船頭にきくと，この小魚は骨がおおくって，まずくって，とてもくえないんだそうだ。ただ，
　　こやしにはできるそうだ。赤シャツと野だは一生けんめいにこやしをつっているんだ。(漱石)

　ここの「片仮名」は，ヨーロッパ人の名まえが片仮名で表現されることと関係づけ
て，／ヨーロッパ人の名まえ／を意味している。periphrasis といわれる「ずらし」は，
換喩にきわめてちかい。この periphrasis は，ものごとの名まえのかわりに，そのものご
とがもっている重要な特徴を記述することでおきかえる方法である。たとえば，つぎの
文章では，「くれてやる」のかわりに「のしをつける」，「たべる」のかわりに「はしを
つける」といっている。

恩師の二姪が維新前米国にわたる際なぞは，敬二の父はよろこんで祖先伝来の封銀にのしを
つけた。(徳富健次郎)

……岸本は好物の野菜が膳にのぼったのをみただけではしをつけようとはしなかった(藤村)

「東京」のことを「はなのみやこ」といったり，「三角形」のことを「みっつの線でかこまれた図形」といったりするのは，みんな periphrasis である。この表現方法にも表現性がある。

3　誇　張

誇張 hyperbole といわれる単語の使用の方法では，ものごとの特徴をありえない程度にまで誇張して，いいあらわすために，当然つかわなければならない単語はつかわずに，べつの単語がもちいられる。そして，誇張としてつかわれた単語は，その語彙的な意味に「ずらし」がおこる。

わたしの日記のなかには，目をおおいたいくるしみが**かぎりなく**かきつけてある。(林ふみ子)

「あなた，そんな場所をどうしてしっていらっしゃるの」と，秀子さんが眉を**さかだてた**。

(獅子文六)

4　皮　肉

「なまけもの」のことを「はたらきもの」とよぶとき，「はたらきもの」の文字どおりの語彙的な意味は，まっこうから対立する意味にずれる。したがって，「皮肉」irony といわれる単語の使用方法は，コントラストによる「ずらし」である。この皮肉のもっている表現性は，ものごとにたいする嘲笑である。『走れメロス』のなかにこんな文がある。

ああ，王は**りこうだ**。うぬぼれているがよい。わたしはちゃんと死ぬるかくごでいるのに。

(太宰)

さて，以上で trope といわれる単語の使用方法についての説明はおわるが，しかし単語の使用から生ずる表現性は，かならずしも trope（語彙的な意味のずらし）と関係し

ているわけではない。すでにのべてあるように，単語の選択が表現性をうみだす。実際，作家はあざやかに，正確に，具体的に，感情的に作品の形象をつくりだすために，単語をえらばないわけにはいかないだろう。したがって，単語の選択は，単語に表現的な価値をあたえずにはおかない。単語の選択はつぎのような観点からおこなわれている。

　(1) 同義語の系列からえらぶ。

　(2) いわゆる標準語からはなれて，地域的な方言，職業的な方言，隠語などをつかう。

　(3) 死んでいる単語（文語体），あるいはあたらしくつくった単語をつかう。

　(4) 漢語，外来語，外国語をつかう。

　単語の選択については，これらの概念を語彙論で説明してからの方が，説明しやすいので，ここではくわしくのべない。さらに，文学作品における単語の使用方法のひとつに，epithet（形容）といわれるものがある。形容詞のつかい方などを注意ぶかく観察するなら，そこに論理的な規定と芸術的な規定とのふたとおりがあることに気づくだろう。これについては，文の部分の問題にふれるときに，説明することにする。ここでみなさんにぜひとも理解しておいてもらいたいことは，言語の語彙体系のなかにある単語と，言語活動のなかにある単語と，文学作品のなかにある単語とでは，ちがいがあるということである。これが言語と言語活動と文学作品とのちがいにつながっている。

5　文

　ぼくたちは，はなしたり，かいたりするとき，単語や単語のくみあわせや慣用句*などをもちいて，文をつくっていく。つまり，ぼくたちは文というかたちではなしたり，かたったりしているわけである。この文は，そこに構成部分として単語や単語のくみあわせや慣用句などが存在しているということで，まず言語である。さらに，これらの構成部分が民族語に固有の文法的な法則にしたがってくみたてられているとすれば，文はまさに文法論上の単位である。こうして，文は，その構成部分からみても，また文法的な構造からみても，言語であるとみなさなければならない。文はなによりもまず言語学の研究対象である。

　このことは，よみ方教師にとっては，うたがうことのできない事実である。実際，よみ方教師は，子どもにわからない単語や単語のくみあわせや慣用句などが文のなかにあると，それを言語学的に（語彙論的に，あるいは文法論的に）説明してやるし，文法的

にこみいった構造の文がでてくると，その文を部分にくだいて，部分のあいだの文章論的な関係を説明してやるだろう。ぼくはこの種の作業を，まえに「よみ方指導の言語教育的な側面」とよんだことがある。よみ方における文の指導は，なによりもまず，言語学的でなければならない。そういう指導をやっておかなければ，さきへは一歩もすすめないという意味で。

しかし，文の形式と内容とは言語学的な観点からだけでは説明しつくせるものではないということは，よみ方教師でなくても，だれにでも理解できる事実である。第一に，判断を内容にもっている文の意味は，言語学の手のとどかない思想の世界であって，その思想の認識論的な内容は自然や社会についての科学の領域に属している。そして，その構造（したがって文の意味の内部構造）は，論理学の調査の対象になる。たとえば，『春を待ちつつ』につぎのような文が文脈なしにでてくるが，この文を子どもにおしえるとしたら，この文の意味はどういう具体的な事実を一般化しているか，どういう事実にもとづいてこのような判断がなりたっているか，その認識論的な内容を説明してやらなければならないだろう。そして，この説明は文学論的なものになるだろう。もし，この判断の主語と述語とをぬきだして，その関係を説明するとすれば，それは論理学的なものになるだろう。

　　詩をあたらしくすることは，わたしにとっては言葉をあたらしくするとおなじ意味であった。

ある種の文の内容は判断であり，よみ方教師の文の指導がこのように認識＝論理学的な性質をおびてくるのは，文が対象を認識する思考活動の結果うまれてきたものであるからである。したがって，文は言語学的な観点からだけではなく，認識＝論理学的な観点からもしらべなければならないし，おしえなければならないだろう。しかし，はなしたり，かいたりすることは，かならずしも考えることではない。文は思考活動の結果である思想を表現しているばあいがある。たとえば，具体的な現象をえがきだすことで，抽象的な思想をいいあらわす metaphorical な（あるいは allegorical な）文があるだろう。

　　父よりながい音信がある。うえにひとしい生活をしているという。花壺にためていた十四円の金を，お母さんがみんなおくってくれというので，為替にして，いそいでおくった。**明日は明日の風がふくだろう。**（林ふみ子）

おもうに，希望とは本来あるものだともいえないし，ないものだともいえない。それは地上の道のようなものである。本来，地上には道はない。あるく人がおおくなれば，それが道になるのだ。（魯迅）

「さるも木からおちる」とか「いそがばまわれ」とかいうようなことわざは，抽象的な思想の形象的な表現である。また，文は形象にたいしても表現的である。たとえば，ある現象の部分を，具体的にえがきだすことで，現象全体のイメージをよびおこすような文があるが，この種の文は形象を metonymycal に表現しているといえるだろう。ぬればの描写などでは，文は形象を表現していて，ひとつの文の意味からできごと全体を想像しなければならない。そうしなければ，形象を知覚したことにならない。また，動作をしめしている文が心のうごきを表現しているばあいがあるが，このばあいも文の意味をひろげて理解しなければならない。

三十分ばかりたって，この宿へきて，わらじをぬいだ一人の青年がある。…… この男が岸本だ。かれは二階へ案内され，そこで脚絆のひもをといた。さあ，友達は容易にかえってこない。青木や市川やそれから昔のおいていったもの，こうもりだの，手ぬぐいだの，そのほか手荷物のたぐいが室内にちらかっている。急にあつい涙が岸本のほおをつたって，ながれてきた。かれは自分のあせくさいふろしき包みに顔をおしあてて，はげしくないた。（藤村）

換喩的に表現されているものを「文のうらの意味」といってもいいだろう。実際，言語作品のなかのある種の文は，その意味をひろげて理解しなければ，作品全体のなかにもりこまれている思想や形象が理解できないばあいがある。この文の「うらの意味」は，文学作品のばあいは，形象の体系から必然的にながれでてくるが，科学＝説明文のばあいは，知識の体系から必然的にながれでてくる。つまり，作品全体の内容がある文の「おもての意味」に「うらの意味」をつけたすことを要求しているのである。このことから，文の「うらの意味」は文脈から生ずる意味だといえるだろう。比喩的な文にしても，その意味の決定は文脈に依存している。したがって，言語作品のなかにある文は，そこで使用されている言語に規定されているばかりではなく，文脈にも規定されているのである。言語作品のなかの文の意味は，作品全体のなかにもりこまれている思想の体系，あるいは形象の体系へと関係づけられていなければならない。

このように文が比喩的であったり，換喩的であったりするばあい，その文の意味が表現するもの，つまり思想とか形象とかをあきらかにしなければならないのだが，同時にこの種の文は表現性をもっていて，それをもあきらかにする必要がある。比喩的な文，換喩的な文は，いきいきと具体的にえがきだす，あるいははんたいにぼやかすといった表現性がある。と同時に，ものごとにたいする感情＝評価的な態度を表現している。

だが，文の表現性を問題にするばあい，かならずしも文の意味が比喩的，換喩的である必要はない。たとえば，自然や物を描写している文のうちのあるものは，抒情の表現になっていて，よみ手にある情緒をよびおこすだろう。「木曽路はすべて山の中である」という文は，杉でおおわれた山やまのあいだをぬってはしる街道をえがきだしているだけではなく，雄大な光景をまえにして感じる荘厳さをたたえている。この種の抒情性は文脈からも生じてくるだろう。たとえば，『春』のおしまいの文，『ごんぎつね』のおしまいの文もそういう抒情をたたえているだろうが，しかしあいまいである。文が表現性をおびているばあい，なんらかの言語的な手段でしめされているのがふつうであって，勝手な解釈をゆるさない。文の意味が比喩的に，換喩的に利用されているばあいをのぞけば，ある文の表現上の価値が，語彙的な手段か文法的な手段か，それとも音声的な手段によってしめされていないかぎり，その文がたんなる描写であるか，表現的であるか，はっきりしてこないだろう。ここにあげた例でいえば，「木曽路」という単語をえらんだことに，そして「山の中」を述語にしたことに表現性がある。ある文に表現性をあたえるということは，民族語の語彙と文法とをどのように利用するかということであるので，民族語についての言語学的な知識をもたないばあいは，その表現性がどのようにかたちづけられているか，はっきりおさえることができないのである。体系的な言語教育がおこなわれていないところでは，完全な文学教育はまず期待できないだろう。そこでは解釈が勘にたよっていて，主観主義のはびこる余地がある。

いままでの説明は言語作品のなかにある文，文学作品の「地の文」である文と関係していたが，では，はなし言葉の文，したがってまた，文学作品の「はなしの文」の文ではどうなのか，このことにふれておこう。言語作品の構成要素としての文は，言語作品の内容である知識の体系や形象の体系の表現手段であるから，これらの体系と関係づけて，その表現性をあきらかにしなければならないのだが，はなし言葉の文のばあいは，そういう配慮は必要ではない。だが，はなし言葉の文のばあいは，べつの観点からその表現性を問題にしなければならない。まず第一に考えなければならないことは，はなし

言葉がそのときそのときの，うつりかわるはなし手の心理のうごきを文の事実的な内容の背景に表現しているということである。実際，はなすという言語活動も，あらゆる人間活動とおなじように，一定の場面のなかで，ある目的のもとに，あれやこれやの動機（意志とか感情とかねがいとか興味）によってよびおこされる。このことと関係して，はなし手が考慮していること，きき手につたえようと欲していることが，文の事実的な内容の背景にあらわれてくる。いわなければならないことは，かならずしも文のおもてにはでていないのである。この種の文の意味はロシヤ語で「ポド・テキスト」といわれているが，ぼくはここでは「うらの意味」という訳語をつけておく。これを「はなし手の意図」とよんでもいいだろう。言語によって直接にいいあらわされている「おもての意味」はこの「うらの意味」でおぎなわれて，実際の文の意味ははるかにおおきくなるのである。こうして，はなし言葉の文は，はなし手個人の心理を考慮せずには，その意味は完全にあきらかにならないのである。

　この文の「うらの意味」は，一定の場面のなかで進行する言語の使用のし方のうちに，あるいは表情や身ぶりなどの補助的な手段によって表現されている。たとえば，『坂道』のなかにあるつぎの文は，ぞんざいないいまわしのなかに，「おそろしがることも，かなしがることもない，元気をだしなさい」といったような「うらの意味」をこめている。

　　「それじゃあ，あんた，今日，なんにもたべず？」
　　あきれたように，お母さんがいいました。それにもこたえず，堂本さんはぽろっと涙をこぼし，それをかくすように，
　　「東京はおそろしいところです。」
　　とうつむいていいました。
　　「まあ，そういいなさんな，堂本さん，おそろしい人間ばっかりでもないさ。」
　　お母さんはわざとぞんざいにいいました。

　さらに，はなしがある感情と情緒と意志のなかで進行するばあい，その感情と情緒と意志をも表現しないわけにはいかないだろう。はなし手の感情や情緒や意志は，やはり言語の使用のし方のなかに，イントネーションのなかに表現されて，文の表現性をなしている。まえにあげた『坂道』の文章は，つぎの文章につづいていくが，その

なかのおかあさんのはなす文は，きびしい調子であって，そこにはおかあさんの堂本さんへの愛情と意志が表現されている。

　　……しかし，堂本さんがもち金の三百円のうち二百円をその主人にかりられたとはなすと，お母さんはほんとうにあきれて，ちょっとのま，ものもいわずに堂本さんをみていましたが，

　　「しようがないね，お父さんがかえってきたら，よく相談しましょうね。さあ，あがってよこにでもなってらっしゃい。」

　　そして，台所のそとにでて，バタバタ七輪をあおぎながら，家のなかへ声をかけました。

　　「道子，白米をね，三合ほど，いそいでといどくれ。一夫，卵をふたつほど買っといで。次男といっしょにいっといで。」

　　その声はいやだ，などとはいえないようなきびしい調子です。

　もちろん，はなし言葉の文にも比喩的なものがあるし，この種の文は表現性をもたずにはいない。『坂道』のなかにつぎのような文がある。

　　「堂本の息子がやってくるってさ。」

　　「へえ，なにしにくるんでしょう。」

　　…………

　　「こまるねえ。」

　　「こまる。こっちの仕事もないのに，他人のことどころではない。」

　　「かといって，はく情なこともできないでしょう。」

　　「だから，こまる。自分のはえをおいかけているのに，ひとのはえどころでない。」

　つづいて，はなし言葉の文の事実的な内容それ自身の問題をとりあげてみよう。文の事実的な内容がはなし手の認識活動の結果であるなら，それは認識＝論理学的な調査の対象になる。ところで，価値のある事実がつたえられているか，正当に一般化と抽象化とがなされているかということが，その文の内容性をなしているのだが，それははなし手のおかれている場面に依存している。こうして，文の事実的な内容という側面からみても，文には個人＝心理的なものが存在する。しかし，言語作品のばあいは，文の内容性は知識や形象の体系に依存している。

さて，このようにみていくと，はなし言葉の文は価値のある事実をつたえたり，その意味が比喩的につかわれたり，「うらの意味」をもったり，表現性をおびたりするのだが，それらはすべて文の個人＝心理的な側面をなしていて，はなし手のおかれている場面，はなし手の心理のなかにきき手をひきずりこんでいく。しかし，言語作品の文では，これらの現象は，作者の心理のなかにはいりこむまえに，知識や形象の体系，その思想性に関係づけなければならない。すくなくとも，このことを媒介にしないかぎり，作者個人の心理に文のこうした現象をむすびつけるわけにはいかないのである。この点で，まず，おなじ文であっても，言語活動（はなし）の文と言語作品の文とでは，その性質がちがっている。このちがいは，さらに，言語作品，とくに文学作品がその歴史的な発展のなかでどくとくの表現手段をつくりだし，その言葉をゆたかにしていることで，おおきくなっている。

すでにのべてあるように，文学作品の文の表現性は，単語の語彙的な意味の「ずらし」，単語の象徴的な使用，単語の epithetical な使用，単語の選択など，言語の語彙的な手段で実現している。おなじように，それは文法的な手段によっても実現している。文法的な手段による表現性は，具体的には単語の形態論的なかたちの選択のなかに，文の部分のつくり方のちがいのなかに，また文章論的なくみたて方のちがいのなかにあらわされている。たとえば，つぎの文のなかで，格助詞「に」はきわめて表現的であって，これを「で」におきかえると，抒情性がきえてなくなるだろう。これは単語の形態論的なかたちの選択が表現性をうみだすばあいである。

　　かれはやや熱のある**からだ**にこの広場をあるいていった。（芥川）
　　わななく**手**にひもをといて，袋からだした仏像を枕もとにすえた。（鴎外）

過去におこったことを現在のかたちであらわすのも，単語の形態論的なかたちの選択である。こうすることで文の意味に直観性がつよまる。では，過去のことを過去のかたちであらわすばあいは，表現性はないだろうか。そうではない。ひとたび表現手段が発生し，発達してくると，表現的ではないかたちが，そういう資格で「つめたい表現」として，表現手段の系列にくわわってくる。こうして，あらゆる文は描写であると同時に，表現であるということになる。

文の部分のつくり方にも表現性があらわれてくる。まえにのべたような，述語＝動詞

の形態論的なかたちをえらぶことは，同時に文の部分のつくり方の問題でもあるのだが，しかしこの文のつくり方には独自な問題がある。たとえば，述語のなかに「のである」があるか，ないかということでは，文の表現性がちがってくるだろう。述語＝動詞「よめる」を「よむことができる」とつくりかえることができるが，どちらをえらぶかということは述語のつくり方の問題であって，選択の自由のあるところでは，どちらをえらぶかということに表現の問題がある。

　また，文の文章論的なくみたて方のちがいにも表現性があらわれてくる。たとえば，一番ありふれた例としては，文の部分のひっくりかえしやくりかえし，省略。「雨にもまけず，風にもまけず」のような，文法的におなじくみたての句をならべる対句の方法，「愛とにくしみ」といったような，対立する意味の単語（あるいは単語のくみあわせ）を文の部分にもちいるアンチテーゼの方法など。

　さらに，といかけ文やよびかけ文を修辞学的に利用した文があるだろう。これは文型の選択の問題である。つぎにあげるのは，『足音』という題で藤村がかいた文章のあと半分であるが，このみじかい文章のなかに，ぼくがここで列挙した文章論的な表現手段がたくみにつかいこなされている。

　　　ほんとうに，足音ほどその人をあらわすものはない。あるものはためらいがちに，あるものは短気に，あるものはまた忍び足して，しずかにしずかにと地をふんでくるようにきこえる。その足音をきいたばかりで，わたしたちはちかづいてくる人を感知することができる。

　　　そういうお前は，あの足音のなかになにをききつけたか。

　　　わたしには，あれがただ婦人の足音であるというばかりでなく，これからこようとするものの前ぶれのひとつのように思われてならない。わたしはあの足音をきいているうちに，今日までのおおくの婦人のことを考える。ああいう足音のおおくは，ただそれが婦人であるがために注意された。なぜだろう。今日までのおおくの婦人はただただ人をよろこばすためにあったからではないか。婦人自身もまたそれになれて，むしろ人の注意をひくことを得意としてきたように思われる。ごらん，わたしたちがいまきくあの足音には，すこしもそれがない。あれはほそい，ほそいひとすじ道をわきめもふらずにあるいてくるような足音だ。もうながいこと，せっせとしたくをおこたらなかったような人のあるいてくる足音だ。地をふみしめ，ふみしめしてくる人の足音だ。

　　　そうだ。わかい時代があるいてくるのだ。わたしはおおくの期待をかけて，あの足音をきい

ている。

　さて，ぼくはここで文学作品の言葉の研究をするつもりもないし，また言語活動の心理学的な調査をするつもりもない。文をとおして，言語と言語活動と言語作品の言葉とのちがいをあきらかにすればいいのである。すでにあきらかにしてあるように，言語活動の単位である文には，まず形式的な側面として言語がある。さらに，この文は内容として認識＝論理学的な側面をもっている。だが，文は個人の心理活動であるから，これらの側面に個人＝心理学的な側面がくわわってくるだろう。さらに，この文が言語作品の構成要素としてあらわれてくると，思想と形象との表現手段としてあらわれ，そこには表現論的な側面がくわわってくる。文学作品のなかにある文などは，これらの側面の完全な統一であって，よみ方，つづり方教師は，そういうものとして文をあつかわなければならないのだが，これらの側面をはっきりくべつし，その相互関係を理解しておくことは，文の指導にとってたいせつなことである。

　また，科学の世界では，これらの側面のはっきりした限定と規定とがかけていると，文の言語学的な側面を心理学的に研究したり，文の個人＝心理学的な側面を言語学的に研究したりする無用のこんらんがおこる。文の表現論的な側面を心理学的に研究したり，文の言語学的な側面を論理学的に研究したりする，つまらないあやまちがおこる。しかし，この種のこんらんとあやまちとは，言語学の歴史をつらぬいていて，言語学が真に科学的になることをさまたげつづけてきた。

　そして，この種のこんらんと，あやまちが国語教育の世界にそのままもちこまれると，一体どうなることだろうか。それは冗談でも仮定でもない。ぼくは「国語科指導要領」をこの観点からもう一度しらべてみる必要があるとおもう。

　言語活動は自然科学的な側面をももっていて，自然科学の対象でもあるだろう。言語活動は物理的な音波としてみれば，音響学の対象になる。また，生理器官の活動としてみれば，生理学の対象でもある。第二信号体系の理論は，言語活動の生理学的な機構をしらべる大脳生理学の一分野である。

6　言語活動の発達

　ぼくたちは「標準語でしゃべる」とか「共通語でかく」とか「方言をきく」とかいうようなことばづかいをふつうにしている。このばあい，標準語とか共通語とか方言とかいう用語は，言語活動のなかに手段としてもちいられている言語の形態をさしている。また，あるひとつの言語を歴史的にとらえて，古代語とか中世語とか現代語とかいう用語で分類する。これらの用語でしめされるそれぞれは，特殊な文法体系，語彙体系，あるいは音韻体系をもっていることで，たがいにくべつされているのである。

　これにたいして，「しゃべる」とか「かく」とか「きく」とかいう動詞は，言語ではなく，言語活動をさししめしている。ぼくたちが意識しようとしまいと，そのことには関係なしに，日本語は言語と言語活動とをくべつしているのである。

　この言語活動は，ふつう，はなし，きき，よみ，かきのよっつの領域にわけられている。しかし，はなしを dialogue と monologue とにわけているところからみると，ききは，はなしの基本的な形態である dialogue に必要な要素であるとみなすことができる。

　声にだすか，ださないかという観点から，言語活動は外言と内言とにわけられる。それがよみ方では音読と黙読とにわけられている。また，言語を習得するという観点からは，言語活動は母語と外国語とにわけることができるだろう。このように，言語活動はいろんな観点からいくつかの種類と形態とにわけることができるが，このばあいわすれてはならないことは，言語活動の種類と形態とのあいだに存在する相互関係である。言語活動のある形態はほかの形態からきりはなされては存在しないのであって，それらがたがいにつよい影響をあたえているのである。

　そして，この相互関係を規定するものは，言語活動の発達である。話しことばはつねに書きことばに先行している。ところが，みがきのかかった話しことばは，直接的に，間接的に書きことばを媒介にしている。よんだり，かいたりすることのできないものは，けっして洗練されたはなし方はできない。それどころか，きくことさえできない。言語活動の分類については，ここではこれ以上ふれないことにするが，それが国語科にとって実践的な意味をもっていることは，学習指導要領の機械的な分類が国語教師にどんなに迷惑をかけているか，このことをおもいうかべるだけでじゅうぶんである。

　さて，ぼくはまえに，単語と文とを例にして，言語と言語活動とのちがいを説明した。ぼくは心理学者ではないのだし，この講座も心理学を対象にしているのではないから，

言語活動の問題にふかいりしたくはないのだが，国語科が子どものはなし・きき能力，
よみ・かき能力の発達に直接的な責任をおっているとするなら，この問題にもふれない
わけにはいかない。もっとも，ぼくとしては，ことばを対象にする言語学と心理学とが
そのことばのどの側面を研究の対象としてとりあげるか，国語教師のみなさんにはっき
り理解してもらいたいという気もちがある。とくに，最近のように言語学者（国語学者）
が心理学を研究しているときには。もちろん，言語学者が心理学をべんきょうしてはな
らないという理由はない。ぼくがいけないというのは，言語学という名まえのもとに，
「ことばの心理学」をやるからである。日本語の現象は日本語に固有の法則で説明しな
ければならないのに，それを心理の法則で説明しようとするからである。言語の現象を
心理の法則で説明する言語学の傾向を心理主義という。これにたいして，言語の現象を
論理の法則で説明する言語学の傾向を論理主義となづけている。心理主義と論理主義と
は兄弟であって，ひとりの学者のなかになかよくすみついている。

　すでにのべてあるように，言語は社会的な現象であるが，言語活動は個人＝心理的な
現象である。いいかえるなら，言語活動は交通の具体的な場のなかではたらく言語であ
る。言語という手段によって実現された活動である。したがって，言語活動をなりたた
せるためには，個人が言語を自分のものにすることが前提である。こうして，心理学は
具体的な場のなかではたらく言語活動だけではなく，個人による言語の習得の過程，個
人による言語の所有のし方の特殊な性質をも研究の対象にしなければならなくなる。

　ところで，言語と言語活動とのちがいが，もっともあからさまにあらわれてくるのは，
このふたつの現象の発展のし方のちがいにおいてである。ひとくちでいえば，言語の発
展は系統発生的であるが，言語活動の発展は個体発生的である。言語活動の発展は，社
会＝歴史的な言語を個人が所有し，それを使用する能力を身につけていく過程であって，
その法則の研究は心理学のしごとである。それにたいして，言語の発展は，社会の発展，
なによりもまず生産の発展にしげきされて，それ自身の内的な法則にしたがいながら進
行する。そして，その研究は言語学の課題である。言語学は言語の発展の法則を研究す
る歴史科学である。したがって，第3章[*]からはすべてをこのことの解明にささげなけれ
ばならない。

　では，言語活動の発展はどのように進行するだろうか。これはたしかにつづり方教師
にとっては興味のある問題である。また，つづり方教師はこの問題について豊富な資料
をもちあわしているのだから，すぐにでも研究に手をつけることができる。生徒による

言語の所有過程はどのように進行するか，生徒の言語の所有のし方の特殊性はどのようなものであるか，このことの理解がなければ，つづり方教師はたくみな指導ができないのであるから，ぼくはみなさんにこの研究を期待したい。

　子どもはうまれおちると同時に，かれをとりまくおとなと交通をはじめるわけだが，その交通の形態ははじめは情動＝行動的である。この情動＝行動的な交通から言語活動による交通の形態がしだいに形成されていく。おとなのはたらきかけのもとに発生し，発展する交通が，子どもの言語活動の発生と発展の基礎であり，みなもとであることは，うたがう余地のない事実である。

　このばあい，言語活動の発達の第一の段階は，おとなとの交通のなかで子どもが単語（理解できる単語）をたくわえていく過程であると，常識的に考えられているが，事実はそれほど単純ではない。子どもにはたらきかける刺激のいくつかの要素のうちから，単語をしだいにふりわけていく過程としてとらえなければならない。そして，子どもによる単語の理解は，最初の段階では，ずっとあとになってみられるような，あざやかな対象的な意味をもっていない。いいかえるなら，おとなのつかう単語は，子どもにとっては，はじめのうちは「信号の信号」，つまり第二次信号としてははたらいていないのである。たしかに，子どもは生後5，6か月ごろからある種の言語＝文にさかんに反応をしめしはじめる。はじめのうちは，頭や目をうごかしたりほおえんだりして，あとになっては単純な運動をおこなって，おとなのつかう単語＝文にこたえる。単語＝文（あるいは一語文）の理解の最初のあらわれが，はなし手の声にたいする反応であるとするなら，生後まもないことである。

　しかし，この種の反応をもって子どもがある単語をほんとうに理解したとはいえない。なぜなら，この反応のなかに単語が場面から分離した信号としてはたらいているとみなすなら，まちがいであるからである。実際，おとなたちのはなしかける単語＝文にたいして，反応をよびおこすことのできるのは，最初の段階では，はなしかけが一定のイントネーションと身ぶりをともないながら，一定の場面のなかで，特定の人物によっておこなわれるばあいにおいてのみである。

　したがって，言語活動の第一の段階は，子どもにはたらきかける複合的な刺激（あるいは刺激の複合）のうちから単語＝信号をしだいに分離していく過程であるとみなければならない。そして，この第一の段階につづいて，第二次信号体系の細胞としての単語が子どもの所有物になっていく過程が進行する。ここで，信号＝単語とものごととの条

件的な結合が一般的なかたちで形成されていき，単語は対象的な意味を獲得しはじめる。

　実際，ふるい心理学が考えているように，子どもが単語を所有していく過程は，たとえおとなとの交通のなかでうけとるとはいえ，受動的な，機械的なものまねではない。それは，おとなとの交通のなかで，とりまく現実との実践的なかかわりのなかで，子ども自身が実現する創造過程である。すくなくとも，ある子どもがある単語を所有しているというばあい，その単語の音声形式とそれが表示するものごととの関係づけが成立していなければならないのだが，この関係づけの背後には，分析と総合の結果である対象（ものごと）の一般化の過程が進行していなければならない。単語は個別的なものごとと関係しているのではなく，おなじグループのものごとと関係しているからである。このことによって単語は「信号の信号」になることができるのである。したがって，単語の所有過程は，単語が関係するものごとの属性をあかるみにだして，一般化する複雑な分析＝総合の過程としてみなければならない。

　単語は対象的な意味を獲得して，名づけのはたらきをしなければ，ほんとうの意味での単語にはならないのだが，子どもの所有する単語がそうなるためには，いくつかの段階にわかれる，ながい過程が必要である。言語活動の発達を研究する心理学は，この種の過程を支配している一般的な法則をあきらかにしなければならないのだが，ふるくさい心理学は，どちらかといえば，なん才の子はなん語を理解するとかいう，それ自身ではなんら科学的な意味をもたない統計的な操作に終始しているようである。

　ぼくはつづり方教師に生徒の言語活動の発達の特殊な性格を研究してもらいたいが，統計的な操作や一覧表つくりにむだなほねおりをしてもらいたくはない。

　さて，２才ごろに子どもの言語活動の能力は急速に発達しはじめるのだが，子どもの所有する単語はこの時期に対象的な意味を獲得するらしい。しかし，２才の子どもの所有する単語が，じゅうぶんに名づけ的な機能をはたしていると考えるのは，あやまりだろう。２才ごろの子どもの所有する単語の対象的な意味が，おとなのそれとくらべて，やたらにだだっぴろく，あいまいであることは，たいていの人が観察している事実である。たとえば，「クツ」という子どもの単語が，靴だけではなく，はきものを一般的にさししめしていたり，「金魚」という単語が，あかい魚を一般的にさししめしていたりすることがある。

　この事実は，単語所有の初期の段階では，単語が対象を全体として反映しておらず，対象のある主要な特徴のみを反映していることをものがたっている。単語は，対象の構

成のなかにはいっている属性の複合を全体としてはとらえておらず，あるひとつの属性（子どもによって直接に知覚された対象のもっとも強力な属性）と関係しており，そのことが単語の対象的な意味のあいまいさ，普遍性（感性的な一般化）をつくりだしているのである。満３才ごろから単語は正確で安定した対象的な意味を獲得しはじめる。しかし，単語所有の初期の特徴は，けっして，３才後になっても完全になくなるわけではない。低学年をうけもつ教師は，こうした特徴を子どもの単語のつかい方のなかに発見することがあるだろう。

　はんたいに，子どもの所有する単語が，不当にせまい意味をもっているばあいがある。いずれにしても，単語の所有過程のおくそこをながれている分析と総合が，ものごとの本質的な特徴をとりだして，一般化することに成功していないからである。複合的な刺激から分離したばかりの単語は，けっししっかりした対象的な意味はもたず，完全に名づけ的な機能をはたしてはいない。子どもの単語はこうした状態からしだいに言語の体系のなかにある単語に移行していくわけだが，そうなるためには客観的な世界との子ども自身の実践的なかかわり，おとなのがわからのたえまないはたらきかけが必要である。

　たしかに，単語の名づけ的な機能の成立の過程は複雑であって，興味ある問題をさしだしているが，単語の背後にかくれている「意味的な関係の体系」は，それにもまして複雑であり，興味ぶかい問題である。実際，ぼくたちは，単語の意味＝内容をあつかうばあい，まずその名づけ的な機能，対象的な意味をとりだすが，それとはべつに，単語の背後にどのような「関係の体系」が存在するか，問題にしないわけにはいかない。

　たとえば，日本語では，「24」という単語は単語づくりの体系からみて $10 \times 2 + 4$ という関係の体系をもっている。そのかぎりでは，個人の意志にはかかわりのない語彙論上の問題である。言語のなかには人間の社会的な経験が定着しているとすれば，このことによって人間の社会的な経験がつたえられる。しかし，この単語を個人が所有するばあい，その単語の背後にある「意味的な関係の体系」は，かならずしも言語におけるそれに規定されるわけではない。ダース単位であきないをしている商人は，かれが日本人であっても，この数詞の背後に 12×2 という関係の体系をつくりだすだろう。こうして，個人の所有する単語の背後には，言語に規定される「意味的な関係の体系」ばかりではなく，個人の心理的な発達，生活経験，教養などに規定される「意味的な関係の体系」が存在するということになる。

たとえば、「昆虫」という単語は同一の対象をしめしていながら、ことなる年令の人びとのあいだでは、ことなる経験をもつ人びとのあいだでは、まったくことなる「関係の体系」を背後にもっている。したがって、この単語を使用するばあい、ある子どもは虫をつかまえて、ひきちぎったときの印象をおもいうかべるだろうし、ある主婦は台所をはいまわる油虫を嫌悪感とともにおもいうかべるだろうが、昆虫学者は動物学上の複雑な概念の体系をおもいだすだろう。ある単語は同一の対象をしめしながら、その単語をつかう人の経験や知識などに依存して、その対象をことなる「関係の体系」のなかにもちこむのである。

この「意味的な関係の体系」は、子どもとおとなとでは性格がことなる。おさない子どものばあいでは、それは心につよくはたらきかけた直接的な経験に完全に支配される。ある単語と関係して、そういうことがなければ、はっきりしない形象をぼんやりとびおこすだけにおわるだろう。生徒のばあいでは、ある単語と関係づけて、過去の感性的な経験を動員しながら、あざやかな形象をよびおこすだろう。しかし、おとなのそれは、経験と言語と知識とをたくわえることで、はるかに複雑なものになっている。

子どもの所有する単語の背後にはどのような「関係の体系」がひそんでいるか、その「関係の体系」は、経験と言語と知識とをたくわえることで、どのように発展していくか、このことを一般的な法則にまとめあげるしごとは心理学の課題であるが、それはよみ方・つづり方教師にとっては実践上の問題になる。

よみ方教師は、作品のなかにつかってあるひとつの単語をよりどころにして、作品のなかにえがかれている形象ではなく、自分の過去の印象をさかんに再生する、きわめて融通性にとんだ主体よみの選手とでもいうべき生徒にでくわすことがあるだろう。

国分一太郎氏は『新しい綴方教室』につぎのような子どもの文をあげて、この文ができてきた根拠をあきらかにしている。

　　　こんち（昆虫）とは、中がやごくて、外がかたいむしです。

国分氏のように、つづり方教師は一般に子どもの心のおくそこにはいりこむ力をもっているが、しかしこの文が理科の試験の答案としてできたものであれば、子どもの所有する「昆虫」という単語の背後に概念の体系ができあがっているか、それとも、課題の解決にあたって、この概念の体系を動員できなかったか、そのどちらであるか、指導上

の問題として理科教師はあきらかにする必要がある。

現代の心理学がこの「意味的な関係の体系」の発達の過程をどこまであきらかにしているか、ぼくは不べんきょうでしらないが、ただしつぎのことだけははっきりいえるだろう。子どもの所有する単語の背後にある「関係の体系」は、子ども自身の直接的な経験に完全に依存しているが、言語と知識とを体系的に所有しているおとなのそれは、言語と知識との体系につよくしばられている。しかし、おとなの所有する単語の背後に存在する「関係の体系」が、直接的な経験から完全に解放されていると考えるなら、まちがいである。おとなの所有する単語は、初歩的で形象的なものから高度で抽象的なものにいたるまで、複雑な「関係の諸体系」をもっているのであって、具体的な生活の場での課題解決の要求にこたえて、あれかこれかの「関係の体系」が支配的にはたらきはじめ、そのほかの「関係の体系」は支配的なものに従属するのである。したがって、ここではいくつかの「関係の体系」のあいだにある相互関係があきらかにされなければならないだろう。

7 言語活動の発達（つづき）

これまで、子どもの単語の所有過程をつらぬいている心理学的な法則について、おおまかな記述をなしたが、文法についてもおなじことをしておかなければ、かたておちになるので、そうすることにする。

わかりきったことだが、言語活動の具体的な単位は文であって、その文をいくつかつらねることで「ひろげられた言語活動」が成立している。しかし、おさない子どもには「ひろげられた言語活動」はかけている。最初にあらわれる言語活動の形態は、文としてはたらいている単語、つまり「一語文」である。したがって、子どもの言語活動の発達の最初の段階を単語の所有であるとみなしてもいいわけである。そうだとすれば、子どもによって知覚された単語＝文のなかに主語があるばあいは、述語はその子どもによって直接的に知覚された行動＝場面のなかにある、ということになる。つまり、子どもによって知覚された単語＝文は、具体的な行動場面のなかでのみはたらいていて、それとの関連のなかでのみ理解されるのである。まえにものべてあるように、このばあいの単語は複合的な刺激の構成要素にすぎないのである。

このことは積極的な言語活動（はなす活動）についてもいえる。子どものつかう単語

は同時に文としてはたらいており，それは具体的な場面や行動からきりはなしては，おとなであるきき手に理解できない。1才ごろの子どものはなす文は，その子どもにしられている場面の構成要素，つまり音声の再生産であって，このばあい，からだや手足の運動がともなっている。

このような事実から，子どもの最初の言語活動は行動的であり，場面的であると特徴づけることができる。そしてこの種の一語文は，言語学的にみて，非文法的である。子どもはまだ文法を所有しているとはいえない。

しかし，実際には，1才ごろの子どもにむけられるおとなの文は，かならずしも一語文ではなく，「おててをあげてごらん」とか「おつむてんてんをしてごらん」というように，いくつかの単語からなりたっている。そして，子どもはこの文に反応をしめすので，それをいくつかの単語の総合として，文法的にくみたてられたものとしてうけとっているようにみえる。だが，このようにみるのはまちがいだろう。子どもはこの種の文も一語文とおなじようにうけとめているとみた方がいい。はじめのうちは，それは複合的な刺激の構成要素であるし，あとになっては，子どもはこの種の文のなかにあって，主要な役わりをはたしている単語（すでに条件的な結合のできあがっている単語）に反応しているにすぎない。「おつむてんてんをしてごらん」といっても「おつむてんてん」といっても，子どもにとってはおなじことなのである。

いずれにしても，文を単語に分解し，その単語で文をくみたてるという操作は，1才ごろの子どもにはかけている。このことを証明するためには，子どもがすでに所有している単語で，子どもにとってはまったくあたらしい文をくみたて，その文で子どもにはたらきかけて，反応するかしないか，しらべてみるといいだろう。たとえば，子どもが「ママのとこにおいで」という文と「パパはどこ」という文とに反応したとしても，「パパのとこにおいで」という文には反応しないとすれば，その子どもは文を単語に分析する能力をもたないのである。1才ごろの子どもはまだこうした状態にあって，文法を所有しているとはいえない。

さて，一語文の理解，それによる発話が言語活動の発達の最初の段階であるとすれば，それにつづくのは，いくつかの単語からなりたっていて，そのことによって，ものとその動作や性質との関係，ふたつのものごとのあいだの関係を反映している文が理解できるし，積極的につくれる段階である。つまり，子どもの言語活動は非文法的な一語文から文法的にくみたてられた文に移行するわけだが，しかしこの移行の過程はきわめて複

雑である。子どもはこの移行の過程を成功させるために，まえもっていくつかの困難な課題を解決しておかなければならない。

　まず第一に，子どもは自分の所有する単語を身体的な行動や直接的な場面からきりはなして，言語活動の行動＝場面的な性格をうしろの方においやらなければならない。このことは，子どもがほんとうの意味での単語（信号の信号としての単語）を所有するようになることを意味するのだが，この条件がなければ，子どもが単語を文法的にかたちづけて，それを文にくみたてる必要はおこらないのである。場面や行動のなかに述語（あるいは主語）が存在するかぎり，主語と述語とからなりたつ文ではなす必要はおこらない。一語文の段階では，子どもの言語活動はつねに場面にしばりつけられているのである。直接的な場面から解放されて，自分の意志をあい手に自由につたえるためには文の意味は文自身からあきらかにならなければならず，そのためには子どもは文法を所有しなければならない。

　ところで，単語の所有が直接的に知覚されたもの，そのもののうごきや状態や特徴などを一般化して，それらと単語との条件的なむすびつきを実現することであれば，文法的に，したがって形態論的にも文章論的にも構造のある文の所有は，もの，そのもののうごきや状態や特徴などを一般化した，変化する動的な関係のなかに反映することにほかならない。そうだとするなら，子どもは，文法を所有するために，まず，対象がそのなかにふくまれている関係そのものを対象から分離し，それをカテゴリーに一般化しなければならない。こうした作業が文法的な手段の背後に進行していなければ，子どもの所有する文法的な手段は，いちいちの具体的なばあいからはなれて，関係を一般的に反映する信号にはなれない。しかし，このような関係の一般化は，けっして一度に成立するものではない。ながい過程が必要である。単語の所有過程が概念の形成過程に平行して進行していないように，文法の所有過程も，現象を論理的な関係の体系のなかに反映する過程と平行しては進行しない。

　実際，2才ごろになると，子どもは，ふたつのものの関係が格助詞などで確認されている文を，理解しているようにみえる。しかし，このばあい，子どもは，文の文法的な構造に定着している関係を，信号としてうけとめているわけではなく，ものそのものの関係の論理にしたがっているまでなのである。したがって，文のなかにはいる単語を格助詞でかたちづけなくても，そのことは伝達にはなんらさしつかえがおこらないのである。2才まえの子どもでも，すでに 50 ばかりの単語のストックがあれば，かれの言語

活動はふたつ（あるいはみっつ）の単語からなりたつ文に移行するが，これらの単語は文法的にはむすびついてはいないし，この種の非文法的な文は直接的に知覚できる場面からはなれては生じえない。しかし，最初の総合活動ははじまっている。

　子どもの言語活動が非文法的な文から文法的に正確にくみたてられた文にうつっていくためには，子どもは，まず第一に，知覚した場面のなかにみつけだした関係のし方のちがいにしたがって，おなじ単語をことなるふうに変化させる能力をもたなければならない。第二に，ことなる場面のなかにみつけだした関係のし方の同一性にしたがって，ことなる単語をおなじように変化させる能力をもたなければならない。

　この種の能力は，おとなとの交通のなかで，現実のものごととの関係のなかで，しだいに子どものなかに形成されていくのだが，それがひとまず完了するのは，やはり満3才ごろだとみなければならないだろう。おそらく，単語の所有と文法の所有とは，べつべつに進行するわけではないだろう。単語が語彙的なものと文法的なものとの統一であるという言語学的な事実は，単語の発生の心理学的な過程にもあてはまるだろう。子どもの所有する単語が語彙的なものと文法的なものとの統一としてあらわれたときに，真の意味での単語になるのである。正確には，一語文は単語と文とがまだ未分化の段階である。その一語文の動作＝場面的な性格が後退するにつれて，第二次信号体系の細胞としての単語が成立し，単語は文法的にかたちづけられて，それからなりたつ文は文法的な構造をもってくる。それとともに，イントネーションや身ぶりは表現手段として補助的な役わりをはたすようになる。

　他方では，言語活動は，その行動＝場面的な性格が後退するにつれて，文脈的な性格をおびはじめ，ひろげられていく。しかし，子どもの言語活動が決定的に文脈的になって，「ひろげられた言語活動」に移行するのは，つづり方の習得と関係している。4，5才になっても，行動＝場面的な言語活動の本質的な特徴はのこりつづけるのだが，つづり方においてそれは完全に克服されるのである。「かくこと」つまりつづり方は「はなすこと」から発展してきた，質的にことなる言語活動である。つづいて，その「かくこと」の本質的な特殊性について，かんたんにふれておこう。

　「かく」という言語活動は「はなす」という言語活動を紙のうえに文字でうつしていくことであると，ぼくたちはきわめて常識的に考えがちである。しかし，実際には，「かく」活動は，発生的にみても，構造的にみても，機能的にみても，「はなす」活動とはことなっている。そして，「はなす」活動と「かく」活動のあいだには，複雑な相互

作用が存在している。学習指導要領はこの事情には考慮をはらわないで，「はなすこと」の指導と「かくこと」の指導とを並列的にあつかった（あるいは実用主義的な観点から「かくこと」の指導を不当にひくい位置においた）。そればかりではなく，「かく」という活動を技術的な側面からのみみて，技術的な行為の背後に進行している複雑な心理過程をみようとしない。ここから指導上の形式主義がうまれてくる。戦後の国語科教育の混乱の原因は，まず第一にこの点にある。このことはつづり方教師がくりかえし指摘していることである。

　では，「はなすこと」と「かくこと」とはどの点でことなっているだろうか。まず第一に考えられることは，はなす活動は実際的な交通の過程のなかで形成され，その言語活動を構成している諸要素は子どもにははっきりと意識されず，言語活動から分離されていないということである。しかし，かく活動はこれとはまったく反対の道をたどって形成されていく。つまり，かく活動の成立はつねにとくべつの指導＝学習の所産であって，それは生きたことばのながれからそれを構成する文を分離すること，その文からその文をくみたてている単語を分離すること，その単語からその単語を構成する音節を分離することを前提にしている。こうした分離の過程は「かく」という行為をするために必要な技術的な前提である。したがって，かく活動ははじめから言語活動にたいする意識的な態度が要求される。しかし，はなす活動の成立の過程では，言語活動を構成する諸要素は意識の対象にはならない。

　こんなふうにいうと，国語教師のなかには，子どもは文とか単語とか音節とかを意識しないで，ごく自然のうちに文章をつづることをおぼえていくと，はんたいする人もいるかもしれない。実際，ぼくたちの国の国語教育は，このかく活動の特殊性をじゅうぶんに考慮したうえで，「かくこと」の指導，たとえば文字指導や正書法指導を計画的に系統的にすすめているわけではない。このことから，おもてむきはそういうふうにもみえる。しかし，実際には，文字や正書法の指導にあたって，国語教師はなんらかのかたちで，非計画的にしろ非系統的にしろ，子どもに文とか単語とか音節とかをおしえて，子どもの意識のうえにそれらをのせているのである。もし，教師のそういうはたらきかけがなければ，子どもたちは文字をつかって文章がかけるはずがない。

　たとえば，文というものをしらなければ，マルがうてないし，文が単語からくみたてられていることをしらなければ，「わかちがき」ができない。いわゆる助詞が意識できなければ，「わ」と「は」，「お」と「を」，「え」と「へ」のつかいわけができない。「む

だずかい」という単語の語構成的なつくりがわからなければ、この単語を「むだづかい」とはかけない。「頭」という単語がまさに「あ・た・ま」という3音節からなりたっている事実を意識せずには、それを「あたま」とはかけない。「いった」の「いっ」は、「いた」の「い」とくらべて、その音節の構造がちがっていて、そこには「つまる音」のあることをしらなければ、「いった」を「いった」とはかけない。

　文字と正書法との指導にあたって、子どもが言語活動のこれらの構成要素をよく理解できるように、教科書と指導計画とがうまくしくまれていなければならないのだが、そういう配慮がかけているばあいは、どちらかといえば、子どもは自分自身の努力でふじゅうぶんながらも、言語活動を分析して、その構成要素をとりだすことになる。そうでなければ、「あたま」は「あたま」とかくのだと、教師は子どもにりくつぬきの丸暗記をしいているだけのことである。これは教育的ではない。おそらく、日本ではそういうことが子どもの文字と正書法との完全な習得（したがってまた「かくこと」の所有）をおそろしくながびかせていることだろう。

　よこみちにそれたが、「はなすこと」と「かくこと」とのちがいは、第二につぎのようなことが考えられる。すでにのべてあるように、はなす活動は直接的な実践とむすびついて発生し、その初期の段階では行動＝場面的な性格をおびている。このはなす活動は、ながい過程をへて、ときたま展開したモノローグの性格を獲得する。しかし、かく活動のばあいは、この点でちがっている。それは目のまえにあい手のいない言語活動であり、はじめから実際的な行動からきりはなされており、場面的な性格をもたない。成立とともにモノローグ的な言語活動なのである。

　すでにのべてあるように、初期の段階におけるはなす活動の行動＝場面的な性格は、言語活動の発達とともに後退していくのだが、それがまったくきえてなくなるわけではない。はなす活動は、おおくのばあい、実際的な活動のなかにまきこまれていて、場面や行動を考慮にいれなければ、理解することができない。それに、はなす活動にはイントネーションや身ぶりがたえずつきまとっている。このことと関係して、省略 elisionがさかんにおこなわれる。つまり、話しことばは、主語がことばのなかにあれば、述語は身ぶり、あるいは直接的な場面のなかにあるという段階の痕跡をもちつづけているのである。このような事実から、はなす活動を行動＝場面的な言語活動であると、一般的な特徴づけをあたえることができるだろう。それにたいして書きことばは文脈的な言語活動である。はじめから行動＝場面的な性格をもたないかく活動は、文脈に依存しなけ

れば，事実や意志の伝達が不可能である。書きことばの習得にあたって，文法の理論的な学習がきわめて重要な意味をもってくるのである。文法意識をもたないものは，ろくに文章はかけないといっても，けっしていいすぎにはならないだろう。このことは，つづり方教師なら，自分の指導を反省することで理解してもらえるとおもう。主語がなくてわけのわからない文がたくさんあって，つづり方教師は指導につねにあたまをいためているはずだ。

　かく活動は，はなす活動とくらべて，その動機においてことなるし，またことなる言語的な構造をもっているわけだが，さらに，このかく活動は，ことなる心理的な構造と機能とをもっていることで，はなす活動とはことなる。これがふたつの言語活動のあいだにある三番目のちがいである。書きことばが交通の手段としてはたらいていることでは，話しことばとかわらない。しかし，かく活動では，この機能とならんで，べつの機能が前面にでてくる。つまりかく活動は直接的な発話を制止し，記述の対象にたいするゆっくりとくりかえしておこなう分析＝総合の過程を要求する。かく活動は必要な思想をじゅうぶんに展開させることを可能にするばかりではなく，思想の形成過程にたちもどること，継起的にながれるこの過程をみわたすことのできる文章の構造に転化させることを可能にする。したがって，かく活動は，はなす活動にくらべて，はるかに強力な思考の手段なのである。「かくこと」の指導が子どもの思考能力の発達とふかくかかわっていることは，つとにつづり方教師によって気づかれていた。「なにを」かくのか，ということの指導をぬきにして，つづり方指導ははじめから成立しないだろう。

　そして，このようなかく活動の機能上の特殊性は，言語活動の発達の以前の段階ではみられない，内言のいちじるしい発達を不可避的によびおこす。もちろん，この内言は入学前の子どもにすでに形成している。内言は４，５才ごろに外言から派生してくるのだが，その発達の中間にいわゆる自己中心的な egocentric 言語活動が存在している。はじめは声にだした自己中心的な「ひろげられた言語活動」，この言語活動がしだいに短縮していき，中断しがちなささやきになり，おしまいにきえてなくなる。この過程のなかに，構造的にも機能的にもまったくあたらしい言語活動の形態，内言が形成されていく。

　さて，以上でぼくは言語活動の発達についてごくおおざっぱに説明してきた。これ以上この問題にたちどまることは，ここではゆるされないだろう。それで，おしまいにつぎのことを強調しておきたい。「かくこと」の所有，一般的には「よみ・かき」の所有

は学校教育のなかで実現されるのである。したがって，子どもの言語活動の発達にとって，学校教育はまさに革命的なできごとなのである。学校における授業によってつくりだされた生徒のあたらしい生活と活動とむすびついて，各教科でのあたらしい知識の習得とむすびついて，生徒の言語活動は急速に発達しはじめる。しかし，生徒の言語活動の発達にとって決定的な役わりをはたしているのは，やはりよみ・かき能力の所有なのである。それは他教科での学習にとってかかすことのできない前提条件であるし，よみ方・つづり方教師が子どものよみ・かき能力の発達を保証しなかったら，子どもの言語活動の発達はふじゅうぶんのままにとまってしまうだろう。よみ方・つづり方教師の社会的な責任はきわめておおきいといわなければならない。その社会的な責任を完全に遂行するために，よみ方・つづり方教師は，よみ・かきの心理学を（とくに子どもの言語活動の発達と関係づけて）研究する必要がある。言語学はその心理学的な調査に必要な基礎的な知識を提供してくれる。

　つづいて，生徒の言語活動の発達にとって重要な役わりをはたしているのは，言語の理論的な学習である。おそらく，言語教育の必要をいちばんつよく感じているのは，いちばんねっしんにつづり方指導をした教師にちがいない。この雑誌にこの講座をこしらえた編集者の心をあらためて考えてみないわけにはいかない。

補　注

「言語過程説について(1)」

＊ p.6.6 行目

《　》内の時枝誠記『国語学原論』の引用は，やや省略がある。時枝の原文は「事物にしろ，概念にしろ，表象にしろ，それらはすべて，主体によって，就いて語られる素材であって，言語を構成する内部的な要素とみることは出来ない。」（p.51）となっている。

＊ p.6.8 行目

《　》内の時枝誠記『国語学原論』の引用は，やや省略がある。時枝の原文は「言語はあだかも思想を導く水道管のようなものであって，形式のみあってまったく無内容のものと考えられるであろう。」（p.53）となっている。

＊ p.9.16 行目

底本のガリ版は印刷が不鮮明で，この文字は「屈」である可能性がある。しかし，文字自体は「由」である可能性がたかいと判断し，訂正もしなかった。

「日本における言語学の展望と反省―主観主義的立場をめぐって―」

＊ p.13.30 行目

「ひとりで」は，「ひとりでに」の可能性もあるが，原文のままとした。

＊ p.17.5 行目

「言語主体の意識を」は，「意識に」あるいは「意識と」の可能性もあるが，原文のままとした。

＊ p.24.22 行目

「この時間」は，「この時期」の可能性もあるが，原文のままとした。

「単語について―文法にはいるために―」

＊ p.30.8 行目

「単語が文章でならねばならないのは」は，「文章であらねばならないのは」あるい

は「文章にならねばならないのは」の可能性もあるが，原文のままとした。

「日本語の文法的クミタテ」
＊ p.59.4 行目
　2行目にも「よむので」という「名詞的なカタチ」の語形があるので，これは誤植の可能性もあるが，原文のままとした。また，3行目の「よむから」以降の語形は，つきそい接続詞のついたかたちのようにもとれるが，これらも原文のままとした。

「文章の書き方」
＊ p.68.19 行目
　初出では「錯覚は……到着したからにちがい」となっていて，「ない」がぬけている。これを誤植と判断し，「ない」をおぎなった。
＊ p.96.17 行目
　「一しょう」は，「いっしょに」の可能性もあるが，原文のままとした。

「言語と思想」
＊ p.123.15 行目
　「発見されようとしても」は，「発見されるとしても」あるいは「発見されようとも」の可能性もあるが，原文のままとした。
＊ p.124.29 行目
　初出では「自分自分」となっているが，これを誤植と判断し，「自分自身」に訂正した。

「言語と言語活動—国語教育の構想—」
＊ p.132.3 行目
　初出では，「一」から「八」までの章の番号はあるが，各章の表題はない。『読み方教育の理論』再録時に各章に表題がつけられた。
＊ p.135.17 行目
　鈴木重幸氏の論文とは，「文法教育をすすめるために」（奥田靖雄・国分一太郎編『読み方教育の理論』むぎ書房，再録）のこと。

補注　217

＊ p.140.8 行目

　初出および単行本再録版でも，「単語の発声と意味」となっているが，つぎの段落
に「単語の発音と意味」とかかれている箇所もあることから，これを誤植と判断し，
「発声」を「発音」に訂正した。

＊ p.140.15 行目

　初出では「この単語の借用」となっている。

＊ p.141.7 行目

　初出では「一般的」となっている。

＊ p.143.22 行目

　初出では「表現」となっている。

＊ p.145.27 行目

　初出では「反映機能をもっているものとして」となっている。

＊ p.150.9 行目

　初出では「子どものわからない単語のくみあわせの意味」となっている。

＊ p.153.11 行目

　底本では「指導がされる」となっているが，初出で「指導がなされる」となってい
ることから，これを誤植と判断し，「なされる」に訂正した。

＊ p.153.15 行目

　初出では「補注」ということばはない。補注の部分は，「八」という章の番号がつ
けられ，独立した章となっている。

「言語学と国語教育」

＊ p.154.2 行目

　初出では，「第一章　言語と言語活動」と「第二章　言語活動と言語作品」という
章だてがなされ，以下のような構成になっている。

　　　　第一章　言語と言語活動

　　　　（1）言語

　　　　（2）言語教育

　　　　（3）言語の体系性

　　　　第二章　言語活動と言語作品

（1） 使用のなかにある単語

（2） 文

（3） 言語活動の発達

（4） 言語活動の発達（つづき）

『国語科の基礎』再録時に，章が削除され，(1)から(3)，(1)から(4)の各部分の題だけがのこされた。この変更によって，各部分に1から7の通し番号がふられた。

* p.154.17 行目

初出では「言語活動のなかの」となっている。

* p.155.26 行目

「第1章」とは，p.154.2 行目の補注であげた「第一章 言語と言語活動」の章をさす。

* p.163.4 行目

初出では「熟語」となっている。

* p.163.28 行目

初出では「ぼくは」のあとに「ゆうゆうと」が挿入されている。

* p.163.28 行目

初出では「日本の教育」となっている。

* p.164.1 行目

初出では「教師」となっている。

* p.164.16 行目

教育科学研究会・新潟国語部会の研究とは，若月又次郎「単語指導の方法」（『教育』151 号所収。奥田靖雄・国分一太郎編『読み方教育の理論』むぎ書房，再録）のこと。

* p.164.23 行目

初出では「表記のし方」となっている。

* p.165.20 行目

初出では「幼児の」となっている。

* p.165.27 行目

初出では「のみ」となっている。

* p.167.3 行目

初出では「ぼくは」のあとに「具体的には」が挿入されている。

* p.171.6 行目

初出では「要求」となっている。

* p.172.12 行目

初出では，「そのなかでなければ」は「体系のなかでなければ」となっている。

* p.174.5 行目

初出では「語彙構造」となっている。

* p.174.6 行目

初出では「文法構造」になっている。

* p.180.11 行目

初出では「語構成の意味的な語彙体系」となっている。

* p.181.18 行目

底本では「いろんな目的をもって進行する。」となっていて，ここで文がきれている。しかし，初出では，「，」になっていて，文はきれていない。これを誤植と判断し，「，」に訂正した。

* p.189.15 行目

初出および底本では「**ダイヤモンド**」だけが太字になっている。これを誤植と判断し，「**ダイヤモンドの指輪**」までを太字にした。

* p.192.18 行目

初出では「慣用句」のあとに「(熟語)」が挿入されている。

* p.202.26 行目

「第一章　言語と言語活動」，「第二章　言語活動と言語作品」につづく第三章はかかれていない。

* p.209.25 行目

初出では「認識」となっている。

言語学編(3)　掲載論文初出一覧

「言語過程説について (1)」

　　民主主義科学者協会・言語科学部会編『コトバの科学』第 4 号（1951 年 11 月 20 日）。この論文の底本には，言語学研究会所蔵の『コトバの科学』第 4 号をもちいた。

　　『コトバの科学』はガリ版印刷で発行されていた。おそらくそのこととなんらかの関係があるのではないかとおもわれるが，この論文にはとくに後半部分において非常におおくの改行がある。それらの改行のおおくは不必要なものであって，著者自身によるとは考えにくいので，編集委員会の判断でいくつかの改行箇所をひとつの段落にまとめたことをおことわりしておく。

　　なお，この論文にはすでに工藤浩氏による翻刻が発表されている（最終訂正版 2005.02.20）。翻刻にあたって参考にさせていただいたが，改行の部分に関していくらかのちがいがみられるのは，うえにのべたような事情によるものである。

　　タイトルに「(1)」という付記があるが，続編はかかれていない。なお，『コトバの科学』第 7 号（1952 年 4 月 12 日）に「言語過程説の主体的意識」（吉村康子）が掲載されているが，本論文との関係はあきらかではない。

「日本における言語学の展望と反省――主観主義的立場をめぐって――」

　　季刊『理論』別冊 II 『言語問題と民族問題』（1952 年，理論社）。

「単語について――文法にはいるために――」

　　『新しい教室』8 月号（1953 年，中教出版）。

「日本語の文法的クミタテ」

　　季刊『理論』別冊 IV 『国語問題の現代的展開』（1954 年，理論社）。

「文章の書き方」

　　『教育』47 号，48 号（1955 年，国土社）。

「ことばの組みたて」

　　講座日本語 I 『民族とことば』（1956 年，大月書店）。

「言語と思想」

　　『教育』89 号（1958 年，国土社）。

「言語と言語活動──国語教育の構想──」

　　『教育』107 号，108 号（1959 年，国土社）に掲載。奥田靖雄・国分一太郎編
　『読み方教育の理論』（1963 年，国土社，1974 年よりむぎ書房）に再録。

「言語学と国語教育」

　　『作文と教育』1963 年 4 月号，5 月号，6 月号，7 月号，8 月号，1964 年 1 月号，
　2 月号（百合出版）に掲載。奥田靖雄著『国語科の基礎』（1970 年，むぎ書房）に
　再録。初出の原題は「教師のための言語学 (1)〜(7)」。再録にあたって，タイトルが
　「言語学と国語教育」にあらためられている。

あとがき

　第1巻『文学教育編』（2011）につづき，第2〜4巻『言語学編』の出版にこぎつけることができた。当初の予定がおおはばにおくれ，本編の出版をこころまちにしてきた方がたに，ごめいわくとご心配をおかけしたことをおわびする。

　『言語学編』の編集方針の決定過程の概略を以下にしるす。2004年3月26日の第1回著作集刊行準備会において，収録論文の選定方針と各巻構成が提案された。言語学編については，『日本語文法・連語論（資料編）』（1983）および『ことばの研究・序説』（1984，以下『序説』）に収録された論文以外の，公刊された論文を採録の対象とすることが決定され，『序説』に収録されていない1950年代の論文のうち，『言語学編』におさめる論文の選定については，継続審議となった。

　2004年7月25日の第2回刊行準備会において，前回にひきつづき，収録論文の検討をおこなった。その結果，(1) 1950年代の論文のうち，「言語過程説について（1)」以下の7本の論文をおさめること，(2)「言語と言語活動―国語教育の構想―」と「言語学と国語教育」は，言語学論文としての性格を重視し，『言語学編』におさめること，(3) 動詞にかかわる5本の論文と「述語の意味的なタイプ」は，未公刊ではあるが，奥田の後期の活動を特徴づける重要な論文であり，各種研究集会で講義資料に使用されている点も考慮し，公刊論文に準じるものとみて，採録すること，(4) 動詞にかかわる論文は，たがいに重複する部分があるが，そのあつかいについては編集委員会にゆだねること，(5) 各編の最終巻に索引をふすこと，などが確認された。上記の方針にしたがって論文が選定され，各巻構成が確定した。編集の過程での若干の異動はあるが，基本的には，テーマと発表年順とにしたがって論文の配列も決定された。

　監修委員には大所高所から貴重なご助言をいただき，また，「序文」もおよせいただいた。井上拡子，笠松郁子，喜屋武政勝，菅原厚子，高江洲頼子，高橋ユキ，津波古敏子，西村政則，樋口文彦，比毛博，渡辺健太の各氏には，一次原稿の作成およびゲラ原稿の校正にご協力いただいた。むぎ書房社長の片貝茂之氏，前社長の布村哲夫氏には，長期にわたる編集過程でのさまざまな注文に根気よくおつきあいいただいた。これらの方がたをはじめ，ご支援いただいたおおくの方にふかく感謝もうしあげる。

　　　　2015年2月1日

　　　　　　　　　　　　　　　　　　　　　　　編集委員を代表して
　　　　　　　　　　　　　　　　　　　　　　　佐　藤　里　美

言語学編索引

事項索引（邦字）

①，②，③はそれぞれ『言語学編』(1),
(2), (3)をしめす。

⇒は，その項目が子みだしとしておか
れているみだしをしめす。

→は，参照項目のみだしをしめす。

ア

あい手 ①222, 223, 306 ②80, 172, 189,
192, 199, 264, 275, 277〜279, 299, 300,
317, 362, 363, 365, 369
　　―の意見 ⇒ 意見
　　―へのはたらきかけ ⇒ はたらきか
　　　け
　　―へのはたらきかけ性 ⇒ はたらき
　　　かけ性
アイテ格 ③43
あいまいさ ②180
アオリスト ②177
アオリスト的な過去 ⇒ 過去
アクシデンタル ①114
アクチュアリティ ②211
アクチュアルな ①82, 83, 108, 112, 117
②176, 177, 191, 198, 237, 238, 242
　　―現在 ⇒ 現在 → ポテンシャル
　　　な
　　―動作 ⇒ 動作 → ポテンシャル
　　　な動作
　　―分割 ①127
アスペクチュアリティ／アスペクチュア

リティー ①145, 148, 150〜153 ②
212
アスペクチュアルな
　　―意味 ⇒ 意味 → アスペクト的
　　　な意味，アスペクトの意味
　　―かたち ①150 → アスペクトの
　　　かたち
　　―対立 ①121 → アスペクト的な
　　　対立
アスペクト ①82, 120〜123, 138〜142,
144〜146, 149, 151〜153, 156 ②6, 7,
16, 19〜21, 23, 24, 26, 28, 115, 117, 124,
127, 128, 140〜143, 200, 206
　　→ 脱アスペクト
　　―の意味 ⇒ 意味 → アスペクチ
　　　ュアルな意味，アスペクト的な意味
　　―のかたち ②7, 156, 287 → アス
　　　ペクチュアルなかたち
　　―のかたちの選択 ⇒ 選択
　　―の機能 ②27, 123, 124
アスペクト的な
　　―意味 ⇒ 意味 → アスペクチュ
　　　アルな意味，アスペクトの意味
　　―対立 ②24, 118, 136, 140, 159
　　―副詞 ⇒ 副詞
あたらしい状態の出現 ⇒ 出現
analyticalなかたち ②218, 220
affectiveな過去 ⇒ 過去
affectiveな体験 ②165
ありか → ありか限定

空間的な— ①317

時間的な— ②24, 167

説明の時間的な— ②192

出来事の時間的な— ①119 ②148, 149

ありか限定 ②51 → ありか

空間・時間的な— ①312 ②250

時間・空間的な— ②250

時間的な— ①126, 239, 299, 304, 306, 314, 315, 317 ②7, 41, 43, 69, 147, 153, 160, 168, 183, 184, 195, 211, 212 → 時間的な非ありか限定

時間の— ①307 ②47, 71, 116, 150, 191 → 時間の局所限定

動作の— ②24

ありか・あいて格／アリカ・アイテ格 ③47, 109

ありさま ①39

物の— ①39

ありさま動詞／アリサマ動詞 ③55, 113 → 動詞

あるべきすがたの出来事 ⇒ 出来事

アレコレ ③50, 54

アワセ＝カサネ文 ③56, 57, 62 → 文

あわせ述語 ②219, 233 → 述語

アワセ＝述語なみ文 ③61 → 文

アワセ＝単語なみ文 ③56, 58, 62 → 文

アワセ＝ナカドメ文 ③56, 57, 62 → 文

あわせ文／アワセ文 ①63, 65〜68, 222 ②208 ③56, 64 → 複文, つきそい・あわせ文, ならべ・あわせ文, 従属的な複文, 文

—のクミタテ ③56

内容説明的な— ②153

アワセ＝マエオキ文 ③56, 57, 62 → 文

イ

いいおわり文 ①61, 65, 69, 74 ②82, 83, 155 → いいきりの文, いいきり文, 主文, 文

いいかえ ①177, 180

いいきり ①9, 41, 165 ②74, 179, 215

—のかたち ②180 → いいきるカタチ

—の文 ⇒ 文 → いいきり文, いいおわり文

いいきり文（主文）／イイキリ文（主文） ②115 ③62 → いいおわり文, いいきりの文, 主文, 文

いいきるカタチ ③39, 40 → いいきりのかたち, 形容詞のカワリ方, 動詞のカワリ方

いいたてる

—キモチ／気もち ⇒ キモチ／気もち → いいつけるキモチ／気もち

—文 ⇒ 文 → つたえる文, のべたてる文, ものがたり文

いいつけるキモチ／気もち　⇒　キモ
　チ／気もち　→　いいたてるキモチ／
　気もち

意義　①212, 213

意義づけ　①179, 180　③144

　―の判断　⇒　判断

いくさき格　③109

意見　①178, 189, 299

　―の構造　⇒　構造

　―の文　⇒　文

　あい手の―　①287

　かき手の―　②313

　他人の―　①288

　話し手の―　①287

意志　②69, 251, 253, 283, 284　→　自由
　―

　―にしたがう動作　⇒　動作

　―の主体　⇒　主体

　し手の―　①92

　主体の―　②322

　はなし手の―　①92

異時　①155

意志可能　②253, 276　→　可能

意識

　―の世界での出来事　⇒　出来事

　―のながれ　⇒　登場人物の―

意志行為　②252, 253

意志的　②344

意志的な

　―コントロール　②297

　―選択　⇒　選択

　―態度　⇒　態度

　―動作　⇒　動作

意志動詞　①91, 92　②322, 323　→　動
　詞

意志表示　①44　②81, 102, 210, 252,
　253, 268, 272, 277〜279, 281, 283〜285

　―の文　⇒　文

　はなし手の―　②251

　私の―　②181, 210

意志表示的　①90, 304　→　voluntative

意志不可能　②253, 254　→　不可能

依存の関係　⇒　関係

一語文　①267　②66　③117, 118, 203,
　207〜210　→　文

一・二人称　②98

一人称　①89, 90, 249　②57, 98, 107,
　182, 268, 275, 298, 315

　―・未来テンス　②80　→　未来テン
　ス

位置の変化　⇒　変化

一回　①84

一回きり　①83, 84

一回的　②40

一回動詞　②40　→　動詞

一般化　①83　→　抽象化・―

　―の判断　⇒　判断

　経験の―　②195

　時間的な―　①301

　し手・対象の―　①299

述語の意味の—　①109

動作の質的な特徴の—　②71

動作・変化の—　①299

動作（変化）の時間的な—　①299
②73, 186

（動作の）し手の—　①301　②71, 72

（動作の）主体の—　①301　②39, 73,
186

（動作の）対象の—　①301　②71

（動作主体の）—，不特定化　②347,
348

一般化された出来事　⇒　出来事

一般化された／される動作　⇒　動作

一般性　①299　②71

一般的な

　—意味　⇒　意味

　—事実　⇒　事実

　—出来事　⇒　出来事

　—動作　⇒　動作

　—法則　⇒　法則

　—，法則的な事実　⇒　事実

　—命題　①24, 25, 177, 187〜189

　—モーダルな意味　⇒　モーダルな意
味

イデー　②339

意図　②219, 227, 228

意図的　②230, 231

移動動作　①134, 135　②37, 133, 143
　→　動作

移動動詞　①134　②10, 30　→　動詞

《いま》　①307, 308, 313, 317

《いま・ここ》　②153

いまの判断　⇒　判断

意味

　—の複合　⇒　複合

　アスペクチュアルな—　①121, 137,
138, 142, 144, 146, 149〜152, 156

　アスペクトの—　②124, 156

　アスペクト的な—　②53, 55, 125, 128,
133, 136

　一般的な—　①236, 237　②162, 173,
176, 191, 261

　一般的なモーダルな—　⇒　モーダル
な—

　うらの—　③143, 152, 194, 196, 198

　おもての—　③143, 152, 194, 196

　感情・評価的な—　①304

　基本的な—　②24, 85, 99

　語彙的な—　①101　②5, 8, 125, 128,
196, 201, 202　③160, 166, 168〜172,
175, 176, 178, 179　→　字びき的な
—

　ことがら的な—　①86

　字びき的な—　③100, 102, 103, 109
　→　語彙的な—

　述語の—　①86

　条件・仮定的な—　②82

　対象的な—　③204, 205　→　語彙的
な—

　単語の—　③126, 127, 130

単語の対象的な— ③204, 205

テンスの— ②156

テンス的な— ②53, 55, 155

テンポラルな— ①101, 241 → 文
のテンポラルな—

二次的なモーダルな— ⇒ モーダル
な—

発話のモーダルな— ⇒ モーダルな
—

場面的な— ①265 ②283

副次的な— ②266

副次的な，プラグマチカルな— ②
261

部分的な— ①236, 237 ②31

プラグマチカル／プラグマティカルな
— ②261, 264, 266, 278, 284

文の— ③193〜195, 198

文の時間的な— ①106, 108

文の対象的な— ①292

文の陳述的な— ②16, 21

文のテンポラルな— ②148

文の部分的なモーダルな— ⇒ モー
ダルな—

文の文法的な— ①37, 38, 85〜87, 102

文のモーダルな— ⇒ モーダルな—

文法的な— ②8, 16 ③98, 100〜106,
109, 114, 130, 160, 166, 176

ムードの— ②170, 171, 173, 188, 191

ムード的な— ②98

モーダルな— ⇒ モーダルな意味

→ 音声と—，出来事の本質的な特
徴・—

意味あい ②85

プラグマティカルな／プラグマチカル
な— ①264, 275

プラグマティカルな，場面的な— ②
315

意味構造 ①103

必然の— ②320, 323

必要の— ②319, 320, 323, 327

意味的なタイプ ①74, 100, 103

主語の— ①101

述語の— ①106, 109

対象的な内容の— ①79, 86

文の— ①86

意味特徴 ①49 ②115, 129, 131

カテゴリカルな— ②8

共通なintegrative— ①49

ことなるdistinctive— ①49

意欲 ①44 ②105

依頼 ①293, 302 ②69, 97 → おねが
い／お願い

依頼文 ②84, 93, 94, 98 → 命令文,
文

依頼法 ②93, 97

因果（の）関係 ⇒ 関係

イントネーション ①18, 41 ③100, 101

インパーフェクト ②177

インパーフェクト的な過去 ⇒ 過去

隠喩 ③188

索引　229

ウ

ヴォイス　②20～22

うけて格／ウケテ格　③43, 47, 108, 109

うけみ／ウケミ　②21, 22　③87

　　—のかたち　②31, 282

　　—のたちば／タチバ　⇒　たちば／タ
　　チバ

うけみ／うけ身構造の文　⇒　文

うけみ／うけ身動詞　②20～22, 46, 244,
　　245　→　動詞

うごき／動き　①80, 131, 132, 150
　　→　動作

　　物の—　②134, 143

　　—の主体　⇒　主体

うごき動詞　②134, 135, 205　→　動詞

ウシロヅケ（接尾辞）　③36, 47, 58　→
　　接尾辞

ウチケシのカタチ　③40, 41, 47　→　う
　　ちけすかたち

うちけすかたち／カタチ　③40, 114　→
　　ウチケシのカタチ

うつし　①68

うつしかえ動詞　②10　→　動詞

うながし　②99

うらの意味　⇒　意味

うらめ　①63

うらめ的なつきそい・あわせ文　⇒　つ
　　きそい・あわせ文

うらめ・ゆずり的なつきそい・あわせ文
　　⇒　つきそい・あわせ文

運動　②5, 127, 196

　　—の時間的な内部構造　⇒　内部構造

　　人間の—　②130

　　物の—　②139

エ

エチケット　②325　→　儀礼的な—

エッセンシャル　①65

エピソディカル　①65

エピソード　②184, 185

emotionalな状態　⇒　状態

エラビ　③51

オ

オギナイ・コトバ（対象語）　③41～43
　　→　形容詞オギナイ, 動詞オギナイ,
　　対象語

オギナイ的なツキソイ文　⇒　ツキソイ
　　文

オギナイなみ文　③59　→　文

オコリのトリマキ　⇒　トリマキ

／おしえる／　①270, 272

おしはかり　①9～11, 25, 27, 28, 41, 96,
　　165, 234, 235, 241　②74, 179, 194, 195,
　　215, 255, 368

　　—のかたち　②180, 182

　　—の過程　①11, 24

　　—の構造　⇒　構造

　　—の根拠　⇒　根拠

　　—の判断　⇒　判断

―の文　⇒　文

おしはかり性　①18, 31, 35

おしはかり的な判断　⇒　判断

おしはかるキモチ／おしはかる気もち
　⇒　気もち／キモチ

おなじ種類のキメッケ・コトバ　⇒　キ
　メッケ・コトバ

おなじ種類の述語　⇒　述語

おなじ種類の部分　③49, 50

　―をもっている文　⇒　文

おねがい／お願い　①57, 59　②94, 99,
　109, 365　→　依頼

おもいだし／思い出し　①296, 297　②
　67, 70, 165

おもての意味　⇒　意味

おわり／終り　②212　→　はじめ・な
　か・―

　―の局面　⇒　局面

　―の限界　⇒　限界

　―のしきり　⇒　しきり

　時間的な―　②33, 144

音韻体系　③140　→　体系

音声　③155, 156

　―と意味　③156　→　意味

音声意識　③19, 20

音節意識　③19

カ

外言　③201

回顧的　①127

回想　①254〜256　②70, 175, 179, 191,
　193, 194

　抒情的な／叙情的な―　①16　②76,
　152

回想性　②174, 175, 178

下位体系　②115　→　体系

外的な

　―可能　⇒　可能

　―限界　⇒　限界

　―時間　⇒　時間

　―時間構造　⇒　時間構造

　―時間的な関係　⇒　時間的な関係,
　関係

概念　③7〜9, 99, 100, 125〜127, 130, 131
　→非感性的概念

会話　②192

が格　②244

かき　③147, 201

かき言葉／書きコトバ　③16, 147, 149

かき手　②312　→　かたり手, 作者,
　はなし手

　―の評価的な態度　⇒　態度

格　③47, 104, 108〜110, 158, 174, 175

　―の体系　⇒　体系

かく活動　⇒　活動

覚悟　②105, 219

学習指導要領　③163, 211

格助詞　③32

確信　①22, 24, 27, 246

　―の度あい　①13, 14, 23　②194

確信的な判断 ⇒ 判断

確信度 ①13, 14, 22, 41

確認 ①44, 46, 71, 164, 181, 249, 252, 256, 259, 265, 292, 297, 299 ②6, 67, 70, 74, 75, 170, 171, 175, 176, 179, 187, 188, 191, 195, 199, 210, 215, 270, 284, 292, 304, 309, 343

——のし方 ①7, 37, 296, 298, 302 ② 70, 74, 79, 191, 194, 215

——のたしかさ ⇒ たしかさ

——のムード ⇒ ムード

かたり手の—— ②301

かたり手による—— ②313

事実の—— ②303

必然の—— ①216 ②81, 310

必然・必要の—— ②180

私の—— ②74, 171, 172, 188, 189, 210

格変化の体系性 ③174

過去 ①306 ②16, 41, 53, 61, 148, 149, 151〜153, 156, 162, 165, 167, 176, 193, 194, 199, 206, 212, 222

——における可能 ⇒ 可能

——における現在 ⇒ 現在

——における判断 ⇒ 判断

——における未来 ⇒ 未来

——の過去 ①254, 255 ②51

——のかたち ②65, 67, 68, 83, 107, 108, 110, 113, 162, 164, 206, 208, 221, 227, 229〜231, 234, 238〜240, 242, 243, 257, 261, 316, 348, 355, 359, 363, 366,

369

——の動作 ⇒ 動作

——の判断 ⇒ 判断

——の, 否定のかたち ②236 → 否定のかたち

——の予想 ⇒ 予想

——の予定 ⇒ 予定

アオリスト的な—— ②60, 162, 178

affectiveな—— ②165

インパーフェクト的な—— ②60, 162, 164, 178

完成相の—— ②162

継続相の—— ②62, 167

現在の—— ②51

パーフェクト的な—— ②60, 162〜164, 178

発見の—— ②67, 165

発見的な—— ②55

未来の—— ②51

→ 完成相——／完成相・——, 情動的な——のかたち, 否定の——のかたち

過去テンス ①243, 254, 255 ②55, 152, 175, 178, 179, 190 → テンス

——のかたち ②177

過去パーフェクト ②50 → パーフェクト

カザラレ（被修飾語） ③41

かざられ動詞 ③178, 179 → 動詞

かざり・かざられ／カザリ・カザラレ

——の関係 ⇒ 関係

—のくみあわせ　③79〜81, 83〜88, 90
　〜92, 95

—のつながり　③80, 81, 86, 88, 89

—のむすびつき　⇒　むすびつき

課題（の）解決　②356, 367

かたちづくり　②244

—のきまり　②243

かたり化　②316

—（語り化）された発話　⇒　発話

かたり手　①240, 251〜256, 259, 318, 319
②64, 152, 292, 298, 306, 307, 309, 312,
316, 319　→　かき手, 作者, はなし
手

—の確認　⇒　確認

—による確認　⇒　確認

—の説明　⇒　説明

—の発話　⇒　発話

—の判断　⇒　判断

学校文法　③96〜98, 102, 103, 161

活動　①155　②38, 44, 121, 140, 196

かく—　③210〜213

社会的な—　②166

心理的な—　①172　②166

対象的な—　①44, 45, 70, 71, 155, 156

知的な—　②160

人間の—　②139

はなす—　③210〜213

→　言語—, 思考—, 心理—, 生産—,
認識—

活動動詞　②140, 196　→　動詞

活用形　③160

活用表　②170, 187

過程　②144, 196

仮定された出来事　⇒　出来事

過程性　②197

仮定性　①84

仮定的　①61, 62

仮定的な

—原因・結果の関係　⇒　原因・結果
　の関係

—根拠　⇒　根拠

—条件　⇒　条件

—動作　⇒　動作

—判断　⇒　判断

—必然表現　⇒　必然表現

カテゴリー

気もちの—　③111, 117

形態論的な—　②6, 20　③110, 111,
117

動詞の形態論的な—　②140

語彙＝文法的な—　③176

字びき・文法的な—　③108

述語の意味的な—　①111

状態の—　②135

説明の—　①204

陳述の—　③118

時の—　③113

文章論的な—　③117

人称の—　③112, 117

文章論的な—　③81, 117

文法的な— ②20　③98, 101, 111, 121, 122

論理学上の— ③122, 125, 129

論理的な— ③121, 122, 130, 131

カテゴリカルな意味特徴　⇒　意味特徴

可能　①89, 90, 96, 97, 99　②219, 221, 222, 231〜234, 239, 240, 242, 243, 246, 250, 251, 278, 279, 283〜285

→　不可能

外的な— ②248

過去における— ②233

デオンティックな— ②250, 251

非デオンティックな— ②251

《私の論理》にしたがって— ①90

→　意志—，規範—，許可—，状況—，条件—，認知—，能力—，場面—

可能性　①12, 36, 37, 76, 99, 100, 241, 258, 259, 296, 297　②22, 70, 75, 82, 83, 195, 215〜217, 221, 225, 231, 237, 238, 248, 253, 275, 276, 284, 286, 314

実現の— ②111

潜在的な— ①97

《私の論理》にしたがう— ①89

可能動詞　②20, 70, 195, 220, 236〜246, 248　→　動詞

可能な

—世界　②318, 319, 323

—反復　⇒　反復

—もの　②219

可能表現　②110, 114, 217, 220

—の文　⇒　文

考えと言葉　③67, 70, 71　→　言葉と現実，はなしと考え

考える主体　⇒　主体

関係　①80, 108, 112, 293〜295　②5, 62, 167, 197

—の体系　⇒　体系

依存の— ①66

因果（の）— ①61, 166, 234, 268, 277, 285　②18

外的な時間的な— ①147　②28, 124, 212

かざり＝かざられの— ③160, 161

仮定的な原因・結果の— ①84

→　原因結果の—

空間的な配置の— ②167

継起的な— ①128

決定づけ・決定づけられの— ②324

決定の— ①61

原因・結果の— ①73, 78, 83, 162, 163, 166, 168, 169, 173, 182, 200, 207, 217, 218, 283　②314, 320, 348

原因・結果の必然的な— ①237

語構成＝意味的な— ③179, 180

時間的な— ①106, 119, 120, 129, 138, 147, 149, 152, 155, 156　②17, 18, 26〜28, 116, 124, 147, 149, 151〜154, 156, 162, 177, 207, 212

事実的な原因・結果の— ①84

→　原因・結果の—

従属的な―　①66

従属の―　①66

主体・客体の―　②21, 22

条件・結果の―　①169

条件づけ・条件づけられの―　①180, 234

《条件づけ》と《条件づけられ》との ―　①166

シンタグマチカルな―　①264

syntagmaticな―　①24

先行・後続の―　①194　②54, 121

潜在と顕現との―　①117

相関的な時間の―　②54　→　時間

タクシス的な―　②18, 55, 154, 155

《たずねる・おしえる》の意味的な― ①272

陳述的な―　①103, 104

同時の―　②121

内容（カザリ）と形式（カザラレ）と の―　③91

内容と形式との―　③67, 92

配置の―　⇒　配置（の）関係

パラディグマチックな―　①50

並列的な―　①66

法則的な―　①210, 246

目的・結果の―　①174

物のあいだの―　②49

物のあいだの法則的な―　①162

利害の―　②325

理由・結果の―　①171～173, 183, 184

論理・意味的な―　①210～214, 229

完結　②24, 31, 35, 140, 177

完結性　②24

　文の―　①46

完結と継続　②140

慣行　②232

勧告　②88, 89, 200　②266, 268, 284, 364, 365

観察者　②64, 168

慣習的なきまり　②333～335

　―にしたがうことでの必要　⇒　必要

感情　①292

　―の源泉　①175

　―の対象的な内容　⇒　対象的な内容

感情調　②86

感情的な態度　⇒　態度

感情・評価的な

　―意味　⇒　意味

　―心理活動　⇒　心理活動

　―態度　⇒　態度

　―文　⇒　文

完成　②287

完成相　①121, 127, 128, 133, 138, 143～ 145, 149, 150, 152, 156　②16, 17, 24, 26 ～29, 31, 32, 35～40, 43, 44, 53, 61, 71, 72, 115, 117～123, 128, 133, 135, 136, 141～143, 156, 166, 177, 184～186, 206, 287

　―の過去　⇒　過去

　―の過去のかたち　②164

―の交替的な機能　②123

―の非過去　⇒　非過去

―の非過去のかたち　⇒　非過去のかたち

　変化動詞の―　①124

完成相過去／完成相・過去　②162, 178　→　過去

　―のかたち　②164

完成相・非過去　②156〜162　→　非過去

感性的（な）

　―経験　⇒　経験

　―知覚　⇒　知覚

　―認識　⇒　認識

感性的表象　③10　→　表象，非感性的表象

完成動詞　②286, 287, 322　→　動詞

間接的な動詞オギナイ　⇒　動詞オギナイ

間接的な認識　⇒　認識

感動詞　②66

願望　②104, 353, 354, 365

換喩　③189, 190

換喩的な文　⇒　文

勧誘（さそいかけ）　①293, 302　②69, 98

勧誘文　①69　②84, 98, 99, 102　→　文

勧誘法　②98, 101, 206

キ

記憶　②193

きき　③147, 148, 201

きき手　①221, 222　②83〜85, 98, 99, 264　③157, 196, 198

ききつたえ　①34

希求文（まちのぞみ文）　①69, 296, 302, 303　②171, 189　→　まちのぞみ文，文

帰結　①207, 208, 219

　―としての出来事　⇒　出来事

　―としての判断　⇒　判断

　―の文　⇒　文

　当然の―　①236

きざし，気配，まえぶれ，痕跡，（しるし）　①31, 33

記述　①5, 37, 41, 189, 252, 264　②210, 215, 270, 304, 316　→　説明

　―のかたち　①266, 271

　―の文　⇒　文

　事実の―　②304

　説明的な―　①210, 211

　→　―的なテキスト，―的な判断，表出と―

技術主義　③13, 71, 74, 146, 147

記述的な

　―かたち　①53, 55

　―テキスト　⇒　テキスト

　―判断　⇒　判断

　―文　⇒　文

技術的

　—な必要　⇒　必要

　—な要求　⇒　要求

　—に必要な動作　⇒　動作

記述文法　③25, 33

気象現象　②139

擬人化　②89

擬人法　③188

規則　②326, 327

期待　①44, 94, 292, 303, 304　②6, 69, 89, 96, 103, 104, 110, 112, 114, 170, 171, 187, 189, 200, 217, 227, 228, 230, 231, 256, 288, 290, 291, 353, 362, 364, 365, 371

　非実現への—　②290

　不実行・非実現への—　②292

既知　①265

きっかけ　①62, 63, 74〜77　②99

規定語　③118, 119　→　キメッケ・コトバ

規範　①97, 99　②248〜250, 254, 330, 339

　社会的な—（ノルマ）②248, 250, 263, 332

　法的な—　②327

　倫理的な—　②327〜329

規範化　②336

規範可能　②248〜251, 263　→　可能

規範的な必要　⇒　必要

規範不可能　②250, 273　→　不可能

希望　①60　②104〜109, 362, 365, 371

基本語彙　③173

基本単語　③172〜174

基本的な意味　⇒　意味

基本動詞　②20〜22　→　動詞

義務　②219

義務的な必要　⇒　必要

キメッケ・コトバ（規定語）　③41, 42, 45, 53

　おなじ種類の—　③52

　→　規定語, 形容詞キメッケ, 動詞キメッケ, 副詞キメッケ, 名詞キメッケ

キメッケ的なツキソイ文　⇒　ツキソイ文　→　文

キメッケなみ文　③58, 60　→　文

気もち／キモチ　③39, 40, 101, 112, 113

　→　ムード

　いいたてる—　③39〜41, 98

　いいつける—　③40, 41, 98

　おしはかる—　③39〜41, 98

　さそいかける—　③112

　つもり・さそう—　③39, 41

　つもりになる—　③98, 112

気もち（mood）　③98, 111, 117, 158

　—（modality）　③117

　—のカテゴリー　⇒　カテゴリー

キモチ動詞　③55　→　動詞

疑問（うたがい）　①280

疑問詞　①267, 277

疑問文　①43, 47, 72, 296, 302, 303　②

217 → たずねる文，といかける文，
文

客体

　—の状態変化　②133　→　変化

　—の論理　⇒　論理

客体的　①72

　—なムード　⇒　ムード

　—なもの　①72, 73

　—なレアリティーとしての出来事　⇒
　　出来事

客観的な

　—描写　①250　②65

　—モダリティー　⇒　モダリティー

客観描写　②151

吸着語　③81, 82

《きょう》，《きのう》，《あした》　①313

共時論的（静態的）態度　③17　→　態
　度

共存形　②17, 207

強調　①190

共通なintegrative意味特徴　⇒　意味特
　徴

許可　①87, 88, 90～92　②87, 265, 266,
　276～280, 283, 284

許可可能　②276　→　可能

極端な程度　②33, 144

局面　①80～82, 120～122, 124, 138, 147,
　148, 154　②37, 117, 140, 141, 200, 202,
　212　→　局面性，局面動詞

　おわりの—　①147, 150

　時間的な—　②212

　動作の—　①82, 147

　はじまりの—　①135, 147

局面性　①151

局面動詞　①82, 121, 124, 150, 151　→
　局面，局面性，動詞

拒絶　②268

許容　①91～94　②265, 266, 281～284

許容的な態度　⇒　態度

儀礼的なエチケット　②335　→　エチ
　ケット

禁止　①302, 303　②91, 268, 271, 272

　制止的な—　②91

　予防的な—　②91

ク

くいちがい　①191, 192

クイチガイ　③51

空間的な

　—ありか　⇒　ありか

　—境界　②144

　—配置　⇒　配置

　　—の関係　⇒　関係

空間の状態　⇒　状態

空間副詞　①310　→　副詞

空想　②187

偶発的　①132

具体化　①177, 180

具体的な

　—言語活動＝文　⇒　言語活動

→ 文

―現象 ⇒ 現象

―時間 ⇒ 時間

―状態 ⇒ 状態

―出来事 ⇒ 出来事

―動作 ⇒ 動作

屈曲 ③111

クッツキ ③36

くっつけ（のむすびつき） ③176

→ むすびつき

くっつけ（接辞） ③107, 108, 110

→ 接辞

くっつけ動詞 ③178, 179 → とりつ
け動詞，動詞

くらべ格／クラベ格 ③47, 109

くりかえされる動作 ⇒ 動作

くりかえし ①84 → 反復

単純な―／単純な反復 ②40, 184

くりかえし的 ①83

ケ

計画 ②327, 337〜339

―にしたがう／もとづくところの必要
⇒ 必要

継起 ①153〜155 ②38

継起性 ①76, 77, 306 ②64, 168

継起的 ①63 ②26

継起的な

―関係 ⇒ 関係

―交替 ⇒ 交替

契機的なつきそい・あわせ文 ⇒ つき
そい・あわせ文 → 文

経験 ①23

―の一般化 ⇒ 一般化

感性的（な）― ①7, 8, 25, 33 ③7〜
9

直接的な― ①10, 20, 21, 71, 201, 205,
265 ②74

経験主義 ③138

経験的な

―法則 ⇒ 法則

―レベルでの説明 ⇒ 説明

警告 ②90, 92, 96, 271

繋詞（ムスビ） ③39 → むすび／
copula

形式論理学 ③131

形象 ③195, 197, 198, 200

継続 ②24, 140, 177, 287 → 完結と―

―の実現 ⇒ 実現

―のなかの状態 ⇒ 状態

出現の― ②135

状態の― ②118, 133

動作の― ①125 ②28, 40, 118, 125,
127, 132, 133

変化の結果としての状態の― ②125

変化の結果の― ①124, 125, 133, 134
②28

継続する／継続している動作 ⇒ 動作

継続性 ①123 ②24

継続相 ①121〜123, 127, 128, 133, 137,

138, 149　②17, 24, 26～32, 35, 39～41,
43, 46～49, 53, 61, 71, 115, 117, 118, 120
～123, 125～128, 132, 133, 135, 136,
141, 142, 156, 165, 177, 184, 206, 287
　—のアスペクチュアルな機能　①134
　—の過去　⇒　過去
　—のテンス　⇒　テンス
　—の非過去　⇒　非過去
　—の非過去のかたち　⇒　非過去のか
　　たち
　変化動詞の—　①116, 118, 124, 126,
　　130, 133, 144　②204
継続相・非過去　②160　→　非過去
形態（モルフェーム）　③32
形態論　②213, 246　③33, 36, 37, 107,
108, 113, 160
形態論化　②201
形態論的てつづき　⇒　形態論的な手つ
づき
形態論的な
　—アプローチ　②214, 246
　—かたち　②5, 6, 16, 170, 196, 199,
　　200, 205, 206, 213　③104, 117, 119,
　　166
　　単語の—　③114
　　テンス・アスペクトの—　①119
　　動詞の—　②127, 200, 201
　　名詞の—　③115
　—カテゴリー　⇒　カテゴリー
　　動詞の—　⇒　カテゴリー

　—現象　⇒　現象
　—手つづき　⇒　手つづき
形容epithet　③192
形容詞　①114～118, 248, 262　②262,
263, 274　③38, 40
　—のウチケシのカタチ　③47　→　う
　　ちけすかたち／カタチ
　—のカワリ方（いいきるカタチ）　③
　　40　→　いいきるカタチ
　—のカワリ方（つづけるカタチ）　③
　　54　→　つづけるカタチ
　—の副詞的なカタチ　⇒　副詞的なカ
　　タチ
　第一の—　③40, 47
　第二の—　③40, 47
　→　質形容詞，動詞の—的なツカイ方
形容詞オギナイ　③43　→　オギナイ・
コトバ
形容詞化　②18
　動詞の—　②198
形容詞キメツケ　③46　→　キメツケ・
コトバ
形容詞述語　①111, 112　→　述語
形容詞述語文　①294　→　文
結果　①82, 181, 193, 200　②314, 324,
327, 340, 345　→　変化の結果
　—としての出来事　⇒　出来事
結果性　①123, 125, 200, 216, 237　②24
　出来事の—　①217, 219, 229, 230
結果相　②46

結果的な

　　一状態　⇒　状態

　　一状態の現在　⇒　現在

　　一出来事　⇒　出来事

決心　①44, 90　②6, 80, 98, 103, 105, 199, 200, 217

決定づけ・決定づけられの関係　⇒　関係

決定の関係　⇒　関係

結末としての判断　⇒　判断

結論的な

　　一機能　①195

　　一はたらき　①189

原因　①62, 74, 75, 180, 181, 200, 217, 267 ②209, 229, 230, 314, 324, 327, 340, 345

　　一としての出来事　⇒　出来事

　　一をさしだす状況語・従属文　②324

　　　→　状況語, 従属文

　　事実的な一　①62

原因性　①200

原因・結果

　　一の関係　⇒　関係

　　一の必然的な関係　⇒　関係

　　仮定的な一の関係　⇒　関係

　　事実的な一の関係　⇒　関係

原因的な

　　一状況語　⇒　状況語

　　一つきそい文　⇒　つきそい文　→　文

　　一つきそい・あわせ文　⇒　つきそ

　　い・あわせ文　→　文

原因・理由　①267　→　原因　→　理由

限界　①147～150　②24, 31～35, 38, 41, 117～119, 141～146　→　しきり

　　一（へ）の達成　②32, 33, 35, 36, 38

　　一への到達／到着　①134, 150

　　おわりの一　②131, 139, 177

　　外的な一　②34, 145

　　時間的な一　②6, 200

　　始発の一　②27

　　内的な一　①129, 149, 150　②34, 145

　　はじまりの一　②33, 123, 141, 177

限界性　①150, 151

限界的　②145

限界動詞　①149, 152　②32～34, 36, 143, 144, 146　→　動詞

言語　③6, 9, 10, 120, 122～125, 129～131, 136, 138, 139, 142～147, 149～151, 153～156, 181, 182, 201, 202

　　一の構造　⇒　構造

　　一の指導　③135, 138, 147　→　言語活動の指導

　　一の社会性　③5, 9

　　一の使用　⇒　使用

　　一の体系　⇒　体系

　　一の体系性　③170, 171, 174

　　一の発展　③145, 202

言行為　①264, 265

言語外的な出来事　⇒　出来事

言語学　③10, 24, 180

言語活動　①38, 39, 41, 45, 70, 156　③133, 134, 136〜156, 163,181, 182, 184〜186, 196, 198, 201〜204, 207〜212　→　活動

　　—の個人＝心理的な側面　③142〜144

　　—の指導　③133, 135〜139, 146, 147, 150　→　言語の指導

　　—の発達　③201, 203, 208, 212〜214

　　—の発展　③145, 146, 202

　　具体的な—＝文　③142

　　行動＝場面的な—　③210, 212

　　自己中心的なegocentric—　③213

　　文脈的な—　③212

　　モノローグ的な—　③212

言語活動主義　③138, 139, 146, 147, 163

言語過程説　③5, 6, 7, 9, 21

言語教育　③135, 142, 150, 151, 153, 181, 214

言語形式　③131

言語作品　①38　③133, 135, 136, 148〜153, 185, 194, 195, 197, 198, 200

現在　①306　②41, 53, 56〜58, 115, 149, 153, 156, 157, 160, 166, 176, 212, 264

　　—の過去　⇒　過去

　　—のかたち　②65, 234, 237, 239, 240, 242, 243, 261, 317

　　アクチュアルな—　②176, 177

　　過去における—　②174, 193

　　結果的な状態の—　②61, 166

習慣の—　②161

状態の—　②61, 166

典型の—　②64, 168

動作の—　②61, 166

performativeな—　①233　②160

ひろげられた—　②62, 166

歴史的な—　②55, 63〜65, 167, 168, 169, 177

　　→　否定の—のかたち，直説法—

現在形　②63, 167

現在テンス　①242, 256　②41, 55, 61, 137, 157, 159, 165, 166, 177, 190　→　テンス

　　—のかたち　②177

現在パーフェクト　②50　→　パーフェクト

　　—的な用法　②208

現実　→　言葉と—

　　—との関係のし方　①40　②172, 189

　　—にたいする関係のし方　①40

　　—にたいする積極的な態度　⇒　態度

　　—にたいする態度・関係のし方　②74　→　態度

　　—の世界にたいする関係のし方　①41

　　—の世界にたいする態度　⇒　態度

　　—の世界にたいする《私》の関係のし方　①295

　　—の世界の出来事　⇒　出来事

現実主義　③73

現実性　①12, 36, 37, 76, 241, 296, 297

②22, 70, 195, 215〜217, 314

　出来事の―　①278

　→　非―

現実的なもの　②218, 219

現実動詞　②20, 70, 195, 220, 227　→
　動詞

現実表現　②217

　―の文　⇒　文

現象　①80, 111〜113, 272

　―としての出来事　⇒　出来事

　具体的な―　①33　②242

　形態論的な―　③107, 108

　個人＝心理的な―　③202

　自然発生的な―　①92　②182, 183,
　　281, 293

　心理的な―　①131　②136, 177

　静的な―　①113

　生理・心理的な―　①127　②136,
　　293, 297, 310, 343

　生理的な―　①131　②136, 177

　動的な―　①113

　文章論的な―　③108

現象性の動詞　⇒　動詞

源泉　①180

コ

語彙　③156, 157, 159, 180

　―の体系性　③176

語彙・構文論的な手つづき　⇒　手つづ
　き

語い教育　③152, 159, 162

語彙体系／語い体系　③126, 140, 141,
　145, 151, 159, 167, 172, 180　→　体系

　語構成＝意味的な―　③180

　連語＝意味的な―　③180

語彙的な／語い的な

　―意味　⇒　意味　→　字びき的な意
　　味

　―意味の体系　⇒　体系

　―性質　③164

　―もの　②196　③151, 152, 158, 160,
　　175, 176, 210

語彙＝文法的な

　―カテゴリー　⇒　カテゴリー

　―系列　②8, 21, 125, 126, 130, 143, 201

　―性質　③166

　―分類　②205

語彙論　③159

恒常的・一般的・本質的な特徴　⇒　特
　徴

恒常的な

　―特性　⇒　特性

　―法則　⇒　法則

合成述語　②175, 190, 193　→　述語

合成の述語　⇒　述語

構造

　意見の―　②255

　おしはかりの―　①11, 24, 26〜28, 32,
　　33

　言語の―　③126

時間的な— ①155, 156

思想の— ③126

説明の— ①11, 164, 169, 200, 201, 264

《たずねる・おしえる》の（通達の）
— ①266, 269

《たずねる・おしえる》の話しあいの
— ①266, 270〜272

動作の内的な— ①147

はなしあい／話しあいの— ①17, 18

場面の— ②266

評価の— ②255, 257, 262, 263

評価的な— ②262, 274

文の文章論的な— ③128

文の文法・意味的な— ①101, 103

文の文法的な— ①36

文法的な— ①103

モダリティーの階層的な— ①41, 43

モダリティーの— ①263

らしさの— ①33

→ 意味—，内部—，時間—，テキス
ト—，内言—，場面—

構造的なむすびつき ⇒ むすびつき

後続 ①106, 107 ②147, 177

後続する

—出来事 ⇒ 出来事

—文 ⇒ 文

後続性 ①82, 128

交替 ①138 ②136

継起的な— ①155 → 完成相の交
替的な機能

交替形 ②26, 121

後置詞 ③47, 60, 111

膠着 ③111

交通 ③203, 204, 210, 211, 213

情動＝行動的な— ③203

肯定 ②286, 287

—の否定 ②307

否定の— ②287

肯定的な

—態度 ⇒ 態度

—評価 ⇒ 評価

肯定動詞 ②20, 21 → 動詞

肯定・否定の理由 ⇒ 理由

行動＝場面的な

—言語活動 ⇒ 言語活動

—性格 ③209, 210, 212

構文論的な

—アプローチ ②19, 208, 246

—機能 ②5, 16, 196, 199, 201, 202, 205

—形式 ②199

—結合能力 ②8

—手つづき ⇒ 手つづき

—能力 ②202

語幹（みき） ③114

語形変化 ②187

語構成＝意味的な

—関係 ⇒ 関係

—語彙体系 ⇒ 語彙体系

—体系 ⇒ 体系

語構成的なつくり ③172

心がまえ　①42

語順　③104

個人＝心理学的な側面　③200

個人＝心理的な

　　―現象　⇒　現象

　　―側面　③198

　　―もの　③197

コタエ　③66

こたえる文　⇒　文

《ここ》,《そこ》,《あそこ》　①313

誇張　③191

ことがら　①86

ことがら的な意味　⇒　意味

ことなるdistinctive意味特徴　⇒　意味
　特徴

言葉　③150, 151

ことば行為　①292

言葉と現実　③71, 74　→　考えと言葉,
　はなしと考え

語尾（しっぽ）　③114　→　しっぽ／
　シッポ

根拠　①11, 24, 25, 32, 61, 161, 176, 177,
　179　②323, 324, 337

　　―としての事実　⇒　事実

　　おしはかりの―　①11, 24, 32, 33

　　仮定的な―　①62

　　事実的な―　①62

　　はたらきかけ／ハタラキカケの―　①
　　　281

　　判断の―　①180, 185, 282

（あい手の）判断の成立の―　①280

　　評価の―　②262, 263

コンスタント　①112, 114

コントロール

　　―されうる出来事　⇒　出来事

　　―されえない出来事　⇒　出来事

　　―され性　②323

　　―される動作　⇒　動作

　　―できない動作　⇒　動作

　　―できる動作　⇒　動作

サ

再確認　①244　②67, 70, 165

　　出来事の―　①243

再帰動詞　②46, 132　→　動詞

再生的な

　　―想像　⇒　想像

　　―想像活動　①16

さきよみの判断　⇒　判断

作者　①252, 253　②64, 151　→　かき
　手

　　―のかくモメント　⇒　モメント

さしせまった状況　⇒　状況

　　―から生じてくる必要　⇒　必要

さしとめ　②271

さそいかけ　②80, 88, 98, 182

　　―の場面構造　⇒　場面構造

さそいかけ性　②80, 91, 99, 105

さそいかけ文（命令文）　①43, 44, 47～
　52, 65, 69, 71～73, 88, 90　②68, 84,

105, 109, 172, 189, 215, 217, 218

　→　依頼文，命令文，文

さそいかける気もち　⇒　気もち

さとり　①232, 235〜238, 241

座標軸　②24, 40, 41, 50, 53, 62

　時間の—　②117, 167

作法　②325

さまがえ動詞　②9　→　動詞

さまがわり　①123　②45

さまがわり動詞　①133, 134, 157　②30,

　47　→　動詞

三人称　①53, 55〜59, 91, 249　②57, 106

　〜108, 110, 158, 180, 271, 300, 315, 365,

　371

　—の指示代名詞　⇒　指示代名詞

シ

思惟　③6, 7, 9

使役　②21

使役形　②22

使役構造の文　⇒　文

使役動詞　②20, 22, 97　→　動詞

時間　①10, 81, 106, 119, 120, 122, 140,

　141, 153〜155, 306　②190, 211, 215

　—のありか限定　⇒　ありか限定

　—の局所限定　①81, 107, 108, 112〜

　117　→　時間的なありか限定，時

　間のありか限定

　—の座標軸　⇒　座標軸

　—の状況語　⇒　状況語

　—の抽象化　⇒　抽象化

　—のdeicticな単語　⇒　単語

　—の内部構造　⇒　内部構造

　—の連用修飾語　②148, 149, 211

　—をあらわす状況語　⇒　状況語

　—をしめす状況語的な従属文　⇒　従

　属文　→　状況語，つきそい文，文

　—を表現するつきそい文　⇒　つきそ

　い文　→　文

　外的な—　①146, 147, 148

　具体的な—　①79, 108

　絶対的な—　①83, 107

　相対的な—　①107

　動作のおこなわれた—　③94

　動作の—　①146

　動作の内的な—　①146〜148

　内的な—　①147, 148

　不特定の—　①108

　文の—　①81　→　相関的な—の関係

　⇒　関係

時間外的　①80

時間構造

　外的な—　①142　②117, 124, 200, 213

　デイクティックな—　②150, 177

　動作の内的な—　①141, 142, 147, 152

　内的な—　①149, 151, 154　②28, 117,

　124, 212, 213

　二重的な—　②178

《時間・状況》を表現する《つきそい・

　あわせ文》　⇒　つきそい・あわせ文

→ 文

時間性 ①60, 307 ②173 → テンポ
ラリティー
　文の― ②211

時間的な
　―ありか ⇒ ありか
　　説明の― ⇒ ありか
　　出来事の― ⇒ ありか
　―ありか限定 ⇒ ありか限定
　―一般化 ⇒ 一般化
　―おわり／終り ⇒ おわり／終り
　―関係 ⇒ 関係
　―規定性 ②231
　―境界 ②144
　―局面 ⇒ 局面
　―限界 ⇒ 限界
　―構造 ⇒ 構造
　―順序 ①120, 121
　―状況語 ⇒ 状況語
　―つきそい文 ⇒ つきそい文
　―展開の過程 ①138
　―特徴づけ ⇒ 特徴づけ
　―内部構造 ⇒ 内部構造
　―はじまり ⇒ はじまり
　―非ありか限定 ②183 → ありか
　限定
　―評価 ⇒ 評価
　―副詞 ⇒ 副詞

時間ばなれ ①55 → 脱テンス, 脱時
間化, 脱時間的

時間名詞 ①119 ②148

時間副詞 ①307, 309 ②148 → 時間
的な副詞

しきたり ②325

しきり ①147, 149, 154 ②145 → 限
界
　おわりの― ②129, 134, 142

思考 ①10, 23
　―の対象的な内容 ⇒ 対象的な内容
　―の発達 ③145, 146
　―や想像の結果としての出来事 ⇒
　出来事

思考活動 ①224 ②139 ③124, 146,
148 → 活動
　―における変化 ⇒ 変化
　―の結末 ①219
　―の結論 ①218
　―の内容 ①178

思考過程 ①229 ③145, 146, 148, 149
　登場人物の― ①213
　はなし手の― ①213
　反省的な― ①217

思考・想像
　―がつくりだす出来事 ⇒ 出来事
　―の過程 ①206～208, 219, 230, 241
　―の過程のなかの出来事 ⇒ 出来事

自己中心的な ①314
　― egocentric言語活動 ⇒ 言語活動

指示 ①305, 313

指示語 ①311, 312, 318

索引　247

指示代名詞　①318
　三人称の―　①312, 317
事実　①299　②304
　―の確認　⇒　確認
　―の《記述》　⇒　記述
　一般的な―　①246
　一般的，法則的な―　②59, 161
　根拠としての―　①290
事実的　①61, 62
事実的な
　―原因　⇒　原因
　―原因・結果の関係　⇒　原因・結果
　　の関係
　―根拠　⇒　根拠
指示的な（deicticな）　①307
姿勢
　―の変化　⇒　変化
　―の変更　②202
自然現象　②58
自然発生的　①132　②129, 204, 322
　―な現象　⇒　現象
思想　③120, 123〜125, 130, 131, 147〜
　150
　―の構造　⇒　構造
　―の世界　③130
　―の表現手段　③120, 123
シタガイ的なツナガリ／シタガイ（従属）
　のツナガリ　③57, 62
質　①108, 111, 112, 248, 293〜295
質形容詞　①130　②47　→　形容詞

実現　①97　②221, 222, 224, 228〜230,
　232〜234, 239, 240, 242, 243, 246, 287
　→　非実現
　―のかたち　②293
　―の可能性　⇒　可能性
　―のモメント　⇒　モメント
　継続の―　②287
　動作の―　②177　→　動作の―・非
　　実現
　動作・状態の―　②227〜231, 238
　→　つもり・―，―動詞
実現動詞　②286, 287, 293　→　動詞
実行　②308
　―への欲求　⇒　欲求
　動作の―　②314　→　不実行
叱責　②271
実体　①108, 112
実体性　①112
しっぽ／シッポ（語尾）　③36, 107, 111
実用的な必要　⇒　必要
し手　①80　→　主体，動作主体，動
　作・状態のぬし
　―・対象の一般化　⇒　一般化
　―の意志　⇒　意志
　―の意志にしたがう動作　⇒　動作
　―の一般化　⇒　一般化
　―の論理　⇒　論理
　動作の―　①249, 250, 253, 254　②98,
　　110, 217
児童言語研究会　③33

自動詞　①118　②21, 126　③48　→　動詞

指導要領　③132, 133, 135〜139, 146, 147

しどころ・てだて格／シドコロ・テダテ格　③39, 47, 109

地の文　①214, 251, 264, 318　②192, 221, 292, 297, 298, 301, 304, 306, 309, 312　③186, 195　→　はなし（話し）の文，文

始発　①128　→　はじまり

　—の限界　⇒　限界　→　はじまりの限界

字びき　③103

字びきつくり　③159

字びき的な

　—意味　⇒　意味　→　語彙的な意味

　—単位／字びきの単位　③98

　—もの　③99

字びき・文章論的な手つづき　⇒　手つづき

字びき・文法的な

　—カテゴリー　⇒　カテゴリー

　—単位　③99, 102, 107

社会的な

　—活動　⇒　活動

　—規範（ノルマ）　⇒　規範

　—状態の変化　⇒　変化

　—生産活動　⇒　生産活動　→　活動

自由意志　②318　→　意志

習慣　①22, 300　②72, 185, 231

　—の現在　⇒　現在

習慣性　①299　②71

習慣的　①83, 102

習慣的な

　—出来事　⇒　出来事

　—動作　⇒　動作

　—必要　⇒　必要

終止　②16, 205

終止形　①262　②6, 16, 23, 24, 115, 156, 170, 173, 187, 190, 199, 200, 205, 206, 210, 211

　—のテンス　⇒　テンス

　—のテンスのかたち　②116, 147〜149, 153

　—のテンスの体系　⇒　体系

　動詞の—　②210, 213

修飾的な《つきそい文》　⇒　つきそい文　→　文

終助詞　②173

従属的な

　—関係　⇒　関係　→　シタガイ的なツナガリ，つきそい（従属）的なムスビツキ

　—複文　⇒　複文　→　あわせ文，文

従属の関係　⇒　関係

従属文　①61　→　つきそい文，主文，文

　—の主語　⇒　主語　→　つきそい文における主語

　—の述語　⇒　述語　→　つきそい文

索引　249

（一）の述語

　時間をしめす状況語的な—　③94

　状況語的な—　③95

　場所をしめす状況語的な—　③93

　→　原因をさしだす状況語・従属文

主格オギナイ　③43, 49, 61

主観主義　③11, 16, 21, 22

主観的なモダリティー　⇒　モダリティ
　ー

主観の客観化　③9

主語　①66, 85, 86, 101〜104, 109　③48,
　110, 116, 118, 128, 129, 162

　—（ヌシ・コトバ）　③38

　—の意味的なタイプ　⇒　意味的なタ
　イプ

　—の人称性　⇒　人称性

　従属文の—　②208

　つきそい文における—　③63, 64

　文法的な—　③116, 122

　論理学上の—　③122

　論理的な—　③116

主語的なツキソイ文　⇒　ツキソイ文
　→　文

主語なみ文　③59　→　文

主人公　②64

主体　②172, 190, 290　③88　→　動作
　主体, し手, 動作・状態のぬし, 特性
　のにない手, 特性や状態のもち主, も
　ちぬし

　—と客体の抽象化　⇒　抽象化

　—の意志　⇒　意志

　—の一般化　⇒　一般化

　—の一般化, 不特定化　⇒　一般化

　—の動作　⇒　動作

　—の欲求　⇒　欲求

　—の論理　⇒　論理

　意志の—　②253

　うごきの—　②134

　考える—　①234, 236, 237

　状態の—（もち主）　①115　→　も
　ち主

　動作の—　②132, 181, 185, 275, 278〜
　280, 283, 298, 317〜319

　判断する—　①263

　判断を確認する—　①263

　判断の—　①239, 240, 251〜254, 260
　②315

　評価の—　②255, 257, 258, 263, 298

　評価的な判断の—　②297, 315, 316

　変化の—　②132, 311

　モーダルな評価の—　②317

　予定する—　①250

主体・客体の関係　⇒　関係

主体的（な）言語意識　③21〜23

主体的な

　—ムード　⇒　ムード

　—モダリティー　⇒　モダリティー

　—もの　①72, 73

　—レアリティーとしての出来事　⇒
　出来事

主張

　はなし手の態度の—　②299

　否定的な態度の—　②299

出現　①139　②144

　—の継続　⇒　継続

　—のはじまり　⇒　はじまり

　状態の—

　　あたらしい—　②32, 33, 144

　　生理・心理的な—　②68, 322

　物の—　②135

出現性の動詞　⇒　動詞

出現動詞　②13, 36　→　動詞

出現物の存在　⇒　存在

述語　①66, 85, 101〜104, 109　②5〜7, 16〜18, 23, 24, 115, 191, 198, 210　③128, 162

　—（ノベ・コトバ）　③38, 118

　—の意味　⇒　意味

　—の意味的なカテゴリー　⇒　カテゴリー

　—の意味的なタイプ　⇒　意味的なタイプ

　—の意味の一般化　⇒　一般化

　—の範ちゅう化　①109

　—のmodification　②219

　つきそい文（従属文）の—　②16, 19

　ひとえ文／ヒトエ文（単文）の—　②6, 16, 170, 187, 199, 205

　おなじ種類の—　③50

　合成の—　①151, 165　②173, 190, 192, 211, 214

　従属文の—　②198, 199, 205, 208

　→　動詞＝—，名詞＝—／名詞—，形容詞—，あわせ—，合成—

述語的なツキソイ文　⇒　ツキソイ文　→　文

述語動詞　①242〜245, 248, 249, 254〜256, 258, 260　②179, 180, 187　→　動詞

　—のテンス　⇒　テンス

述語なみ文　③58, 61　→　文

主文　→　いいおわり文，いいきり（の）文，従属文，つきそい文

主要な動作　⇒　動作　→　副次的な動作

瞬間動詞　②40, 129　→　動詞

使用（言語の）　③182, 185

　言語の—　③143, 144, 181

　単語の—　③185, 186, 191

状況　①170　②229, 230

　—との出あい　②122

　—の設定　②123

　—の論理　⇒　論理

　さしせまった—　②343

　出会いの—　①77

　発見の—　①77

　必要を条件づける—　②329

状況可能　①97　→　可能

状況語／情況語　③41, 118, 119

　—をともなう文　⇒　文

原因的な— ①67

時間の— ①81, 108, 119 ②148, 149, 211, 212

時間をあらわす— ②41

時間的な— ①67

→ 時間をしめす—的な従属文，—的な従属文，原因をさしだす—・従属文，場所をしめす—的な従属文

状況語的な従属文 ⇒ 従属文 → 状況語，つきそい文，文

状況的な

—つきそい文 ⇒ つきそい文 → 文

—むすびつき ⇒ むすびつき

条件 ①62, 169, 170, 225 ②205, 208, 222〜224, 229, 230, 240

—（ファクター） ②327, 329

仮定的な— ①62

目的達成のために必要な— ②342

条件・仮定的な意味 ⇒ 意味

条件可能 ②222〜224, 231, 237, 238, 242, 251 →可能

条件形 ②190, 199, 208

—の体系 ⇒ 体系

条件・結果の関係 ⇒ 関係

条件づけ ①61, 63, 64, 77, 181, 193 ②18, 208

—を表現する《つきそい・あわせ文》 ⇒ つきそい・あわせ文 → 文

条件づけ・（と）条件づけられ ①268,

277 ②208, 209

—（と）の関係 ⇒ 関係

条件づけ的なつきそい・あわせ文 ⇒ つきそい・あわせ文 → 文

条件づける ①61, 63, 64, 68, 72, 73, 76

条件づけられ（る） ①61, 63, 64, 68, 72, 73, 76, 193

条件的な

—つきそい・あわせ文 ⇒ つきそい・あわせ文 → 文

—つきそい文 ⇒ つきそい文 → 文

—判断 ⇒ 判断

条件不可能 ②225, 226, 236, 240 → 不可能，条件可能

状態 ①74, 78〜81, 108, 113〜118, 122〜124, 128〜133, 150, 153〜155, 157, 293〜295 ②5, 6, 29, 44, 45, 135, 141, 144, 196〜198, 202, 204, 236

—のカテゴリー ⇒ カテゴリー

—の継続 ⇒ 継続

—の現在 ⇒ 現在

—の主体（もち主） ⇒ 主体，もち主

—の出現 ⇒ 出現

—のパーフェクト ⇒ パーフェクト

—の変化 ⇒ 変化

emotionalな— ②164

空間の— ②138

具体的な— ①248

継続のなかの― ①127

結果的な― ①123〜127, 130, 133, 137, 149 ②25, 46, 47, 50〜52, 120

心理・情動的な― ②138

心理的な― ②144

心理的な, 生理的な― ②320

生理・情動的な― ②57, 65

生理・心理的な― ②143, 164

生理的な― ②138, 144

対象の結果的な― ①149

ただの― ①123, 127, 130, 133, 134 ②29, 47, 135, 136, 204

場所の― ②138

変化の結果としての― ①149

変化の結果的な― ②30, 132, 163

物の― ②138, 139

→ 動作・―, ―動詞, 日常的な生活―, 反復的な動作・―, 必要な動作・―, 否定的な―・変化, ポテンシャルな動作・―, もち主 (―の), 物のうごき・―

状態動詞 ①116, 125, 128, 130, 133, 150, 157 ②7, 29, 31, 36, 40, 136〜138, 141, 143, 157, 159, 164, 201, 204, 205, 322 → 状態, 動詞

承諾 ①89〜92 ②278, 280, 283

情動 ②136

情動＝行動的な交通 ⇒ 交通

情動的な過去のかたち ②68 → 過去

衝動的な動作 ⇒ 動作

情動・評価的な

―態度 ⇒ 態度

―表現 ②66

承認 ②87

省略 ③212

助詞 ③64

抒情性 ③195

抒情的な

―回顧 ①166

―／叙情的な回想 ⇒ 回想

所有 ①294

単語の― ③207, 209, 210 → 単語―

文の― ③209

文法の― ③209, 210

よみ・かき能力の― ③214

助動詞 ②173

助動詞化 ①35 ②220

信号の信号 ③203, 204, 209

シンタグマチカルな

―関係 ⇒ 関係

―体系 ⇒ 体系

syntagmaticな関係 ⇒ 関係

心理活動 ②43 → 活動

感情・評価的な― ②139

心理主義 ③202

心理・情動的な状態 ⇒ 状態

心理的な

―活動 ⇒ 活動

―現象 ⇒ 現象

索引　253

―状態　⇒　状態

―，生理的な状態　⇒　状態

ス

推察　①265

推測　②180, 182

推理の過程　①207

推理法　②191

推量　①5～8, 27, 29, 30, 296～298　②70, 74, 191

　―のかたち　②74

すぎさらず　③98

　《―》のかたち　①307

すぎさり　①166　③98

すすめ　①88　②87, 88

／すすめる／《すすめる》　①270　②265, 365

スターリン言語学　③21, 22

ずらし　③182, 184～186, 189～191, 198

ずれ＝抽象化（語彙的な意味の）③169

　→　抽象化

セ

生活・技術的なきまり　②336

生活つづり方　③73

生産活動　→　活動

　社会的な―　③10

生産動詞　②9　→　動詞

制止的な禁止　⇒　禁止

静態言語学　③17, 22

静態的な研究　③33

静的　①113, 118

静的な現象　⇒　現象

成分分析　①50

精密化　①177, 180

生理・情動的な状態　⇒　状態

生理・心理的な

　―現象　⇒　現象

　―状態　⇒　状態

　―状態の出現　⇒　出現

生理的な

　―現象　⇒　現象

　―状態　⇒　状態

　―状態の変化　⇒　変化

　―ふるまい　②144

接辞　→　ウシロヅケ，くっつけ（―），接尾辞

　単語つくりのための―　③173

接触動詞　②10　→　動詞

接触・保持　②142

接続　②16

接続形　②6, 16, 18, 19

接続詞／接続詞（ツナギ）　③50, 56, 114

接続詞の「とき」　②155

絶対的な

　―時間　⇒　時間

　―テンス　⇒　テンス

　―テンスの形式　②55

　―命令　⇒　命令

接尾辞　②244　→　ウシロヅケ

説明　①5, 37, 41, 159〜165, 169, 180, 189, 204, 265, 266, 298　②173, 192, 215, 304　→　記述

　—のかたち　①271

　—の過程　①11

　《—》のカテゴリー　⇒　カテゴリー

　—の構造　⇒　構造

　—の時間的なありか　⇒　時間的なありか

　—の文　⇒　文

　—のむすび　⇒　むすび

　かたり手の—　②306

　経験的なレベルでの—　①168

　つけたし的な—　①182, 183, 196, 200 〜203, 214

　二重の—　①195

　ひきだし的な—　①182, 200, 201

　本質（の—）　①268

　理由の—　①277, 279〜284

　理論的なレベルでの—　①168

説明され　①189, 197

　—の文／説明される文　⇒　文

説明する文　⇒　文　→　説明の文

《説明する》と《説明される》　①163

《説明》《説明され》　①164

説明的　①222

説明的な

　—かたち　①53, 55

　—記述　⇒　記述

—機能　①195

—つきそい文　⇒　つきそい文　→　文

—テキスト　⇒　テキスト

—文　⇒　文

—むすびつき　⇒　むすびつき

是認　②262

先行　①106, 107　②50, 52, 147, 155, 177

先行形　②17, 18, 207

先行・後続　②17, 26, 55, 154, 156, 207

　—の関係　⇒　関係

先行する

　—発話　⇒　発話

　—文　⇒　文

先行性　①82

全時間的　①301　②73, 186

潜在的　①117　②59

潜在的な

　—可能性　⇒　可能性

　—特性　⇒　特性

潜在と顕現との関係　⇒　関係

選択　②254, 255, 307, 318, 319, 329, 350, 355, 360

　—を決定づけるファクター　②328

　アスペクトのかたちの—　②121

　意志的な—　②314, 323, 331, 347

　（可能な動作の）—　②252

　単語の—　③184, 185, 192, 198

　単語や文法手段の—　③144

　動作の—　②317, 318, 332

動作主体の— ②325, 326

　→　選択形，選択肢

選択形　②283

選択肢　②253, 256, 258, 260, 268, 269,
275, 276, 283, 319

（可能な動作の）— ②252

前提　①11, 24　②308

ソ

相関的な時間の関係　⇒　関係　→　時
間

想像　①7, 8, 10, 12～14, 18～25, 296, 298
②75～77, 170

—のなかの出来事　⇒　出来事

再生的な— ②76

　→　再生的な—活動，思考・—，思考
や—の結果としての出来事，思考・—
がつくりだす出来事，思考・—の過程
のなかの出来事，判断・—

想像された出来事　⇒　出来事

想像・思考の過程　①11

想像的な出来事　⇒　出来事

相対的　①238

相対的な

　—時間　⇒　時間

　—テンス　⇒　テンス

想定　②259

属性　①295　③99

ソシュール学　③11, 13, 16, 17, 19, 20～
25

ソシュール学的音韻論　③17, 18, 20

ソシュール学的主観主義　③19

存在　①79, 136, 294　②48, 56, 62, 167

　—のし方　①71

　　（出来事の）— modus　①71

　　動作の客観的な— ②195

　出現物の— ②135

タ

第一次信号体系　③125　→　体系

第一なかどめ　②17, 207　→　中止形

第一ぬし格／第一ヌシ格　③38, 47, 108,
109

第一の形容詞　⇒　形容詞

体系　③171

　格の— ③109

　関係の— ③205～207

　言語の— ③167, 168

　語彙的な意味の— ③171, 172　→
　　語彙／語い—

　語構成＝意味的な— ③172, 173

　終止形のテンスの— ②156

　条件形の— ②209

　シンタグマチカルな— ①63

　動詞のテンスの— ①81

　文のparadigmaticalな— ①45

　モダリティーの— ①304

　→　音韻—，下位—，第一次信号—，
第二次信号—，文法—，連語＝意味的
な語彙—

体言　①39

代行的　①318

滞在　①136, 294　②133

滞在場所の変更　②202

対象

　―の一般化　⇒　一般化

　―の結果的な状態　⇒　状態

　―の特定化　①331

　―の変化　⇒　変化

　―の論理　⇒　論理

　―へのはたらきかけ　⇒　はたらきか

　　け／ハタラキカケ

　直接の―　③88〜90

　動作の直接の―　③84, 86, 87

　動作のむかっていく―　③85, 87

　評価の―　①94

対象語　③118　→　オギナイ・コトバ,

　対象

対象的な意味

　単語の―　⇒　意味

　文の―　⇒　意味

対象的な活動　→　活動

対象的な内容　①70, 72, 81, 101, 104, 294

　②147, 210

　―における／―の《地すべり》　①

　　87, 101

　―の意味的なタイプ　⇒　意味的なタ

　　イプ

　感情の―　①175

　思考の―　①180

発話の―　②187

文の―　①40, 42, 43, 45, 46, 68, 71, 74,

　79, 80, 85〜87, 100〜103, 156, 241,

　293, 295, 296　②6, 7, 16, 20, 22, 24,

　68, 69, 74, 103, 116, 171, 172, 186,

　188, 189, 199, 200, 205, 210〜212,

　215, 317

　→　文の―としての出来事, 文の―と

　現実とのかかわり（方）

態度

　意志的な―　①90, 94　②281, 300

　かき手の評価的な―　②313

　感情的な―　②197, 294, 312

　感情・評価的な―　①41　③185〜

　　187, 189, 195

　許容的な―　①94

　現実にたいする積極的な―　①41, 71

　　②116, 172, 187

　現実にたいする―・関係のし方　②74

　現実の世界にたいする―　①68

　肯定的な―　①93　②281

　情動・評価的な―　②65, 169

　はなし手の肯定的な―　①92

　はなし手の積極的な―　①42, 45, 46

　　②187

　はなし手の―　①92, 95, 96　→　はな

　　し手の―の主張, はなし手の―の表

　　現

　はなし手の否定的な―　②298

　否定的な―　②294, 306, 307, 322　→

索引　257

否定的な―の主張

　評価的な―　①286　②65, 93, 263, 270

　モーダルな―　①181

　論理的な―　①181, 241

　《私》の―　②266

　《私》の積極的な―　②189

　→　共時論的（静態的）―

態度動詞　②197　→　動詞

第二次信号体系　③125, 203, 210　→

　体系

第二なかどめ　②17, 18, 154, 155, 207

　→　中止形

第二ぬし格／第二ヌシ格　③38, 43, 47,

　63, 108～110

第二の形容詞　⇒　形容詞

代名詞　③49

　人称をさししめす―　①313

代喩　③190

多回　①84

多義語　③170

タクシス　①83　②54, 154, 156, 207

タクシス的な関係　⇒　関係

たしか　①13, 26, 28, 41

たしかさ　①8～10, 13, 14, 26, 27, 246,

　248, 297, 298　②70, 79, 194, 216　→

　ふ―／不―

　確認の―　②70

　判断の―　②79　→　判断の確実さ

タスケ動詞　③55　→　動詞

《たずねる・おしえる》

―の意味的な関係　⇒　関係

―の（通達の）構造　⇒　構造

―の話しあいの過程　①272

―の話しあいの構造　⇒　構造

たずねる文　⇒　文　→　疑問文，とい

　かける文

　deliberativeな―　⇒　文

　念おし的な／念おしの―　⇒　文

　部分的な―　⇒　文

　まるごとの―　⇒　文

　rhetoricalな―　⇒　文

ただの状態／ただの《状態》　⇒　状態

たちば／タチバ　③48, 112

　うけみの―　③48, 112

　つかいたてる―　③112

　ツカイの―　③48, 49

　できる―　③49, 112

　はたらきかけの―　③48

　はたらきかける―　③112

　動詞の―／立場　③48, 87

たちば動詞　③112　→　動詞

脱アスペクト　①126　→　脱テンス

脱時間化　②147

脱時間的　①301　②73, 186　→　脱テ

　ンス

脱テンス　②161　→　脱時間化，脱時

　間的，テンス，脱アスペクト

他動詞　①118　②21, 33, 126, 144, 202

　③48　→　動詞

たのみ　①57　②99

単語 ①36, 103 ②220 ③23, 27〜32,
　35, 97〜104, 107, 108, 116, 125, 127,
　140, 141, 144, 145, 150〜152, 157〜159,
　161, 164〜167, 171, 172, 175, 176, 185,
　186, 192, 203〜210
　―と現実とのかかわり ③100
　―の意味 ⇒ 意味
　―のかわり方／カワリ方 ③36, 37,
　　104〜107
　―のくみあわせ／組みあわせ ③103,
　　114〜116, 127, 141, 150, 157, 160,
　　161, 168〜170, 174〜176, 179, 180,
　　188, 192
　―のくみたて要素 ③30
　―の形態論的なかたち ⇒ 形態論的
　　なかたち
　―の使用 ⇒ 使用
　―の所有 ⇒ 所有
　―の選択 ⇒ 選択
　―の対象的な意味 ⇒ 対象的な意
　　味, 意味
　―のナラビ方 ③37
　―の文法的な性格 ③127
　―や文法手段の選択 ⇒ 選択
　―＝文 ③203, 207 → 文
　時間のdeicticな― ①119
　つきそう― ③35
　とくべつの― ③36
　ひとりだちする― ③35, 36, 64
　補助的にはたらく― ②173, 190

単語教育 ③151, 159, 164, 167
単語指導 ③158
単語所有 ③204, 205 → 所有
単語つくり ③173
　―のための接辞 ⇒ 接辞
単純化 ①264
単純なくりかえし／単純な反復 ⇒ く
　りかえし, 反復
断定 ①5, 6, 8, 27, 297 ②70, 74
　―のかたち ②77, 78
単文 ⇒ ひとえ文
段落 ①39, 292

チ

知覚 ②159, 160
　感性的な― ③8
知識 ②78
　―としての出来事 ⇒ 出来事
知的な活動 ⇒ 活動
注意 ②183
忠告 ②87〜89, 92, 95, 96, 183, 268, 284,
　365
中止形 ②190, 207 → ナカドメ第一,
　ナカドメ第二, なかどめのかたち
抽象化
　―・一般化 ③99, 101 → 一般化
　―された動作 ⇒ 動作
　時間の― ①299, 300 ②59, 71, 184
　主体と客体の― ②184
　→ ずれ＝―（語彙的な意味の）

中相の動詞 ⇒ 動詞

中和 ②29, 137

挑発 ②90

直接的な

　—経験 ⇒ 経験

　—動詞オギナイ ⇒ 動詞オギナイ

　　→ オギナイ・コトバ（対象語）

　—認識 ⇒ 認識

直接の対象 ⇒ 対象

直説法 ②6, 16, 17, 24, 69～71 ②80, 82, 115, 116, 156, 157, 175, 176, 191, 199, 206

　—のかたち ②70, 74, 82

　—現在 ②193 → 現在

　—未来 ②193 → 未来

直喩 ③188

陳述 ①103 ②214 ③111, 116, 118, 158, 162

　—のカテゴリー ⇒ カテゴリー

　—のセンター ②24

陳述形 ②116

陳述性 ①5, 30, 67, 68, 71, 81, 104, 106

　文の— ①68, 69, 104, 109 ②7, 16, 20, 22～24, 116, 200, 201, 205, 206, 210, 211, 213, 214

陳述的な

　—関係 ⇒ 関係

　—挿入句 ②95

陳述副詞 ①297 ②94, 179, 194 ③117

ツ

通達（の行為） ①103

通達的な

　—タイプ ①36～38, 43, 45, 47～50, 70 ②215

　　文の— ①69 ②217, 218

　—単位 ①69, 70

つかいたてるたちば ⇒ たちば／タチバ

ツカイのタチバ ⇒ たちば／タチバ

つきそい・あわせ文 ①61, 64, 66～68

　→ 従属的な複文，複文，文

　うらめ的な／ゆずり的な／うらめ・ゆずり的な— ①61, 63, 65

　契機的な— ①61, 62, 69, 73～79, 82

　原因的な— ①61, 62, 64～66, 69.73, 76, 78～80, 83, 84

　《時間・状況》を表現する— ①77

　条件（づけ）的な／条件づけを表現する— ①61, 62, 64, 65, 69, 72～74, 82, 83 ②73, 82, 84, 179, 247

　目的的な— ①61

　ゆずり的な— ①63, 65

つきそい／ツキソイ的な

　—ツナガリ ③62

　—（従属的な）ムスビツキ ③49

つきそい文／ツキソイ文（副文） ① 61, 65, 74, 228 ②155 ③62 → 従属文，主文，文

　—における主語 ⇒ 主語

―（従属文）の述語　⇒　述語

オギナイ的な―　③62

キメツケ的な―　③63

原因的な―　①67　②223

時間的な―　①66, 67, 81

時間を表現する―　②54

修飾的な《―》　①67

主語的な―　③62

述語的な―　③62

状況的な―　②41

条件的な―　②223

説明的な―　②53

トリマキ的な―　③63

連体修飾的な―　①229　②18

つきそう

―かたち　③113

―単語　⇒　単語

つくりだし　③177

つくりだし動詞　③179　→　動詞

つけたし的　①193, 196, 200, 202, 212

―な説明　⇒　説明

つたえる文　⇒　文　→　いいたてる
文, のべたてる文, ものがたり文

ツヅキ　③51

つづけるカタチ　③54　→　形容詞のカ
ワリ方, 動詞のカワリ方

つづり方教育　③134

つづり方（の）指導　③151, 154, 155,
213, 214

つもり　①254

―・さそうキモチ　⇒　キモチ／気も
ち

―・実現　①255　→　実現

―になる気もち　⇒　キモチ／気もち

―・判断　①256　→　判断

―・予定　①255　→　予定

つよいカワリ方　③39

テ

出会いの状況　⇒　状況

提案　②278～280, 283, 284

デイクチック／デイクティック　②53,
115, 117, 150, 153

―な時間構造　⇒　時間構造

―なテンポラル・センター　⇒　テン
ポラル・センター

定形動詞　②17, 18, 207　→　動詞

ていねい体　②23

提喩　③190

デオンティックな可能　⇒　可能

出来事　①39～42, 45, 65, 68～71, 74, 79,
80, 102, 104, 233, 293, 294　②6, 7, 16,
23, 50, 68, 147, 172, 176, 177, 198, 199,
205, 210～213

―にたいする評価　⇒　評価

―の結果性　⇒　結果性

―の現実性　⇒　現実性

―の再確認　⇒　再確認

―の時間的なありか　⇒　時間的なあ
りか

（一の）存在のし方modus ⇒ 存在のし方

―の当然さ ⇒ 当然さ

―の非実現 ⇒ 非実現

―の本質的な特徴・意味 ⇒ 特徴・意味

あるべきすがたの― ①262

意識の世界での― ①217

一般化された― ①299

一般的な― ①302

仮定された― ①292

帰結としての― ①205, 208, 230

客体的なレアリティーとしての― ①72

具体的な― ①119, 299, 302

結果的な― ①216

結果としての― ①166, 167, 182, 183, 215, 217〜219, 224, 226, 229, 230, 284

原因としての― ①167, 168, 182, 229, 283

言語外的な― ②171, 188, 189

現実の世界の― ①36, 38, 40, 45, 46, 49, 68, 70, 81, 86, 103, 104, 106, 292, 295

現象としての― ②190

後続する― ②145

コントロールされうる― ②321

コントロールされえない― ②321

思考・想像がつくりだす― ①219

思考・想像の過程のなかの― ①230

思考や想像の結果としての― ①292

習慣的な― ①299, 301, 302

主体的なレアリティーとしての― ①72

想像された― ①292

想像的な― ②179

想像のなかの― ①247

知識としての― ①229

当然としての― ①234

のぞましい― ①50

反事実的な― ②179

反復される― ①302

反復的な― ①299

非レアルな― ①247

文の世界での― ①40

文の対象的な内容としての― ①119
→ 対象的な内容

ポテンシャルな― ①293 ②321

未来の― ①71

未来の，ポテンシャルな― ②343

目のまえでおこっている― ②57

理由としての― ①183

レアルな― ①12, 84, 292 ②179, 343

出来事一般 ①119

出来事時間 ②51

テキスト ①38, 231, 292

記述的な― ①126 ②284

説明的な― ①126

テキスト構造 ①264 ②290

テキスト論 ①194, 213, 231

できるたちば／できるタチバ ⇒ たち
　ば／タチバ

テダテ格 ③43

デタリゼーション ②212

手つづき

　形態論的な― ②116, 201, 220, 221,
　　288 ③32, 102, 105, 106

　語彙・構文論的な― ②7, 200, 220,
　　221

　構文論的な― ②201

　字びき・文章論的な― ③105, 106,
　　112

　文章論的（な）― ③32, 102, 105, 114

　文法的な― ①36

でどころ格／デドコロ格 ③47, 109

deliberativeなたずねる文 ⇒ たずねる
　文，文

典型の現在 ⇒ 現在

テンス ①106, 107, 233, 240 ②6, 16, 19
　～21, 23, 24, 51, 53, 115, 117, 118, 124,
　128, 199, 200, 206, 212 → とき／ト
　キ／時，テンポラリティー

　―の意味 ⇒ 意味

　―のかたち ①81, 239, 299, 307 ②
　　61, 70, 116, 156, 165, 211

　継続相の― ②165

　終止形の― ②53, 149

　述語動詞の― ①238 ②152

　絶対的な― ①143 ②18, 53, 54, 153,
　　154, 156

　相対的な― ①143, 147, 233 ②18,
　　53, 54, 151, 153, 154, 156

　動詞の― ①81, 307, 211

　→ 一人称・未来―，過去―，現在―，
　脱―，脱時間化，脱時間的，時間ばな
　れ，二重―，二人称・未来―，複合―，
　未来―

テンス・アスペクト ①83 ②55, 118,
　198～200, 207, 208

　―のかたち／形式 ①82, 108, 119 ②
　　18, 54, 55, 64, 117, 168, 206

　―の形態論的なかたち ⇒ 形態論的
　　なかたち

テンス・アスペクト・ムード ②5, 7,
　198, 200, 213, 214

テンス的な意味 ⇒ 意味

伝統的な文法論 ①43, 47, 48 ②172,
　189, 217, 220

伝聞 ①296, 297 ②70, 191

テンポラリティー（時間性） ①109,
　307 ②147, 150, 212 → 時間性，テ
　ンス

　文の― ①107 ②147, 148, 152, 154,
　　212, 242

テンポラル（な）センター ②149～
　151, 153

　デイクティックな― ②150, 153, 154,
　　156

テンポラルな意味 ⇒ 意味

　文の― ⇒ 意味

索引　263

ト

といかけ（る）文　⇒　文　→　たずね
　る文，疑問文

トイの助詞　③65

当為の判断　⇒　判断

動機　①75, 174, 180

動作　①74, 79〜81, 108, 118, 149, 155,
　156, 294, 295　②5, 6, 119, 125〜127,
　129〜132, 141, 170, 172, 187, 190, 195〜
　200, 202, 217　→　うごき／動き

　―と現実との関係のし方　②170, 187

　―のいく先　③93

　―のおこなわれた時間　⇒　時間

　―のおこなわれる場所　③93

　―の客観的な存在のし方　⇒　存在の
　　し方

　―の局面　⇒　局面

　―の継続　⇒　継続

　―の現在　⇒　現在

　―のし方　①121, 145　②8　→　―の
　　manner

　―の質的な特徴の一般化　⇒　一般化

　―の時間　⇒　時間

　―の時間的な一般化　⇒　一般化

　―の時間的な内部構造　⇒　内部構造

　―の実現　⇒　実現

　―の実現・非実現　②288

　―の実行　⇒　実行

　―のし手　⇒　し手

　―のし手の一般化　⇒　一般化

　―の主体　⇒　主体

　―の主体の一般化　⇒　一般化

　―の手段　③85, 87

　―の選択　⇒　選択

　―の対象の一般化　⇒　一般化

　―の直接の対象　⇒　対象

　―の内的な時間　⇒　時間

　―の内的な時間構造　⇒　時間構造

　―の内的な構造　⇒　構造

　―ののこした効果　②163

　―のパーフェクト　⇒　パーフェクト

　―のはじまり　⇒　はじまり

　―の非実現　⇒　非実現

　―の必要　⇒　必要

　―の複合　⇒　複合

　―の不実行　⇒　不実行

　―のmanner　②161　→　動作のし方

　―のむかっていく対象　⇒　対象

　―の予定　⇒　予定

アクチュアルな―　①108　→　ポテ
　ンシャルな―

意志的な―　①90

意志にしたがう―　①85

一般化された／される―　①108　②
　39, 71, 183, 186

一般的な―　②69, 71

過去の―　②258

仮定的な―　②320

技術的に必要な―　②342

具体的な―　①83　②183, 191

くりかえされる―　②69

継続する／継続している―　①149
　②35, 120

コントロールされる―　①91, 92

コントロールできない―　①93

コントロールできる―　②89, 267

し手の意志にしたがう―　①87

習慣的な―　①108　②39, 42, 59, 69,
　71, 161, 183, 185

主体の―　②133

主要な―　②17, 207　→　副次的な―

衝動的な―　②295

抽象化された―　①83

反復される―　②185

反復的な―　①83, 84, 108　②39, 71,
　160, 183

必要な―　②329, 337

ひとまとまりの―　①121, 144　②24,
　25, 118, 119, 286

複合的な―　②17, 207　→　複合

副次的な―　②17, 207　→　主要な動
　作

ポテンシャルな―　②221, 254, 292,
　297, 298, 301, 315, 317, 319, 320, 340,
　345　→　アクチュアルな―

目的達成のために必要な―　②343

予想される―　②298〜304, 306, 307

レアルな―　②293

→　ふるまい―，移動―，ひとまとま
りの動作・変化，ポテンシャルな動作

・状態

動作主体　②184, 303, 304, 306, 307, 311,
　315, 319, 329, 331, 332, 347, 348, 367,
　368　→　主体，し手

　―の一般化，不特定化　②348
　→　一般化

　―の選択　⇒　選択

動作・状態

　―のあり方modus　②218, 219
　→　modus

　―の実現　⇒　実現

　―のぬし（主体）　③84, 85　→　主
　体

　反復的な―　②232

　必要な―　②358

　ポテンシャルな―　②327

動作動詞　①123, 125, 149, 150　②7, 8,
　29, 30, 35〜37, 40, 55, 125〜127, 130〜
　133, 140〜144, 156, 157, 201〜203, 322
　→　動詞

動作・変化の一般化　⇒　一般化

動詞　②5, 19, 20, 170, 187, 197, 198, 200,
　201　③38, 39, 111〜113

　―のウチケシのカタチ　③40, 41
　→　うちけすかたち／カタチ

　―のかわり方　③98, 101, 111, 112

　―のカワリ方（いいきるカタチ）　③
　39

　―のカワリ方（つづけるカタチ）　③
　54

―の形態論的なかたち ⇒ 形態論的
　なかたち

―の形態論的なカテゴリー ⇒ 形態
　論的なカテゴリー

―の形容詞化 ⇒ 形容詞化

―の形容詞的なツカイ方 ③60

―の終止形 ⇒ 終止形

―のタチバ／立場 ⇒ たちば／タチ
　バ

―のテンス ⇒ テンス

―のテンスの体系 ⇒ 体系

―の副詞的なカタチ ⇒ 副詞的なカ
　タチ

―の連体形のつかい方 ③79

現象性の― ②56

出現性の― ②32, 144

中相の― ②56

評価的な意味の― ②312

品詞としての― ②5, 196

→ ありさま―／アリサマ―，意志―，
一回―，移動―，うけみ／うけ身―，
うごき―，うつしかえ―，かざられ―，
活動―，可能―，完成―，基本―，キ
モチ―，局面―，くっつけ―，限界―，
現実―，肯定―，再帰―，さまがえ―，
さまがわり―，使役―，実現―，自―，
出現―，述語―，瞬間―，状態―，生
産―，接触―，態度―，タスケ―，た
ちば―，他―，つくりだし―，定形―，
動作―，とりつけ―，とりはずし―，

認知―，能動―，能動・非使役―，配
置―，ばしょがえ―，派生―，必要―，
否定―，ふるまい―，ふれあい―，変
化―，無意志―，無限界（の）―，―，
もくろみ―，もようがえ―，欲望―，
欲求―

同時 ①106, 107, 155 ②17, 26, 54, 55,
136, 147, 154〜156, 177, 207
　―の関係 ⇒ 関係

同時形 ②17, 18, 26, 121, 207

同時性 ①82, 128 ②41, 64, 168
　部分的な― ②122, 123

動詞オギナイ ③42 → オギナイ・コ
　トバ
　直接的な― ③42, 43, 48
　間接的な― ③42, 43

動詞キメツケ ③45, 46 → キメツ
　ケ・コトバ

動詞＝述語 ①5 → 述語

動詞述語文／動詞＝述語文 ①5, 9, 28,
294 ②213 → 文

登場人物 ①251〜254, 256, 259, 260, 318
②77, 306
　―の意識 ①240
　―の意識のながれ／流れ ①233, 259,
　305, 317
　―の思考過程 ⇒ 思考過程
　―の発話 ⇒ 発話

当然 ①94, 99, 236, 246〜248 ②354,
355

―としての出来事　⇒　出来事

―とする判断　⇒　判断

―の帰結　⇒　帰結

当然さ　①237, 304　②256, 285

　―の判断　⇒　判断

　出来事の―　①235

動的　①113, 118

　―な現象　⇒　現象

とおまわしの命令　⇒　命令

ト書き　②59

　―の「する」　②63, 167

とき／トキ／時　③39, 40, 112, 113, 158

　→　テンス

　―のカテゴリー　⇒　カテゴリー

　―のトリマキ　⇒　トリマキ

時枝言語学　③21〜23

時枝文法　③25

特性　①80, 108, 111, 112, 114, 116, 117, 126, 130, 132, 153, 293〜295　②5, 43, 47, 48, 62, 72, 135, 167, 197, 207, 217, 225, 231, 234, 236, 237, 243, 286

　―のにない手　②225　→　主体

　―や状態のもち主　⇒　もち主

　→　主体

　ポテンシャルな―　②242

　本質的な―　①289

　恒常的な―　①248, 301, 349

　潜在的な―　①102

特徴　①39, 102, 293

　―のもち主　⇒　もち主

恒常的・一般的・本質的な―　①277

本質的な―　①188, 201, 210, 212

　物の―　①161, 162

　物の―　①39, 65, 79, 80, 107, 108, 112

　　→　出来事の本質的な―・意味

特徴・意味

　出来事の本質的な―　①275, 285

特徴づけ　①80, 102, 103

　本質的な―　①187, 290

　時間的な―　①155

特徴づけ的な用法　②161

特定の時間的なモメント・時間帯　⇒　モメント

とくべつの単語　⇒　単語

トコロのトリマキ　⇒　トリマキ

とどき格／トドキ格　③47, 109

とりたて　②283　③110

とりつけ動詞　②9, 46, 132　→　くっつけ動詞，動詞

とりはずし　③177

とりはずし動詞　②9　③178　→　動詞

トリマキ　→　トリマキ・コトバ，状況語

　オコリの―　③44

　トキの―　③44

　トコロの―　③44

　メアテの―　③44

トリマキ・コトバ（情況語）　③41, 42, 44, 45, 52, 53

トリマキ的なツキソイ文　⇒　ツキソイ

索引　267

文　→　文

トリマキなみ文　③59　→　文

ナ

内言　②254, 276, 363　③201, 213

内言構造　②371

内的な

　―限界　⇒　限界

　―時間　⇒　時間

　―時間構造　⇒　時間構造

　―体験　②57, 65, 66, 160

　　私の―　②158, 159

　―欲求　⇒　欲求

内部構造

　運動の時間的な―　②143

　時間的な―　②141, 212

　時間の―　①145, 148

　動作の時間的な―　①144　②117　→

　　動作の内的な時間構造

内容説明的なあわせ文　⇒　あわせ文

　→　文

内容（カザリ）と形式（カザラレ）との

　関係　⇒　関係

内容と形式　③70

　―との関係　⇒　関係

　―とのつながり　③90, 92

なか　②212　→　はじまり，おわり／

　終り，局面

長さ　①150, 153～155

ナカドメ第一　③54　→　中止形

　―のカタチ　③52

ナカドメ第二　③54　→　中止形

　―のカタチ　③52

　―のトリマキ的なツカイ方　③52, 53

　―の副詞的なツカイ方　⇒　副詞的な

　　ツカイ方

なかどめのかたち　③113　→　中止形

ナカドメ文　③57　→　文

なかま格／ナカマ格　③43, 47, 109

ナゲイレ　③65

なまえ格　③108, 109

ならべ・あわせ文　①66　→　あわせ

　文，文

ならべるかたち　③113

ニ

に格の名詞と動詞とのくみあわせ　③

　174

二語文　①39　③30, 118　→　文

二次的なモーダルな意味　⇒　モーダル

　な意味

二重的な時間構造　⇒　時間構造

二重テンス　①166　②151, 174　→　テ

　ンス

二重の説明　①195　⇒　説明

二重判断　①181　→　判断

二重否定のかたち　②288

日常的な生活状態　②343　→　状態

二人称　①53, 55～57, 59, 90, 92, 249　②

　98, 106～108, 110, 111, 158, 182, 264,

268, 283, 299, 315, 365, 368

　―・未来テンス　②80　→　テンス

日本語

　―教育　③153, 155, 163, 164

　―の指導　③155

　―の要素　③170, 171

人間

　―の運動　⇒　運動

　―の活動　⇒　活動

人間的感性　③9

認識

　―のし方　①9, 10, 21

　感性的（な）―　③8, 123

　間接的な―　①8〜10, 205　②74

　直接的な―　①9

　法則的な関係の―　②350

　法則的な―　②345　→　認識活動,
　　認識的cognitive

認識活動　③146　→　活動

認識的cognitive　①304

人称　②190　③112, 113

　―のカテゴリー　⇒　カテゴリー

　―の不特定性　②224

　―をさししめす代名詞　⇒　代名詞

人称性　①60　②137, 173, 190

　主語の―　①86

認知可能　②266　→　可能

認知動詞　②313, 351　→　動詞

ヌ

ヌシ・コトバ　③38　→　主語

ネ

ねがい　②110

念おし　①20

　―（ネンオシ）の助詞　③64

　―の文　⇒　文

念おし性　①20

念おし的な／念おしのたずねる文　⇒
　たずねる文　→　文

ノ

能動　②21, 22

能動構造の文　⇒　文

能動動詞　②20, 21　→　動詞

能動・非使役動詞　②22　→　動詞

能力　①108　②39, 217, 222, 224, 229,
　231

能力可能　②222, 224, 231, 237, 238, 242
　→　可能

能力不可能　②225, 226, 236, 240　→
　不可能

のぞましい出来事　⇒　出来事

のぞみ　②104, 110, 363, 371

「のだ」をともなう文　⇒　文

のべたてる文　⇒　文

のべられる部分　③37, 38

のべる部分　③37, 38

ノルマ　①174　②248　→　規範

ハ

パーフェクト ①144 ②50〜52, 60, 177

　　—のかたち ②130

　　状態の— ②52, 60, 164

　　動作の— ②52, 60, 164

　　→ 過去—, 現在—, 未来—

パーフェクト性 ①107, 144

パーフェクト的 ①127

　　—な過去 ⇒ 過去

performativeな現在 ⇒ 現在

配置 ①294 ②62

　　—の変更 ②202

　　空間的な— ①136, 137

配置（の）関係 ①136 ②49

　　—の変更 ②202

　　—の変化 ⇒ 変化

　　空間的な— ②167

配置動詞 ②30 → 動詞

はげまし ②95

はじまり ②212

　　—の局面 ⇒ 局面

　　—の限界 ⇒ 限界

　　時間的な— ②33, 144

　　出現の— ②135

　　動作の— ②37

　　→ 始発, おわり

はじめ・なか・おわり ①81

橋本文法 ③23, 25

ばしょがえ ③177

ばしょがえ動詞 ③178 → 動詞

場所の状態 ⇒ 状態

場所をしめす状況語的な従属文 ③93

　　⇒ 従属文 → つきそい文, 状況語,
　　文

「はずだ」をともなう文 ⇒ 文

派生 ②21

派生動詞 ②20, 22 → 動詞

ハダカ格 ③47, 50

はたらきかけ／ハタラキカケ

　　—の根拠 ⇒ 根拠

　　—のタチバ ⇒ たちば／タチバ

　　あい手への— ②217, 271, 363, 366

　　対象への— ①149

はたらきかけ性 ①50, 56, 57, 59 ②
　266, 365

　　あい手への— ①51, 56 ②109, 270,
　　368, 369, 371

　　—のそう失 ②365

はたらきかけ文／はたらきかける文 ⇒
　文

はたらきかけるたちば ⇒ たちば／タ
　チバ

発音 ③164

発音教育 ③162

発見 ①184, 185, 296, 297 ②67, 70,
　165, 191

　　—の過去 ⇒ 過去

　　—の状況 ⇒ 状況

発見的な

　　—過去 ⇒ 過去

―判断 ⇒ 判断

発話 ①70 ②160, 195, 264 → 文＝
―

―としての文 ⇒ 文

―の対象的な内容 ⇒ 対象的な内容

―の目的あるいは意図 ①43

―のモーダルな意味 ⇒ モーダルな
意味

語り化された― ②306

かたり手の― ②306

先行する― ①318

登場人物の― ②306

はなし／話し ①38 ③147, 201

―と考え ③28, 29, 31 → 考えと言
葉, 言葉と現実

―（話し）の文 ⇒ 文

―のモメント ⇒ モメント

はなしあい／話しあい ①38, 209, 211,
213, 214, 221, 222, 264～266, 273, 306
②217, 245, 276, 292, 297, 298, 307, 309,
312, 363

―の構造 ⇒ 構造

はなし言葉／話しコトバ／話し言葉 ②
150, 153, 159 ③15, 17, 24, 147, 149

―の文 ⇒ 文

はなし手 ①40～42, 86, 104, 221, 222,
229, 251, 253, 259, 306～308, 313, 314
②65, 73, 77, 78, 80, 81, 83～85, 98, 99,
153, 170, 176～178, 180, 181, 186, 188,
189, 191, 192, 199, 217, 251, 253, 257,

258, 263, 264, 275, 277～279, 281, 283,
292, 297～300, 306～309, 315～317, 320
③117, 157, 196～198 → かき手, か
たり手, 作者

―・かたり手の判断 ⇒ 判断

―の意見 ⇒ 意見

―の意志 ⇒ 意志

―の意志表示 ⇒ 意志表示

―の位置 ①310, 313

―の肯定的な態度 ⇒ 態度

―の思考過程 ⇒ 思考過程

―の主体性 ①45

―の積極的な態度 ⇒ 態度

―の態度 ⇒ 態度

―の態度の主張 ⇒ 主張

―の態度の表現 ②269

―の判断 ⇒ 判断

―の否定的な態度 ⇒ 態度

―の評価 ⇒ 評価

はなす活動 ⇒ 活動

はなすモメント ⇒ モメント

場面 ①39, 318 ②177

―の構造 ⇒ 構造

場面おこし的な機能 ①191

場面可能 ②260, 261, 266, 267, 275 →
可能

場面きりかえ的な機能 ①190, 191

場面構造 ②270 → 構造

さそいかけの― ②84, 89

場面的な意味 ⇒ 意味

索引　271

場面とじ的な機能　①191

場面不可能　②273　→　不可能

パラダイム　②215〜218

パラディグマチックな関係　⇒　関係
　　→　文のparadigmaticalな体系

パロール　③11, 14, 154

反映　①104　③124, 125, 129

反語的な表現　①260

反事実的な出来事　⇒　出来事

反省的な思考　①229

反省的な思考過程　⇒　思考過程

判断　①13, 14, 18〜25, 27, 176, 181, 185,
　　202, 209〜211, 219, 224, 230, 234, 237,
　　243, 246, 248, 256, 257, 260, 265, 298
　　②77, 290, 304, 323, 324

　　—（意見）　①164

　　—する主体　⇒　主体

　　—するとき　①239, 251

　　—するモメント　⇒　モメント

　　—・想像　②79

　　—の確実さ　②79　→　たしかさ

　　—の根拠　⇒　根拠

　　—の主体　⇒　主体

　　—の正当さ　②312

　　（あい手の）—の成立の根拠　⇒　根
　　　拠

　　—のたしかさ　②79

　　—の必然　⇒　必然

　　—のモメント　⇒　モメント

　　—を確認する主体　⇒　主体

意義づけの—　①212, 213

　一般化の—　①193, 195

　いまの—　①249

　おしはかり的な—　①27

　おしはかりの—　①26

　確信的な—　①27

　過去における—　①249, 253

　過去の—　①238, 252, 254, 255, 256

　かたり手の—　②304, 313

　仮定的な—　②344

　帰結としての—　①211, 212, 213, 218,
　　230

　記述的な—　②284

　結末としての—　①226

　さきよみの—　①220

　条件的な—　①247

　当為の—　②262, 271, 273, 284

　当然とする—　①233

　当然さの—　①234, 237, 239, 241, 243,
　　249

　発見的な—　①193

　はなし手・かたり手の—　②345

　はなし手の—　②305

　必然性の—　②217

　必然の—　①193　②304, 307

　必然の評価的な—　②346, 347

　否定的な—　①227

　評価的な—　①187, 193, 262, 287, 288,
　　290　②255, 258, 292, 297, 307, 308,
　　312〜315, 317, 320, 324, 337, 349,

351, 355, 356, 367〜369, 372

《私》の— ①240, 241, 259 → つも
り・—，二重—

反復 ①22, 84, 300 ②42 → くりか
えし

—・代行的 ①316, 317

可能な— ②185

単純なくりかえし／単純な— ②40,
184

レアルな— ②185

反復される出来事 ⇒ 出来事

反復される動作 ⇒ 動作

反復性 ①299 ②71

反復的 ①83, 84, 102

—な出来事 ⇒ 出来事

—な動作 ⇒ 動作

—な動作・状態 ⇒ 動作・状態

ヒ

非過去 ②53, 61, 165, 186, 199

—のかたち ②65, 83, 169, 206

完成相の— ②57, 58, 73

継続相の— ②41

完成相の— ②56 → 完成相・—

継続相の— ②56 → 継続相・—

非感性的概念 ③7, 10 → 概念

非感性的表象 ③9 → 表象

ひきだし的 ①184, 193, 196, 200, 202,
212

—な説明 ⇒ 説明

非現実性（出来事の） ①279 → 現
実性

非使役形 ②22

非実現 ②234, 235, 240〜243, 288, 289,
291, 292

—の不成立 ②290

—への期待 ⇒ 期待

出来事の— ①261

動作の— ②286

非終止形 ②6

被修飾語 → カザラレ

非デイクティック ①315

必然 ①261 ②82, 219, 273, 288, 291,
293, 310, 313, 314, 321, 323, 347〜350

—の意味構造 ⇒ 意味構造

—の確認 ⇒ 確認

—の評価的な判断 ⇒ 判断

—の判断 ⇒ 判断

—の表現 ②344, 347

—の論理 ⇒ 論理

—・必要の確認 ⇒ 確認

判断の— ②312

必然性 ①36, 37, 237, 241 ②70, 215,
217

—（必要／必要性） ①296, 297 ②22

—の判断 ⇒ 判断

必然的 ①236

—なもの ②219

必然表現 ②217, 220, 312

—の文 ⇒ 文

仮定的な— ②344

ヒックリカエシ ③64

必要 ②219, 273, 313〜321, 323, 324, 329, 340, 342, 343, 347〜350, 355, 356

　—・必然 ①186

　—の意味構造 ⇒ 意味構造

　—の場面 ②324

　—の表現 ②347

　—を決定づけるファクター ②327

　—を条件づける状況 ⇒ 状況

　慣習的なきまりにしたがうことでの— ②333, 334

　技術的な— ②340, 341

　規範的な— ②330, 333, 339

　義務的な— ②334

　計画にしたがうところの— ②337, 339

　計画にもとづくところの— ②339

　さしせまった状況から生じてくる— ②340, 343

　実用的な— ②340

　習慣的な— ②336, 339

　動作の— ②331

　法的なきまりにしたがうことでの— ②333

　目的達成のための— ②339, 340

　倫理的なきまりにしたがうことでの— ②333

　倫理的な— ②332

必要な

　—動作 ⇒ 動作

　—動作・状態 ⇒ 動作・状態

　—もの ②219

必要性 ②195

必要動詞 ②20, 22, 70, 195 → 動詞

必要表現 ②355

否定 ②20, 286, 287

　—のかたち ②240

　—の，過去のかたち ②241, 242 → 過去

　—の，現在のかたち ②240 → 現在

　—の肯定 ⇒ 肯定

　—の否定 ①227 ②273, 287〜289, 293, 307, 310

否定的な

　—状態・変化 ②322 → 状態, 変化

　—態度 ⇒ 態度

　　—の主張 ⇒ 主張

　—判断 ⇒ 判断

　—評価 ⇒ 評価

否定動詞 ②20, 21 → 動詞

非デオンティックな可能 ⇒ 可能

ひとえ文／ヒトエ文（単文） ①63, 65 〜69 ③49, 56, 64 → あわせ文／アワセ文，複文，文

　—のクミタテ ③37

　—の述語 ⇒ 述語

ひとまとまり性 ②37〜39, 117

ひとまとまりの動作　⇒　動作

　一・変化　②49　→　動作，変化

ひとりごと／ひとり言　②254, 276

ひとりだちする単語　⇒　単語

非難　②271

皮肉　③191

美の，倫理の基準　②263

比喩　③186〜188

比喩的な文　⇒　文

評価　①176, 286, 287, 292　②6, 199, 250, 256, 261, 263, 284, 298, 364

　一の意味づけ　②264

　一の客体　②257

　一の構造　⇒　構造

　一の根拠　⇒　根拠

　一の主体　⇒　主体

　一の対象　⇒　対象

　肯定的な一　②250, 254, 257〜259, 260 〜264, 266〜269, 275, 278, 282〜284

　時間的な一　①138

　出来事にたいする一　②350

　はなし手の一　②92, 194

　否定的な一　②250, 259, 268, 271〜 274, 293

　モーダルな一の主体　⇒　主体

評価的な

　一意味の動詞　⇒　動詞

　一行為　②350

　一構造　⇒　構造

　一の文　⇒　文

　一態度　⇒　態度

　一判断　⇒　判断

　　一の主体　⇒　主体

　　一の文　⇒　文

　一文　⇒　文

表記　③164

表現性　③184, 186, 191, 192, 195〜199

表現活動　③146, 148

表出　②164

　一と記述　②137, 158, 159

表象　③8, 9　→　感性的表象，非感性的表象

非容認　②272

非レアル／非リアル　①82, 84, 219　② 83, 108, 170, 187, 259, 260, 344, 347

　→　レアル，レアルな

　一な出来事　⇒　出来事

ひろげられた現在　⇒　現在

ひろげられた文　⇒　文

品詞　③35, 102, 108, 119, 175, 176

　一としての動詞　⇒　動詞

フ

不許可　②271

不可能　②235, 236, 240〜243, 297, 298, 300, 301, 303, 304, 307, 308　→　意志 一，規範一，条件一，能力一，場面一， 不実行の不成立・一

不可能表現の文　⇒　文

不完成相　①143〜145, 149, 150, 152, 156

索引 275

複合

　意味の—　②115

　動作の—　②17, 207

　文法的な意味の—　①37

　ムード・テンス・アスペクトの—　②117

　モーダルな意味の—　②194

　→　—的な動作，—テンス

複合的な動作　⇒　動作　→　動作の複合

複合テンス　②233　→　テンス，複合

副詞　③46

　アスペクト的な—　①108

　時間的な—　①108

　→　空間—，時間—，陳述—，—的なカタチ，ナカドメ第二の—的なツカイ方

副詞キメツケ　③46　→　キメツケ・コトバ

副次的な

　—意味　⇒　意味

　—，プラグマチカルな意味　⇒　意味

　—動作　⇒　動作　→　主要な動作

副詞的な

　—カタチ　③54

　　形容詞の—　③46

　　動詞の—　③53

　—ツカイ方

　　ナカドメ第二の—　③53

複文　→　あわせ文，文

並列的な—　①66　→　ならべ・あわせ文

従属的な—　①66　→　つきそい・あわせ文

副文　⇒　つきそい文／ツキソイ文

ふくみ　②85, 105, 109

不実行　②235, 241, 242, 276, 286, 288, 289, 308

　—の不成立・不可能　②309　→　不可能

　—・非実現の不成立　②289

　—・非実現への期待　⇒　期待

　動作の—　②268, 269, 308, 309

付属語　①165

不たしか　①13, 14, 26, 28, 41

ふたしかさ／不たしかさ　①8, 9, 14, 24, 27, 28　②180

ふつう体　②23

不特定人称　②225

　—の文　⇒　文

不特定の時間　⇒　時間

不必要　②268〜270

部分的な

　—意味　⇒　意味

　—たずねる文　⇒　たずねる文

　—問いただし　①265

　—同時性　⇒　同時性

部分＝文　①66, 68, 74　→　文

　—の陳述的な性格　①68

プラーグ学派　③17

プラグマチカル／プラグマティカルな
　①271, 304
　—意味　⇒　意味
　—意味あい　⇒　意味あい
　—場面的な意味あい　⇒　意味あい
ふるい状態の消滅　②144
ふるまい動作　②133, 202　→　動作
ふるまい動詞　②11, 30　→　動詞
ふれあい　③177
ふれあい動詞　③178, 180　→　動詞
文　①36, 38〜40, 45, 46, 65, 68〜70, 103,
　156, 292　②69, 147, 171, 172, 188〜
　190, 210, 211, 220　③34, 35, 37, 97,
　103, 104, 107, 115, 116, 128, 150, 157,
　160, 161, 167, 192〜195, 198, 200, 207〜
　210
　—の意味　⇒　意味
　—の意味的なタイプ　⇒　意味的なタ
　　イプ
　—の意味・構造的なタイプ　①36
　—の完結性　⇒　完結性
　—の基本的な部分　③118　→　文の
　　部分，文の二次的な成分／部分
　—のくみたて　③161
　—の組みたて方　③104〜107, 115
　—の時間　⇒　時間　→　テンポラリ
　　ティー
　—の時間性　⇒　時間性　→　テンポ
　　ラリティー
　—の時間的な意味　⇒　意味

—の所有　⇒　所有
—の世界での出来事　⇒　出来事
—の対象的な意味　⇒　対象的な意味
—の対象的な内容　⇒　対象的な内容
—の対象的な内容と現実とのかかわり
　（方）①40〜43, 45, 71, 104, 106　→
　対象的な内容
—の対象的な内容としての出来事　⇒
　出来事
—の陳述性　⇒　陳述性
—の陳述的な意味　⇒　意味
—の通達的なタイプ　⇒　通達的なタ
　イプ
—のテンポラルな意味　⇒　テンポラ
　ルな意味
—のテンポラリティー／temporality
　⇒テンポラリティー
—の二次的な成分／部分　③118, 128
　→　文の基本的な部分，文の部分
—のパラダイム　①49, 60
—のparadigmaticalな体系　⇒　体系
　→　パラディグマチックな関係
—の部分　②220　③35, 119, 162　→
　文の基本的な部分，文の二次的な成
　分／部分
—の部分的なモーダルな意味　⇒　モ
　ーダルな意味
—の文章論的な構造　⇒　構造
—の文法・意味的な構造　⇒　構造
—の文法的な意味　⇒　意味

索引　277

―の文法的なかたち　①37, 38, 46, 104

―の文法的な形式　①43

―の文法的な構造　⇒　構造

―のモダリティー　⇒　モダリティー

―のモーダルな意味　⇒　モーダルな意味

―のモーダルなタイプの移行　②107

―＝発話　②284　→　発話

―＝部分　①65, 66

いいきりの―　①5〜10, 20〜28, 37

いいたてる―　③117

意見の―　①164, 189

意志表示の―　②276

うけみ／うけ身構造の―　②21, 225, 244

おしはかりの―　①5, 6, 8〜10, 13〜15, 17〜28, 31, 33, 37, 235　②75〜77, 192

おなじ種類の部分をもっている―　③49

可能表現の―　②215〜217, 220, 221, 224, 225, 227, 229, 231, 232, 234〜239, 242〜246, 251

感情・評価的な―　①304

換喩的な―　③195

帰結の―　①208〜210, 212

記述的な―　①11, 189

記述の―　①6, 37, 164

現実表現の―　②215, 216, 238

後続する―　②192

こたえる―　①266, 267, 268, 271, 272

使役構造の―　②22

状況語をともなう―　①39

説明の―　①6, 37, 163〜169, 171〜189, 191〜197, 200, 201, 264, 266, 280　②192

説明されの―　①163, 164, 166〜168, 171〜187, 191, 194〜196, 200, 201

説明される―　①159

説明する―　①159

説明的な―　①96

先行する―　②192

たずねる―　①15〜17, 43, 49, 69, 72, 88, 265, 266, 268, 269, 272　②68, 76, 77, 172, 189, 215, 217, 218　→　疑問―，といかける―

つたえる―　①103　②68　→　ものがたり―，のべたてる―，平叙―

deliberativeなたずねる―　①16　②76

といかける―　①47, 296　③117, 199

念おし的な／念おしのたずねる―　①18, 19, 208　②77

念おしの―　①19　②77

能動構造の―　②21

「のだ」をともなう―　①159, 160, 180, 273

のべたてる―　①43, 49, 72　②218　→　平叙―，つたえる―，ものがたり―

「はずだ」をともなう―　①232, 261

はたらきかける— ①296 ②365
　→　命令—
発話としての— ①295 → 発話
はなし（話し）の— ①17, 18, 239
　②221, 303 ③186, 195
はなし言葉／話しコトバ／話し言葉の
　— ③195〜198
必然表現の— ②215〜217, 345
比喩的な— ③194, 195
評価的な構造の— ②256
評価的な判断の— ①99, 100
評価的な— ①94, 95, 100, 304 ②
　257, 285
ひろげられた— ③41
不可能表現の— ②226
不特定人称の— ②227
部分的なたずねる— ①267
まるごとのたずねる— ①277
モトになる— ③38
よびかける— ③117, 199
rhetoricalなたずねる— ①16
連体修飾的な— ①224, 229
論理的な説明の— ①271
「わけだ」をともなう— ①230, 232
→　アワセ＝カサネ—，アワセ＝述語
なみ—，アワセ＝単語なみ—，アワ
セ＝ナカドメ—，あわせ—／アワセ—，
アワセ＝マエオキ—，いいおわり—，
いいきり—（主—）／イイキリー（主
—），一語—，依頼—，うらめ的なつ

きそい・あわせ—，うらめ・ゆずり的
なつきそい・あわせ—，オギナイ的な
ツキソイ—，オギナイなみ—，勧誘—，
希求—（まちのぞみ—），キメツケ的
なツキソイ—，キメツケなみ—，疑問
—，具体的な言語活動＝—，契機的な
つきそい・あわせ—，形容詞述語—，
原因的なつきそい・あわせ—，原因的
なつきそい—，原因をさしだす状況
語・従属—，さそいかけ—，時間を
しめす状況語的な従属—，時間を表現す
るつきそい—，《時間・状況》を表現
する《つきそい・あわせ—》，時間的
なつきそい—，修飾的な《つきそい—》，
従属的な複—，従属—，主語的なツキ
ソイ—，主語なみ—，述語的なツキソ
イ—，述語なみ—，主—，状況語的な
従属—，状況的なつきそい—，条件づ
け的なつきそい・あわせ—，条件づけ
を表現する《つきそい・あわせ—》，
条件的なつきそい・あわせ—，条件的
なつきそい—，説明的なつきそい—，
単語＝—，つきそい・あわせ—，つき
そい—／ツキソイ—（副—），といか
け—，動詞述語—／動詞＝述語—，ト
リマキ的なツキソイ—，トリマキなみ
—，内容説明的なあわせ—，ナカドメ
—，ならべ・あわせ—，二語—，場所
をしめす状況語的な従属—，はたらき
かけ—，ひとえ—／ヒトエ—（単—），

複―，並列的な複―，従属的な複―，部分＝―，平叙―（ものがたり―），マエオキ―，まちのぞみ―，名詞述語―／名詞＝述語―，名詞なみ―，命令―（はたらきかける―），目的的なつきそい・あわせ―，ものがたり―（平叙―），ゆずり的なつきそい・あわせ―，よびかけ―，連体修飾的なつきそい―

文学作品　③185, 186, 198

文章　①292　③29〜31, 74, 75

　―の言葉　③77

文章論　③33, 37, 106, 107, 115, 116, 119, 160, 161

文章論的（な）

　―てつづき／手つづき　⇒　手つづき

　　→　構文論的な手つづき

　―カテゴリー　⇒　カテゴリー

　―現象　⇒　現象

　―時のカテゴリー　⇒　カテゴリー

　　→　テンポラリティー，時間性

　―むすびつき　⇒　むすびつき

分析的なかたち　②69

分析と綜合の過程　①103

文体的なヴァリアント　②369

文法　③27, 29, 36, 37, 103〜105, 135〜137, 141, 156, 157, 180

　―の指導　③152

　―の所有　⇒　所有

　―（課目としての）　③152

文法学　③106, 107, 115

文法教育　③32, 33, 132〜137, 152, 153, 162

文法体系　③132, 167, 180　→　体系

文法的な

　―意味　⇒　意味

　　―の複合　⇒　複合

　―かたち　②6, 16, 23, 115　③29〜31, 98, 102〜107, 160, 161, 175, 176

　―カテゴリー　⇒　カテゴリー

　―構造　⇒　構造

　―主語　⇒　主語

　―性質　③166, 175

　―単位　③99, 100

　―手つづき　⇒　手つづき

　―むすびつき　⇒　むすびつき

　―もの　②196　③99, 151, 152, 158, 160, 175, 176, 210

文法・文体的なヴァリアント　②23

文脈的な

　―言語活動　⇒　言語活動

　―性格　③210

文論　③161, 162

へ

平叙文（ものがたり文）　①6, 43, 47, 69, 72, 296, 298, 299, 302　②171, 188, 217　→　ものがたり文，つたえる文，のべたてる文，文

並列的な

―関係 ⇒ 関係

―複文 ⇒ 複文

変化 ①116, 118, 123, 149, 293〜295 ②5, 45, 119, 125〜129, 141, 196〜198, 202, 203, 204

　―の過程 ①155

　―の結果 ①123, 124 ②24, 30, 31, 44, 133

　　―としての状態 ⇒ 状態

　　―としての状態の継続 ⇒ 継続

　　―の継続 ⇒ 継続

　　―の達成 ①124, 133, 134

　―の結果的な状態 ⇒ 状態

　―の主体 ⇒ 主体

　位置の― ②45

　思考活動における― ②45

　姿勢の― ②45

　社会的な状態の― ②45

　状態の― ①132, 133, 154

　生理的な状態の― ②45

　対象の― ①149

　配置（の）関係の― ②45

　→ 状態―，客体の状態―，語形―，否定的な状態・―，ひとまとまりの動作・―

変化動詞 ①121, 123, 125, 132〜134, 149, 150 ②7, 8, 29, 30, 36, 44〜47, 55, 125〜130, 133, 135, 140, 141, 143, 144, 156, 157, 201〜203, 322, 323 → 動詞

　―の完成相 ⇒ 完成相

―の継続相 ⇒ 継続相

変化の結果 ⇒ 変化

変形 ②246

ホ

方向づけ ②327

法則 ②39, 346, 347

　一般的な― ①34, 188

　経験的な― ①22

　恒常的な― ①301 ②73

法則的な

　―関係 ⇒ 関係

　　―の認識 ⇒ 認識

　―認識 ⇒ 認識

　―むすびつき ⇒ むすびつき

法的な規範 ⇒ 規範

法的なきまり ②330, 334

　―にしたがうことでの必要 ⇒ 必要

放任 ②359

補語 ①101 ③118

補助的にはたらく単語 ⇒ 単語

ポテンシャル ①82, 112, 149, 295, 300 ②35, 39, 72, 83, 108, 146, 171, 176, 189, 198, 231, 237, 238, 250, 328, 347

ポテンシャルな → アクチュアルな

　―行動 ②319

　―出来事 ⇒ 出来事

　―動作 ⇒ 動作

　―動作・状態 ⇒ 動作・状態

　―特性 ⇒ 特性

本質 ①272

　―（の説明）　⇒　説明

　物の― ①162

本質的な

　―規定性 ①111

　―特性　⇒　特性

　　―のセット ①111

　―特徴　⇒　特徴

　―特徴づけ　⇒　特徴づけ

マ

マエオキ第一 ③54

マエオキ第二 ③54, 55

マエオキ第三 ③54, 55

マエオキ第四 ③54, 55

まえおきのかたち ③113

マエオキ文 ③57　→　文

マガリ ③36

まさめ ①63

まちのぞみ性 ①50　②110

まちのぞみ文 ①43, 44, 48～50, 55, 69, 71～73, 90, 94, 95, 296　②69, 98, 104～106, 109, 110, 172, 215, 217, 218, 353, 362, 363, 365, 366　→　希求文，文

　―（希求文）②68　→　希求文，文

　―への移行 ②361

まるごとのたずねる文　⇒　たずねる文 → 文

満足 ②262

ミ

みき　⇒　語幹

みこみ ①232, 234～237

未知 ①265, 266

みとめ方 ②20, 21　③158

みとめるかたち／カタチ ③40, 114

未来 ①44, 306　②41, 53, 55, 58, 61, 115, 148, 149, 151, 153, 156, 166, 176, 212, 240, 241, 263, 264

　―の過去　⇒　過去

　―の出来事　⇒　出来事

　―の，ポテンシャルな出来事　⇒　出来事　→　ポテンシャル

　過去における― ②174, 192

未来テンス ①244, 245, 248, 249, 253, 255　②61, 80, 81, 157, 159, 165, 176, 179, 180　→　テンス

未来パーフェクト ②50　→　パーフェクト

民主主義科学者協会 ③75

民族語 ③123, 125, 126, 129, 130, 132, 142

民族の言葉 ③70, 71, 77, 78

みんなの予想　⇒　予想

ム

無意志的 ②89, 343

無意志動詞 ②322　→　動詞

ムード ②6, 16, 19～21, 23, 24, 115, 116, 134, 173, 190, 199, 211　→　気もち／

キモチ，モダリティー

　—の意味　⇒　意味

　—のかたち　②69, 84, 85, 116, 170, 172, 173, 187, 190, 191, 211

　確認の—　②199

　客体的な—　②69, 70

　主体的な—　②69

　命令の—　②67　→　テンス・アスペクト・ムード

ムード的な意味　⇒　意味

ムード・テンス・アスペクト　②210, 213

　—の複合　⇒　複合

無限界的　②144, 145

無限界動詞／無限界の動詞　①150, 152　②33, 34, 36, 57, 61, 134, 139, 143〜145, 159　→　動詞

むすび／copula　①5, 165, 229　②83, 192　③117　→　繋詞

　説明の—　②151

　モーダルな—　①246, 257, 262, 263　②173, 194

むすびつき

　かざり・かざられの—　③115

　構造的な—　①100, 101

　状況的な—　①77

　説明的な—　①159

　文章論的な—　③109

　文法的な—　③177, 178, 179

　法則的な—　①163

論理的な—　①159, 160

　→　くっつけ（の—）

メ

メアテのトリマキ　⇒　トリマキ

名詞　①116, 118, 248　③38, 108, 109, 155

　—のかたち　③104, 109〜111

　—のかわり方／カワリ方　③47, 109, 110

　—の形態論的なかたち　⇒　形態論的なかたち

　→　時間—

名詞オギナイ　③43　→　オギナイ・コトバ

名詞キメツケ　③45　→　キメツケ・コトバ

名詞述語／名詞＝述語　①5, 111, 112

名詞述語文／名詞＝述語文　①5, 9, 27, 294　→　述語，文

名詞的なカタチ　③58〜60

名詞なみ文　③58, 59　→　文

命令　①44, 293　②6, 69, 101, 170, 187, 200, 288

　—のムード　⇒　ムード

　とおまわしの—　②98

　絶対的な—　①302　②85, 86, 91, 94

命令形　②85

命令文（はたらきかける文）　①43, 47, 72, 296, 302　②68, 84, 98, 172, 189,

217, 365　→　さそいかけ文（命令文），
　依頼文，文

命令法　②17, 206

目のまえでおこっている出来事　⇒　出
　来事

モ

モーダルな

　―助詞　①299

　―態度　⇒　態度

　―むすび　⇒　むすび

　―評価の主体　⇒　主体　→　評価

モーダルな意味　①36, 41〜43, 45, 46,
　50, 65, 71, 72, 85〜88, 101, 104, 181,
　241, 296, 299, 304　②55, 68, 80, 110,
　157, 172, 175, 176, 179, 190, 195, 261,
　270, 282, 284, 301, 303, 320　→　モ
　ダリティー

　―の複合　⇒　複合

　一般的な―　②194

　二次的な―　②194

　発話の―　②316

　文の部分的な―　②173

　文の―　①85〜87, 100, 295, 302　②
　　69, 74, 85, 170, 171, 173, 187, 188,
　　190, 191, 210, 211, 213, 297, 315

目的　①174　②229, 326, 327, 340, 341,
　343

目的・結果の関係　⇒　関係

目的達成

　―のために必要な条件　⇒　条件

　―のために必要な動作　⇒　動作

　―のための必要　⇒　必要

目的的なつきそい・あわせ文　⇒　つき
　そい・あわせ文　→　文

もくろみ動詞　②130　→　動詞

文字　③16

文字教育　③162

モダリティー　①40, 41, 109　②195, 210,
　212　→　モーダルな意味

　―の階層的な構造　⇒　構造

　―の構造　⇒　構造

　―の体系　⇒　体系

　客観的な―　②215

　主観的な―　①231　②215

　主体的な―　①241

　文の―　②285

もち主　→　主体

　　―（状態の）　①80

　特性や状態の―　②262

　特徴の―　①39

　欲望の―　①54

　状態の主体（―）　①115

もちぬし格／モチヌシ格　③43, 45, 47,
　63, 108

モドゥス　②20, 22

モトになる文　⇒　文

モトのカタチ　③36, 39

物　①39, 102, 103, 118, 153

　―のあいだの関係　⇒　関係

―のあいだの法則的な関係 ⇒ 関係

―のありさま ⇒ ありさま

―のうごき ⇒ うごき／動き

―のうごき・状態 ②144

―の運動 ⇒ 運動

―の出現 ⇒ 出現

―の状態 ⇒ 状態

―の特徴 ⇒ 特徴

―の本質 ⇒ 本質

―の本質的な特徴 ⇒ 特徴

ものがたり文（平叙文） ①6, 36, 37, 43
～50, 55, 69, 71～73, 81, 95, 241, 296
②68, 74, 106～108, 113, 171, 172, 176～
179, 182, 183, 188, 191, 216～218 →
いいたてる文，つたえる文，のべたて
る文，文

ものがたり文化 ①53, 59, 95, 96

モノローグ的な言語活動 ⇒ 言語活動

モメント

作者のかく― ②151

実現の― ②286

特定の時間的な―・時間帯 ②183

はなし／話しの― ②164

はなす― ①81～83, 106, 129, 239,
242, 306, 308, 317 ②6, 24, 40, 53, 58
～61, 116, 124, 148～150, 153, 154,
157, 159, 160, 162, 163, 165, 176, 177,
192, 258

判断する― ①240

判断の― ①239

もようがえ ③176

もようがえ動詞 ③178, 179 → 動詞

モラル ②331, 336

モルフェーム ⇒ 形態

ヤ

約束 ②288, 327

山田文法 ③25

ユ

ユクサキ格 ③47

ゆずり的なつきそい・あわせ文 ⇒ つ
きそい・あわせ文 → 文

／ゆるす／ ②265

ヨ

要求 ②365

技術的な― ②327

用言 ①39

欲・のぞみ ①52, 53, 55～58

―・ねがい ①59

欲望 ①55, 57, 292 ②69, 103～109,
175, 217, 219, 371

―のもち主 ⇒ もち主

欲望動詞 ②175 → 動詞

予想 ①237, 244, 249, 251, 253 ②170,
187

過去の― ①251

みんなの― ①252

予想される動作 ⇒ 動作

欲求　①44, 303　②6, 104, 199, 200, 362,
　　365
　　実行への—　②295, 296
　　主体の—　②195
　　内的な—　②326
欲求動詞　②22, 195　→　動詞
予定　①237, 245, 248〜251, 253, 255　②
　　82, 327　→　つもり・—
　　過去の—　①249
　　動作の—　②338
予定する主体　⇒　主体
よびかけ　③65
よびかけ（る）文　⇒　文
予防的な禁止　⇒　禁止
よみ　③147, 148, 150, 201
よみ・かき能力の所有　⇒　所有
よみ方教育　③134, 135, 149, 153
よみ方（の）指導　③150〜152, 164, 193
よみ方・つづり方指導　③162, 163, 171
よわいカワリ方　③39

ラ

「らしい」のtense　①30　→　テンス
らしさ　①30〜35
　　—の構造　⇒　構造
ラング　③11, 14〜17, 21, 22

リ

理解過程　③149
利害の関係　⇒　関係

理由　①73, 83, 171〜174, 180, 181, 198,
　　267, 277, 278　②209　→　原因，理由
　　—としての出来事　⇒　出来事
　　—の説明　⇒　説明
　　肯定・否定の—　①278, 279
理由・結果の関係　⇒　関係
理由づけ　①284
理論的なレベルでの説明　⇒　説明
倫理感　②324
倫理的な
　　—規範　⇒　規範
　　—きまり　②330〜332, 335
　　—きまりにしたがうことでの必要　⇒
　　　必要
　　—必要　⇒　必要

レ

レアル　①149, 293, 295　②39, 59, 72,
　　74, 75, 77, 171, 176, 191, 195, 223, 259,
　　260, 320, 347　→　非レアル／非リア
　　ル
レアルな
　　—出来事　⇒　出来事
　　—動作　⇒　動作
　　—反復　⇒　反復
例示　①289
歴史的現在　⇒　現在
歴史＝比較言語学　③24
歴史＝比較的方法　③24, 25
歴史文法　③33

列挙　②59, 162, 275, 283

　（可能な動作の）—　②252

列挙形　②283

rhetoricalなたずねる文　⇒　たずねる文

連語＝意味的な語彙体系　⇒　語彙体

　系／語い体系

連語論　③161, 170

連体　②6, 16, 205

連体形　①258, 260, 262　②6, 16, 18, 54,

　199, 207　③78, 81

連体修飾語　①67　②16, 198, 205

連体修飾的なつきそい文　⇒　つきそい

　文　→　文

連体修飾的な文　⇒　文

連用　②6, 16, 205

連用形　②6, 16, 17, 54, 199, 207

連用修飾語　②145

ロ

労働　③10

論理

　客体の—　②209, 261

　し手の—　①171

　主体の—　②209, 210

　状況の—　①96

　対象の—　①69, 72, 73

　必然の—　②345〜347

　私の—　①69, 72, 73, 96

論理・意味的な関係　⇒　関係

論理学　③106

論理学上の

　—カテゴリー　⇒　カテゴリー

　—主語　⇒　主語

論理主義　③76, 106, 107, 125, 128, 129,

　202

論理的な

　—カテゴリー　⇒　カテゴリー

　—主語　⇒　主語

　—説明の文　⇒　文

　—前提　②347

　—態度　⇒　態度

　—むすびつき　⇒　むすびつき

　—むすびつき方　①197

論理の展開過程　①289

ワ

「わけだ」をともなう文　⇒　文

私／《私》　①50, 54, 86, 89, 90, 104,

　138, 205, 207, 208, 229, 240, 241, 249〜

　251, 256, 295, 296　②6, 24, 57, 58, 64,

　65, 68, 69, 70, 74, 80, 83, 103〜107, 116,

　117, 124, 153, 154, 170〜172, 176, 177,

　179, 181, 182, 187〜189, 199, 200, 208,

　210, 212, 251, 252, 261, 264, 266, 267,

　271, 275, 276, 278, 279, 282, 283

　—, 《あなた》, 《彼》　①313

　—と現実との関係のし方　②210

　—の意志表示　⇒　意志表示

　—の思い込（こ）み　①242, 243

　—の確認　⇒　確認

索引　287

—の確認物　②171, 188

—の積極的な態度　⇒　態度

—の態度　⇒　態度

—の内的な体験　⇒　内的な体験

—の判断　⇒　判断

—の論理　⇒　論理

　—にしたがう可能性　⇒　可能性

　—にしたがって可能　⇒　可能

ヲ

を格　②244

　—の名詞と動詞とのくみあわせ　③174

事項索引（欧字）

accidental　①79

adverbial modifier　③118

affect　②136

affective　②164, 165

affix　③173

aktionsart　①121, 145　②9

allegorical　③193

analytical　②218, 220

anaphoric　①317, 318

aorist　②177

aspectuality　②212〜214

assertion　②290

attribute　③118

auxiliary verb　②220

categorization　①109

causality　①61, 166

cognitive　①304　②170, 182, 187, 191, 195, 285

componential analysis　①50

constant　①80

copula　①5, 165　③117

declarative　①43, 47　②217

deictic　①119, 166, 307, 317〜319　②53, 115

deixis　①305, 313, 314

deliberative　①16　②76

deliberative interrogative sentence　①15

deontic　②330

deontic modality　①99, 100　②250

detailisation　②212

determination　①61

dialogue　③201

dictum　①86

distinctive　①49

dynamic　①80, 113

egocentric　①314　③213

elision　③212

emotion　②136

emotional　②164

episodic　①79

epithet　③192

epithetical　③198

essential　①80

explicit　②147, 200, 302

exhortative ②170, 187

finite form ②6, 116, 205, 210

grammar ③156

grammatical form ③160

grammatical meaning ③160

hortative ①43, 56〜58

hortative sentence ①60 ②218

hyperbole ③191

imperative ①43, 47 ②170, 187, 217

imperfect ②177

imperfective ①143

implicit ②147, 200, 302

indicative ②170, 187, 191

indicative mood ②6, 199

integrative ①49

interrogative ①43, 47 ②217

irony ③191

langage ③154

langue ③11

lexical meaning ③160

lexicography ③159

lexicology ③159

lexicon ③156

manner（動作の〜） ②161

metaphor ③187, 188

metaphorical ③193

metonymy ③189

metonymycal ③194

modal modificator ②218, 219, 228

modal verb ②219, 220

modal word ①13, 41, 241

modality ①40, 106 ②195, 210, 213, 214
③117

modification（述語の〜） ②219

modus ①50, 71, 74, 86, 104, 106 ②170,
188, 215, 218, 219

monologue ③201

mood ②187 ③98, 117, 158

morphology ③160

narrative ①43, 52, 53, 55, 57, 58

narrative sentence ①49, 60 ②218

narrativization ①53

non-finite form ②6

non-terminative ②143

object ③118

objective modality ②215

one-member sentence ①267 ③117

optative ①43, 52, 53, 55, 58, 60 ②189,
353, 364, 365, 366, 367, 372

optative sentence ①50, 56, 60 ②104,
218, 362, 363

paradigm ①6, 38 ②187, 215

paradigmatical ①45

parole ③11, 154

particle ①41

parts of the sentence ③162

perfect ①144 ②50, 177

perfective ①143

performative ①233 ②58, 160

periphrasis ③190, 191

personification　③188

phase　①80, 122

possibility　②250

pragmatics　①265

predicate　①103

predication（のべたて）　①103, 295, 296

predicative form　②116, 210

predicativity　①104, 106　②210　③116

presupposition　②290

principal parts of the sentence　③118

proposition　①86　②317

reduction　①264

referenciation（関係づけ）　①295

resultative　②46, 51, 52

rhetorical　①16

secondary parts of the sentence　③118

sentence　③157

simile　③188

speech　③154

spontaneous　②129, 145

static　①80, 113

subject　①103

subjective modality　②215

suppositive　②170, 187, 191, 192

synecdoche　③190

syntagmatic　①24

syntax　③160

taxis　①83

temporal center　①81, 82

temporality　①81, 106　②147, 211, 212,
213, 214, 242

temporary　①79

tense　①30, 31　③158

terminative　②143

tow-member sentence　①39　③118

trope　③186, 191

vocabulary　③156

voice　③87, 112

voluntative　①304　②170, 182, 187, 285

word-formative　①30

word-group　③160

人名索引

アヴィロヴァ　①140

アフマノヴァ　①140

有坂秀世　③17, 18

アリストテレス　①109

泉井久之助　③12

ヴィノグラードフ　①305

上田万年　③24, 25

ヴェンドラー　①109

エンゲルス　③6, 12, 25

大久保忠利　③5, 21, 22, 86

大西雅雄　③17

奥田靖雄　①121, 123〜125

オグデンとリチャーヅ　③13

金子尚一　②246

ギヨム／ギョーム　①147, 148

工藤真由美　①123

クラシェーニンニコーヴァ　③8, 12

グリム　③24

国分一太郎　③67, 206

輿水実　③139

小林多喜二　③72

小林英夫　③11, 15

コムリー　①142〜145, 147, 148

佐久間鼎　①121　③81, 82

サピア　③8

シチェルバ　①109, 113

柴田武　③13, 17

徐北文　③67

鈴木重幸　①120〜124, 138, 140　③135

スターリン　③8, 12, 14, 22, 26

ステパノフ　①109

セリヴェルストヴァ　①109, 115

ソシュール　③11, 14〜18, 21, 22

ゾロトーヴァ　①109

高梨信乃　②285, 353

高橋太郎　①232, 234〜238

デューリング　③6

寺村秀夫　①204, 205, 207, 213, 217, 223, 237, 238

トゥウァデル　③17

トゥルベツコイ　③17

時枝誠記　③5〜7, 21〜23, 25

永野賢　①6, 29, 160, 199, 265

教育科学研究会・国語部会　③164

教科研・新潟国語部会　③167

パイク　③17

パオル／パウル　③14

橋本進吉　③18〜22, 25

服部四郎　③13, 17, 18, 20, 24

ハヤカワ　③13, 14

林大　①199

林房雄　③76, 77

バンベニスト　①310

ビューラー　③17

二葉亭四迷　③72

ブルィギナ　①109, 111〜114

ブルンフィールド　③13, 17

フンボルト　③8, 12, 16

ペシコフスキー　①139〜141, 145

ベリャエヴァ　②251

ポップ　③24

堀辰雄　③68, 70〜72, 76, 80

ボンダルコ　①140, 144, 145, 147, 148, 151, 152, 304

マスロフ　①122, 140〜142, 144〜146

マルクス　③8, 9, 12, 123

三浦つとむ　③22

三上章　①199, 265

三島由紀夫　③69〜71, 80

森田良行　①7〜9, 29, 205, 236〜238

山田小枝　①139

吉川武時　①124, 140

ライオンズ　①305

レフェロフスカヤ　①146, 147

老舎　③67

Benveniste E.　①310

索引　291

Bloch B., Trager G.L.　③13

Bloomfield L.　③13

Guillaume G.　①146

Pike K.L.　③17

de Saussure F.　③11

Акулов В.Л.　①105

Беляева Е.И.　②285

Вольф И.М.　②285

Золотова Г.А.　①105

Ивин А.В.　②285

Никитин Е.П.　①199

Цейтлин С.Н.　②352

Шатуновский И.Б.　②285

書名・論文名索引

『アスペクト』（コムリー）　①142, 144

『アスペクト論概説』（マスロフ）　①
　141, 142

『新しい綴方教室』（国分一太郎）　③
　67, 206

『意味の意味』（オグデン，リチャーズ）
　③13

『意味論』（ライオンズ　1977）　①305

『岩波国語辞典』　①6, 29, 160〜162

『エンピツをにぎる主婦』　③70

『音韻論』（有坂秀世）　③17

『音韻論Phonemics』（K.L.Pike）　③17

『音韻論と正書法』（服部四郎）　③17,
　20

『音声学論考』（大西雅雄）　③17

『基礎日本語』（森田良行）　①7, 205,
　236

『機能文法の諸原則とアスペクト論の諸
　問題』（ボンダルコ）　①144

『機能文法の理論』（1987）　①148, 151,
　304

『機能文法の理論──テンポラリティ，
　モダリティー──』（1990）　②251

『経済学・哲学草稿』（マルクス）　③8

「経済学と言語学」（小林英夫）　③15

「形態論的なカテゴリーとしてのアスペ
　クトについて」（鈴木重幸）　①121

『言語』（L.Bloomfield）　③13

『言語学原論』（ソシュール）　③11

『言語学通論』（小林英夫）　③11

『言語学辞典』（オ・エス・アフマノヴァ）
　①140

『言語学論攷』（泉井久之助）　③12

『言語教育』（現代教科教育講座 2巻）
　③139

『言語生活』（1975年10月号）　①232

「言語の社会性について」（時枝誠記）
　③5

『現代語の助詞・助動詞』（永野賢）　①
　6

『広辞苑』　①160

『国語学原論』（時枝誠記）　③5, 21

『国語研究法』（橋本進吉）　③18

「国語の音節構造と母音の特性」（橋本進

吉）　③18

「国語の音節構造の特質について」（橋本
　進吉）　③18

「国語の表音符号と仮名づかい」（橋本進
　吉）　③19

『ことばの研究・序説』（奥田靖雄）　②
　246

『思考と行動における言語』（ハヤカワ）
　③13

「シテモイイとシテイイ」（高梨信乃）／
　『日本語類義表現の文法・上』（宮島達
　夫・仁田義雄 編）　②285

『述語の意味的なタイプ』（オ・エン・セ
　リヴェルストヴァ監修）　①109

『心理学』（ソビエトの教科書）　③153

『対照アスペクト論の根拠』（ユ・エス・
　マスロフ）　①141

『ドイツ・イデオロギー』（マルクス）
　③8

『にっぽんご・４の上』（明星学園・国語
　部）　①48

『日本語のシンタクスと意味』（寺村秀夫）
　①204, 237

『日本語文法・形態論』（鈴木重幸）　①
　120

「『日本語文法・形態論』の問題点」（鈴
　木重幸）　①121

『日本文法・口語篇』（時枝誠記）　③22

『反デューリング論』（エンゲルス）　③
　25

『比較言語研究』（フンボルト）　③12

「表音的仮名づかいは仮名づかいにあら
　ず」（橋本進吉）　③19

『文学』（19巻2号）　③22

「文章をかく手びき」（老舎）　③67

『文章はどのようにかくか』（徐北文）
　③67

「弁証法・いかに学ぶべきか」（三浦つと
　む）　③22

「マルクス主義と言語学の諸問題」（スタ
　ーリン）　③26

「メンタリズムかメカニズムか？」（服部
　四郎）　③13

「Modality――のだ，のである，のです――
　―」（奥田靖雄）　①198

『山びこ学校』（無着成恭）　③73

『例解国語辞典』　①160

『ロシア語文法』（アカデミー版54年）
　①47

『ロシア語文法』（アカデミー版80年）
　①48, 140

『ロシア語文法』（チェコ版）　①43, 48
　～50　②218

『和英』（研究社）　②353

『和露』（コンラード）　②353

Cours de linguistique générale　③11

encyclopedia『ロシア語』　①305

Outline of linguistic analysis.　③13

Возможность/Теория функциональной
　грамматики；Темпоральность. Модаль-

ность ②285

Необходимость/Теория функциональной грамматики ; Темпоральность. Модальность. ②352

Объяснение —— Функция науки ①199

Русская Грамматика 2 Academia Praha. 1979 ②246

Семантика предложения и нереферентные слова. ②352

語形・単語索引

あそこ ①316

ある ③39

aruku ②220 → する

arukeru ②220

-areru ②244, 245

いい ②262 → したらいい, していい, してもいい, しないでいい, しなくていい, しなくてもいい, するがいい, するといい, すればいい

いけない ②274 → していけない, してはいけない, しなくてはいけない

いま ①307, 308

-eru ②245,

「が」 ①127 ③110

……かしら ①13

……かもしれない ①13 ②83, 194 → するかもしれない

するかもしれない

……かもしれないのだろう ①20

彼 ①317, 318

きょう, きのう, あした ①308, 309, 313

ここ ①316

ここ, そこ, あそこ ①309, 310, 313

こちら, そちら, あちら ①312

こと ③89, 90

この, その, あの ①311

これ, それ, あれ ①312, 318

ころ ③95

されている ②202

させてくれ ②97

されてもいい ①93 ②282

しおわる ①82, 121, 150

した ②20, 59, 72, 118, 162, 176, 183～185, 191, 192, 194, 195, 200, 227

したい ①50～55 ②69, 104～106, 108, 175, 195

したいのだ ①53 ②106, 107

したかった ①54, 55 ②107, 108, 175, 195

したかったのだ ①55

したから ②19, 208

したがらない ①52

したがる ①52 ②218

したくない ①52 ②106

したくはない ①52

したことだろう ②76

しただろう ②76, 191, 192

したところだ ①151

したなら ②18, 208

したのだ ②173, 192

したのだろう ②192

したので ②18, 208

したら ①73 ②18, 208

したらいい ②104, 110, 367〜369

したらいいじゃないか ②368

したらいいのに ②112

したらしい ①30

したらしかった ①30

しつづける ①82, 121, 150

して ①83

してある ②52, 130, 202

していい ②213, 250, 253, 257, 260〜264, 266〜268, 270, 275, 277, 282〜284

していく ①150

していけない ②274

していた ②62, 118, 167, 176, 183, 184, 200, 206

していただきたい ①57, 58 ②109

している ①116, 121〜125, 130 ②7, 8, 20, 24, 30, 48〜50, 61〜63, 65, 118, 152, 158, 165〜167, 169, 176, 177, 183, 184, 193, 200, 202, 206 → はなしている

していると ①77, 82 ②155

しているとき ①77

しておく ②130, 218

しておくれ ②94

してください ②84, 94

してくる ①150

してくれ ②84, 93〜96

してくれたまえ ②94

してくれないか ①88

してくれるな ②97

してしまう ①150

してならない ②274

してはいけない ②249, 250, 253, 270〜272, 274

してはならない ②249, 250, 253, 272, 273, 274

してほしい ①59 ②104, 109

してほしかった ①60

してみせる ②218

してみる ②218

してみろ ②90

しても ①63, 65 ②18, 208

してもいい ①87〜100, 304 ②69, 173, 190, 195, 211, 213, 248, 251〜257, 264, 267, 268, 275〜278, 280〜284 → はなしてもいい

してもよかった ①95 ②258〜260, 262

してもらいたい ①56, 57 ②109

してよかった ①95 ②257〜262

しない ②20, 21 → hanasanai

しないでいい ②268

しないでくれ ②97

しないのか ②211

しないはずだ ①257

しないわけでない ①227 → わけではない

索引　295

しないわけにはいかない　②307〜310
　→　はなさないわけにはいかない
しながら　①83
しなくていい　②267〜271
しなくてはいけない　②273
しなくてはならない　②273　→　はな
　さなくてはならない
しなくてもいい　②268〜270
しなくてもよかった　②259, 260
しなくてよかった　②257, 259
しなければならない　①37　②195, 215,
　313, 314, 316, 317, 319〜324, 326〜333,
　335〜337, 339〜351, 355　→　はなさ
　なければならない
しなければならないだろう　①37
しなさい　②84, 87
しぬ　②323
しはじめる　①82, 121, 128, 150
しましょう　②98
します　②23
しよう　①51　②20, 69, 81, 84, 98, 99,
　101〜103, 105
しろ　②20, 69, 84〜91, 94
すべきだ　②354〜356
する　①5, 6, 9, 37, 83, 121, 124, 297, 298
　②7, 8, 20〜24, 55, 63, 65, 69, 70, 74, 77
　〜81, 83, 118, 137, 156, 167, 169, 176,
　177, 179〜185, 191〜195, 200, 202, 215,
　227, 322　→　はなす, aruku, hanasu,
　hasiru, yomu

するがいい　②190
する覚悟である　②218
するかもしれない　①41, 298　②70, 79,
　190　→　……かもしれない
するから　①61, 69, 73, 83　②18, 208
することができた　②227〜231
することができない　②225, 249
することができなかった　②234, 235
することができる　①37, 97〜99,　②
　215, 220〜222, 227, 234, 242, 244〜246,
　248　→　できる, はなすことができ
　る
することができるだろう　①37
することができるのだ　①37
することができるのだった　②233
することができるのであった　②233
することができるのだろう　①37
することになる　①299
するそうだ　②190
するだろう　①6, 37, 41, 297, 298　②70,
　74〜76, 79, 83, 179, 191, 192
するつもりだ／するつもりである　②
　173, 218　→　つもりだ
すると　①62, 63, 73〜79, 82〜84　②18,
　155
するといい　②104, 110, 111, 114, 175,
　365〜367
するといいが　②111
するといいのだが　②111
するといいのに　②112

するとよかった　②175

するとき　①77

するところだ　①151

するとよかった　②110

するな　②91, 92

するなら　①61, 65, 73　②18, 208

するにちがいない　①41, 298　②70, 79, 190　→　ちがいない, ……にちがいない

するのだ　①5, 6, 37　②173, 190, 192, 211

するのだった　②151, 174, 194

するのだろう　①6, 37, 192

するので　①61, 63, 64, 69, 73, 76～78, 83, 84　②18, 208

するのであった　②72

するのに　①63, 65

するはずだ　②173, 190　→　はず, はずだ

するべきだ　②173, 190

するらしい　①30　→　らしい

するわけがない　①224　→　わけがない

するわけだ　②173, 190　→　わけだ

するわけにはいかない　②297, 298, 301～303, 305～307

すれば　①61, 64, 65, 73, 82～84　②18, 208

すればいい　②69, 104, 110, 112, 114　②173, 190, 195, 211, 213, 353, 354, 356,

358, 359, 362, 367, 369～372

　……さえすればいい　②358

すればいいが　②364

すればいいじゃないか　②364

すればいいのに　②112, 362, 363

すればよかった　②113, 359, 360, 362

せざるをえない　②310～313　→　はなさざるをえない

そこ　①316

それ　①317

だ　①5, 6, 9, 27, 28　③39

だが　②366

だろう　①5, 6, 8～10, 12～15, 17, 18, 20～22, 24, 27～29, 31～35, 96　②368

　するだろう, するのだろう, のだろう

ちがいない　②194　→　……にちがいない, するにちがいない

つもりだ　②211　→　するつもりだ

できる　②221　→　することができる

……という……　③92

とき　②155　③82, 95

ところ　③93, 94

なぜ　①267, 268, 277, 284

……にちがいない　①13　②83　→　ちがいない, するにちがいない

ね　②255

ねがいたい　②105

のだ　①5, 6, 9, 54, 96, 159, 160, 165～169, 179, 180, 186, 189～191, 197, 200～204, 211, 212, 214, 264～290, 298　②

80, 107, 173, 192, 255, 266, 372　→　す
　るのだ

のだ，のである，のです　①163，

のだった　①166　②151〜153, 174, 192,
　193　→　するのだった，するのであ
　った

のだろう　①5, 6, 9, 11, 15, 33, 164, 165
　→　するのだろう

のである　①96, 164, 165, 195, 196

のです　①165

のに　②258, 362, 363

「は」　①127　②289　③110

はい・いいえ　①278

hasiru　②220　→　する

hasireru　②220

はず　①258　→　するはずだ，はずが
　ない，はずだ

はずがない　①257〜259

はずがなかった　①259

はずだ　①232〜248, 251, 255, 261, 299
　②211　→　はず，するはずだ

はずだった　①238, 239, 248〜257, 261

はずではない　①260

はなさざるをえない　②216　→　せざ
　るをえない

はなさずにはいられない　②216

hasasanai　②286, 287　→　しない

hanasanaide (wa) inai　②288〜293

hanasanaide iru　②297

hanasanaide (wa) irenai　②288, 293〜297

はなさないわけにはいかない　②216
　→　しないわけには　いかない

はなさなくてはならない　②216　→
　しなくては　ならない

はなさなければならない　②216　→
　しなければ　ならない

はなしうる　②216

はなしている　②115　→　している

はなしてもいい　②216　→　してもいい

hanasu　②220, 286, 287　→　する

はなす　②115　→　する

はなすことができる　②216　→　する
　ことができる

はなすこともありうる　②216

はなす必要がある　②216

hanasesai　②286, 287

hanaseru　②220, 286

はなせる　②216

ふとる　②323

も　②256, 268, 275

もの　③88, 89

ものを　③89

や　②87

やせる　②323

よ　②87

yomu　②220　→　する

yomeru　②220

らしい　①29〜35　→　するらしい

-rareru　②244, 245

-reru　②245

298

「わけ」　②307

わけがない　①225, 226　→　しないわ
　けがない，するわけがない

わけだ　①202〜208, 211〜224, 226, 228
　〜, 230, 232, 235, 237, 238, 299　②211
　→　するわけだ

わけだった　①231

わけではない　①226

索引作成　佐藤里美
　　　　　高瀬匡雄
　　　　　湯本昭南

監修委員：上村幸雄　鈴木重幸　鈴木康之　宮島達夫
編集委員：小野哲朗　狩俣繁久　佐藤里美　高瀬匡雄　湯本昭南

奥田靖雄著作集　4　言語学編(3)

定価　6,500円（税別）

2015年2月10日　印刷
2015年2月28日　発行
編　者　奥田靖雄著作集刊行委員会
発行者　片貝茂之
発行所　むぎ書房
〒158-0094
東京都世田谷区玉川1-3-19
　　　アネックス小柳302
電話　03－6411－7577
FAX　03－6411－7578
URL：http://homepage3.nifty.com/mugishoboo/
印刷　船舶印刷株式会社
ISBN　978-4-8384-0115-4